创新生态

揭秘创新创业关键

尚勇 ◎ 编著

中国科学技术出版社
·北京·

图书在版编目（CIP）数据

创新生态：揭秘创新创业关键 / 尚勇编著 .
北京：中国科学技术出版社，2025.1.（2025.2 重印）-- ISBN 978-7-5236-1130-2

Ⅰ . F249.214

中国国家版本馆 CIP 数据核字第 2024DK0246 号

总　策　划	宁方刚	责任编辑	杜凡如
策划编辑	杜凡如　李清云	版式设计	蚂蚁设计
封面设计	创研设	责任印制	李晓霖
责任校对	焦　宁		

出　　版	中国科学技术出版社
发　　行	中国科学技术出版社有限公司
地　　址	北京市海淀区中关村南大街 16 号
邮　　编	100081
发行电话	010-62173865
传　　真	010-62173081
网　　址	http://www.cspbooks.com.cn

开　　本	880mm×1230mm　1/32
字　　数	224 千字
印　　张	11.75
版　　次	2025 年 1 月第 1 版
印　　次	2025 年 2 月第 2 次印刷
印　　刷	北京盛通印刷股份有限公司
书　　号	ISBN 978-7-5236-1130-2/F・1338
定　　价	79.00 元

（凡购买本社图书，如有缺页、倒页、脱页者，本社销售中心负责调换）

* 创新生态是一个开放包容、创新资源和要素互动而提高创新效率效能、催生创新成果的社会系统。

　　* 英才聚集并脱颖而出关键在于人才生态，提升创新创业效能主要靠创新生态。

　　* 优良创新生态，吸引凝聚天下英才，激发创新灵感和激情，激励优秀人才脱颖而出，汇聚创新合力。

　　* 创新生态是催生新质生产力的沃土和适宜气候，利于促进市场机制和政府效能优势集成，激活产学研金等创新资源并互动融合，是提升创新创业综合能力和效率的倍增器。

　　* 创新生态建设是凝聚人才推动区域创新创业的总抓手，是政府带动社会合力推进的主责。

——尚勇

目 录

开篇语 | 创新生态催生新质生产力发展奇迹 | 001

案例 | 深圳：以优质创新生态筑建全球产业科技创新中心　009
案例 | 解析创新带动崛起的"合肥现象"　025
案例 | 北京：营造创新生态，壮大新质创新力量　036
案例 | 重庆：营造西部创新生态高地　044

第一章 | 创新生态的决定性作用 | 053

一、创新的作用及本质要求　055
二、创新的基本特征　057
三、新一轮科技革命对生态环境的新要求　062
四、优化创新生态的迫切要求　069
五、创新生态系统建设是科技强国战略重点　071
　案例 | 瑞士联邦理工学院及研究所联合体　075
六、创新生态子系统的特点和内在联系　080
　案例 | 美国的创新生态系统　082

第二章 | 学术研究生态 | 099

一、自由探索的宽松学术环境　102

二、"安专迷"研究的静净环境　106

三、使命担当的攻关勇气　109

　案例 | 新加坡：纬壹科技城　111

四、民主平等的研讨氛围　117

五、交叉互鉴的繁荣生态　120

　案例 | 麻省理工学院（MIT）媒体实验室　122

第三章 | 创新社会生态系统 | 133

一、社会生态系统对提升创新创业效率的功能　135

二、加强大学和科研机构创新源泉　138

三、强化企业创新生态系统主体作用　143

　案例 | 德国弗劳恩霍夫协会：支撑中小企业创新的公共科技平台　147

四、资本和政策驱动是创新生态系统的血液　154

　案例 | 硅谷——世界著名科创园区　158

五、科创园区是社会创新生态系统的依存平台　169

六、提高公众科技素质是创新生态系统的沃土　174

七、先进的机制和文化是创新生态系统运行的魂　175

　案例 | 创业明星：波士顿剑桥创新中心　176

第四章 人才发展生态 209

一、把握人才的特点　211

二、建立人尽其才的管理体制　215

三、优化人才结构和工作协同机制　216

四、完善有利创新的激励机制　222

五、改革创新人才培养的体制　223

案例丨西湖大学营造"人才特区"　230

案例丨英国卡文迪许实验室　235

案例丨上海新纪元教育集团差异化教育育人实践　244

第五章 创新文化生态 261

一、扬弃陈旧文化，形成人才脱颖而出的生态　263

二、破除"官本位"观念，形成公平竞争环境　265

三、摈弃人情文化，营造公正诚信文化生态　267

四、纠正"唯帽子"乱象，浓厚"专安迷"氛围　269

五、尊重个性，形成竞相创新的文化氛围　271

案例丨加拿大西蒙菲沙大学（SFU）创新生态系统　272

六、浓厚宽容失败文化，鼓励敢于试错的勇气　277

七、坚持正确价值导向，大力弘扬科学家精神　278

案例丨哈佛大学的创新文化点滴　279

第六章 开放的国际合作生态 289

一、国际创新合作交流的历史必然　291

二、西方国家霸权带来的挑战　298

三、以自强和实力打破创新封锁　300

四、以战略主动赢得国际创新新秩序　304

　案例 | 美国面向全球开放招揽人才　306

第七章 创新善治的政务生态 313

一、政治生态的关键影响　315

二、去"行政化"是优化政务生态的关键　317

三、当好引导支撑创新创业的角色　318

　案例 | 美国 DARPA 的创新管理　320

　案例 | 以色列政府推进创新创业的举措　336

四、做各创新主体的高效协调者　348

五、做公正的创新裁判和推动者　350

六、发挥新型举国体制的优势　353

后　记　优化创新生态关键在深化改革　357

致　谢　365

开篇语

创新生态催生新质生产力发展奇迹

开篇语
创新生态催生新质生产力发展奇迹

我国正迈入建设教育科技和人才强国、以中国式现代化推进实现中华民族伟大复兴的新征程。创新已成为当代发展的第一驱动力，无疑创新生态是创新成效的决定性因素。而抓好创新生态建设就抓住了创新创业的关键或曰"牛鼻子"，起到"纲举目张"的成效。着力建设优化创新生态，就是抓住了我国创新强国建设的要害。

创新生态是一个开放包容、创新资源和要素互动而提高创新效率效能、催生创新成果的社会系统。人们熟悉自然界规律，比如候鸟总是向生态好的湿地聚集，趋之若鹜；在气候环境适宜的森林中，蘑菇会连片成簇地生长出来，正可谓"有心栽花花不开，无心插柳柳成荫"。众所周知，我国的生态文明建设取得了举世瞩目的成就，绿水青山、蓝天净土，美丽中国与绿色发展相互促进、相得益彰，这得益于"山水林田湖草是一个生命共同体""人与自然是生命共同体""共同构建人与自然生命共同体"的先进理念，改变了一度急功近利的追求增长、人为干预破坏生态环境的窘境，在统筹保护自然生态中赢得了高质量可持续发展和人民幸福的中国治理奇迹。创新生态与自然生态一样，有着相同的规律。

在创新生态中，企业是面向市场技术创新的主体；大学和科研机构是原始创新的主体；人才是创造创新的主体，是最核心要素、"主体"中的主体；政府及机构的管理者是创新生态建设的主角。创新生态建设就是要通过协调服务，优化创新环境，有效激发三个主体的积极能动性、焕发其创新激情。更为重要的是，还要实现这些创新创造主体间的联系互动，把各自优势集成融合为综合优势，使包括创新主体、投资在内的创新资源发挥最大效益，大幅提升创新创业效能和效率。半个多世纪国内外创新发展实践的大量案例表明，成长为世界人才和创新高地、创新产业活跃领先的区域，无不是靠建设卓越的创新生态。美国的硅谷、波士顿新剑桥创新中心如此，亚洲的以色列、新加坡等及欧洲的一些地方如此，我国北京、上海、重庆、深圳、合肥等城市创新带动发展的奇迹亦如此。

人才是创新的主体，而创新生态决定了人才培养和发展成才的质量，决定了能否聚集人才、留住人才、使优秀人才脱颖而出，激发并充分释放人才的创新激情和潜能。诸多案例表明，优良的创新生态，可吸引、凝聚天下英才，激发创新灵感和激情，激励优秀人才脱颖而出，汇聚创新合力。创新生态的吸引、凝聚比专项计划招揽人才更有效、更高质量。同样一个人，在不同的创新生态环境下，或平庸无为，或取得众多重大科技成果，甚至成为卓有成就的科学家或科技企业家。还有不少实例，某地花大价钱买科技成果却难成产业规模、难以产出效益；某地花重金买了大量科研装备，不惜代价引进了一些有头衔的"人才大腕",盛名之下,其实难副,出不了大成果,甚至"鸡飞蛋打""赔了夫人又折兵"。有的创业企业虽历经艰难但取得成功,有的却屡遭挫折而最终失败。

创新生态是催生新质生产力的沃土和适宜气候,决定着创新和转化应用的效率效能,更直接决定着原创性、颠覆性创新成果的数量与质量和转化生成新质生产力的效率。它利于促进市场机制和政府效能优势集成,激活产学研金等创新资源并互动融合,是提升创新创业综合能力和效率的倍增器。有的地方创业氛围浓厚,通过优良的创新生态,"内生外引",对招商引资、招才引智产生了更大吸引力,并且形成长效机制。这远比运动式招商、优惠政策引商更有成效。其结果是吸引众多高水平新质技术企业争相落户,形成新产业集群,使高新技术创业企业整体规模迅速壮大。不少地方挂着高新技术园区的牌子,但以低技术含量企业为主,高水平创业难成气候。追根溯源,这一切取决于其创新创业生态的优劣。

创新生态建设是推动区域创新创业的总抓手,是政府带动社会合力推进的主责。政府作为建设营造创新生态的主角,必须正确定位和履职。绝大部分政府创新驱动的意识大幅提升,但对于如何抓创新创业还没找到门路。我特别关注政府及机构的管理者作为主角如何正确履职尽责。管理者是按照创新规律减少对创新活动直接行政干预、聚焦于通过协调服务促进创新生态的优化而强化创新,从而真正成为赋予正能量的创新生态建设者，还是膨胀"行政化"弊端、过度干预人才创新活动，适得其反成为创新生态的破坏者？一些从主观上重视创新的管理者，往往热心过度，手伸得过长，管得过细，恰恰干预破坏了创新生态，违背规律、偏离初衷，好心办成坏事。提升创新能力和成果产出能力，不是行政命令或计划逼出来的，不是昂贵的设施装备换来的，更不是砸钱买来的。不少地方偏重硬件建设，重行政效力推动，而轻创新生态营造，疏忽了创新环境生态的决定性作用。作为文明善治的政府，抓创新创业不能靠计划经济时代行政命令的工作方式，要把精力和治理重心聚焦到推动创新环境优化上来，尽量减少"行政化"过多干预，履行好协调服务创新生态建设的主责，这样才能收到事半功倍的效果。良好的创新生态环境可以吸引一流的科技领军人才、尖子人才，聚集大批真才实学的创新人才，引来大批优质创新企业和投资。甚至可以从无到有、在一穷二白的艰苦条件下建立科技创新的基础架构，从弱到强，创造出高水平的研究成果，在生成和发展新质生产力上后来居上，甚至成为创新创业密集区和高地。

  创新生态是一个复杂的社会系统，具有典型的"涌现"效应。但如果因认知的谬误未能把握其内在规律而施策不当，则会事与愿违。既要调动创新主体特别是人才的创新激情，更要注重创新环境所起着的关键作用。从根本上讲，起决定作用的是，科研机构、大学、企业及各行业创新人才的合作互动，创新链与人才链、产业链、供应链、资本链的深度融合和有机互动的创新生态，将导致众多新业态、新产业、新动能涌现。

在科技和人才强国建设的新征程上，深圳、北京、合肥、重庆等城市，再次展现出创新创业的开拓先锋风采。虽然这些城市创新资源各异，发展基础不同，但共同点是把创新摆在全市高质量发展的核心地位，把营造一流创新生态作为建设有影响力的国际人才中心和创新高地的基础工程，以创新生态激活新质生产力生成和发展的人才科技资源。即便有些原有人才和科技资源相对贫乏的地方，以改革开放开路，从大胆优化营商环境到积极营造创新生态，引发了强大的人才和科技资源、资本的聚集效应，甚至还成为大学和前沿实验室的聚集地、高科技创新企业密集区，初具国际重要人才中心之一的雏形。在培养创新型人才方面，西湖大学在打造人才特区、优化人才发展环境、培养富有创新特质的本科生到博士研究生方面的有益探索，上海新纪元教育集团在基础教育中探索差异化教育育才的成功实践，美国麻省理工学院媒体实验室、英国剑桥大学的卡文迪许实验室、新加坡纬壹科技城、哈佛大学的创新文化等提供了学术优越生态的范例；美国硅谷、波士顿新剑桥创新中心等产业基地、加拿大西蒙菲沙大学创新生态系统、法国Station F孵化器、德国弗朗霍夫协会支撑中小企业创新平台等，从不同方面诠释了如何营造社会创新生态系统；在创新的宏观管理方面，列举了美国的创新生态系统、美国国防部高级计划研究局（DAPAR）的创新管理、以色列借做优创新生态打造创业之国的经验等案例。这些案例表明了创新生态建设对创新驱动发展的巨大作用，也用实践回答了无论原有创新资源如何，因地制宜建设优化创新环境，完全能形成聚集新的创新资源、创造以新赛道加快发展新质生产力的奇迹。相信这些成功案例对正在深化教育、科技改革的大学和科研机构，向创新发展转型的其他区域、相关机构有可资借鉴的裨益。

  本书在研究国际国内创新创业的众多政策和各类案例的基础上，结合作者几十年来的工作实践和研究体会，浅谈了创新生态的重要作用。从学术研究生态、创新社会生态、人才发展生态、创新文化生态、开放的国际合作生态、创新善治的政务生态6个方面，结合国内外实践比较研究，重点阐释了创新创业社会生态系统的要义。强调了如何优化科研创新和人才成长生态，达到凝聚人才、激发人才创新热情、催生优秀人才脱颖而出的良好效果，特别是怎么做到因材施教、为创新人才培养奠基而推进基础教育创新发展；如何构建作为创新主体的企业、大学和研究机构等学术组织、政府组织在生态系统中的有机联系，政府如何正确履职尽责，吸引聚集更多创新资源、推进优势创新资源更加高效转换生成新质生产力，引领发展，占据市场。本书根据不同内容场景，配置了国内外19个成功实践的案例，以案明理，以助于理解。最后，本书还就如何改革现有的弊端、系统优化创新生态，如何营造聚集人才、激励创新、提高创新及转化创业效率效能等方面的重点举措提出了建议。本书难免存在谬误与疏漏，仅供参考。

案例

深圳：以优质创新生态筑建全球科技创新中心

深圳从一个名不见经传的贫穷小渔村，借助改革开放开拓者和排头兵的体制创新优势，率先在突破计划经济藩篱、建立社会主义市场经济体制上大胆探索，抓住经济全球化宝贵的机遇，以一流的营商环境和优质高效的服务，吸引众多海内外的人才和资本，从20世纪80年代初到世纪之交，崛起成为新型工业化现代化城市。20多年来，深圳又顺应新科技革命和产业变革的大势，乘势而上，在着力营造一流创新生态上下功夫、闯新路，把科技创新、产业创新和体制创新有机融合，将优化营商环境与营造一流创新生态统筹推进，持续优化服务创新创业的政务环境、政策环境、法治环境、投资环境、人才发展环境等社会创新生态系统，吸引聚集了大批优秀人才，开启了高水平创新创业潮。深圳以其敢为人先的创新实践，形成了新时代自主创新、万众创业的新浪潮，又一次成为创新生态建设的排头兵，引领着世界创新创业的潮头，正向着成为世界重要人才中心和创新高地的更高目标阔步迈进。

一、引领世界前沿的创新巨人列阵

深圳是罕见的国际科技巨头企业如此密集的地区。30多年的时间里，一批初创的科技企业迅速成长为国际巨人，一批科技领军企业总部迁到这里。

在科技前沿的信息通信产业，这里就有华为、中兴两大世界通信巨人企业。华为公司作为名列世界500强前面的创新企业，创新能力和实力居世界前列。8万多人的研究开发队伍，总部在深圳外，在国内众多其他城市、世界多个国家设立分支研究机构，研究领域几乎覆盖当今信息科技的大多数领域，几千名优秀科学家专心从事基础研究。目前，华为被视为一个"创新王国"，特别是从原始创新到产品创新，屡创神奇。华为5G+技术和装备独占世界鳌头，云计算、智能手机、智能穿戴设备等占领国内外市场，人工智能技术及产品快速扩大国内外市场，在能源领域、智能汽车、矿山安全等众多领域都看到华为技术的引领支撑。特别是近年来，华为成为美国伙同盟友制裁的重中之重，正是在这种高压下，华为上下众志成城，研发人才更是夜以继日攻关，愈挫愈奋，浴火重生，以令人瞩目的速度实现对美国"卡脖子"的高端芯片、鸿蒙操作系统等关键核心技术自主创新的重大突破，不少技术超越美欧同行领先世界。华为的科技成果产出能力领跑世界，连续多年位居世界专利（PCT）之首。2023年，华为新公开的专利数达到3.6万件，是华为历史上新公开专利数最多的一年。2023年，华为研发费用支出为1647亿元，占全年收入的23.4%。近十年累计投入的研发费用超过11100亿元。截至2023年年底，华为累计公开专利已经超过33.6万件。而在全球共持有有效授权专利超过14万件。值得一提的是华为强大的创业孵化能力，就2024年而言，华为孵化的智能汽车领域的引望智能技术有限公司、人型机器人公司等成为走在技术前沿的独角兽企业。20世纪80年代起步的中兴通信也是通信领域的世界巨头之一，拥有近4万研发人员，业务延伸到160多个国家，应用向多个行业拓展。

新能源领域，比亚迪无疑是当今世界电动汽车和动力电池领域研发和制造的龙头企业，成为通过自主创新实现汽车研发制造弯道超车的先锋。其主要研发人员有1500多人。

互联网领域，1998年底创立的腾讯公司作为国内互联网龙头企业之一，微信服务覆盖全国；同时，公司成为网络游戏巨头，2023年集团总收入6000多亿元，名列世界500强，在人工智能领域，腾讯以1.5万项多专利位居中国企业榜首。

大疆无人机公司，2006年由王涛率领一批年轻英才创建，2019年被福布斯评为最具创新力的公司之一，其研发制造的消费级无人机产品占有80%以上的世界市场。

生物技术领域，华大基因集团从基因测序服务到高端检测装备制造，跃升到世界先进行列。

总部位于深圳的广核集团是世界先进核电的三巨头企业之一，拥有一流的核电工程技术。

2021年，中国电子信息产业集团（CEC）这一信息产业巨头将总部迁往深圳。这个位列世界500强的信息产业巨头的到来无疑为深圳的创新实力增添重分量砝码。该集团担负着以数字技术支撑国家治理体系和治理能力现代化、服务数字经济高质量发展、保障国家网络安全三大核心任务，着力发展计算产业、集成电路、网络安全、数据治理、高新电子等重点业务，打造国家网信事业核心战略科技力量。拥有19家上市公司，687家成员企业，21余万员工，总资产3993.4亿元，业务覆盖全球六大洲60多个国家，综合研发创新能力强大。

深圳优越的创新生态激发了创新企业进入竞相发展的良性循环，在科技巨头保持成长态势的同时，中小创新企业更是充满生机活力，初创企业如雨后春笋般生长。根据创新活跃度评价，深圳全社会研发投入强度高，企业是研发投入的主体，PCT国际专利申请量占全国比重曾达到51%，发明专利数每万人拥有量位居全国第二，这些数据反映了深圳在创新方面的活跃度和实力。

2023年，全年国家级高新技术企业数量新增1000家以上，达到2.4万家。其中，有国家级"专精特新"小巨人企业752家，市级专精特新中小企业超过8600家。2023年，深圳市新增4826家市级专精特新中小企业，同比增长64%。在前沿技术领域，几十家深圳全球型独角兽企业呈现出快速发展壮大的强劲势头。深圳引望智能技术有限公司，2024年1月华为完成目标公司注册，并坐落于深圳华为总部办公楼，同年8月重庆的赛力斯汽车斥资115亿元投资，占股10%。长安汽车旗下阿维塔科技（重庆）有限公司同样出手115亿元，占股10%，投资引望。由此，深圳近年来最大的新晋独角兽浮出水面，最新估值达1150亿，也见证这座智能网联汽车产业之城的崛起。同是这年的8月20日，单机冒险动作游戏《黑神话悟空》发行火爆全球，仅3天多的时间，该作品平台销量超过1000万，全平台最高同时在线人数达300万人，总收入超过4亿美元。生产该产品的游科互动公司是由冯骥团队2014年从腾讯离职创办，腾讯仍投资并保持联系合作。这还源于深圳的游戏产业的风起云涌的创新生态，2023年深圳市专门发布了《关于建设国际电竞之都的若干措施》，目前深圳游戏产业1000亿元产值规模占了全国的半壁江山。该独角兽企业的发展未来可期。再如深圳光启研究院，是由几位海外博士团队回国创建，其众多世界一流创新成果在多个重要领域广泛应用，填补多项国家技术空白，产业规模不断扩大。位于河套地区的鲲云科技公司，是由英国回国创业的博士团队创建，其重组数据流人工智能芯片研发生产，技术性能及性价比跃居世界一流，正在多个行业得到广泛应用。

二、打造世界一流原始创新源头

深圳的大学、科研机构在几乎空白的基础上起步，借助其优越体制和良好创新生态，以惊人的速度发展，聚集了大量领军人才、学术带头人，原始创新能力快速跃升。

在从"0到1"的基础研究领域，深圳正在不断夯实基础研究能力。数据显示：深圳在全国率先以立法形式提出每年把不低于30%的市级科技研发资金投向基础研究和应用基础研究，已累计资助基础研究项目6000多项。

深圳在引进、培育高水平大学方面，肯花气力、舍得投入。特别提及的是，2012年创立的南方科技大学，是深圳市在中国高等教育改革发展的时代背景下、主要借鉴香港科技大学的学科设置和办学模式创建的一所公办新型研究型大学。仅仅10年多的时间，已发展成为国家"双一流"建设高校、国家高等教育综合改革试验校、广东省高水平理工科大学。这很大程度上得益于大学聘请了一位科技帅才做校长，薛其坤院士，中国国家最高科技奖、国际凝聚态物理领域最高奖——巴克利奖的获得者，展现出与其优异科研成就一样卓越的管理领导才能。大学已发展成一定的规模，办学质量过硬。现设有8个二级学院，下设33个系（院）、中心，开设39个本科专业。学校拥有9个硕士学位一级学科点，7个博士学位授权点，科研流动站7个。签约引进教师1400余人，其中包括院士62人。根据QS2024世界大学排名，南方科技大学在世界排名第301名，在中国大学排名第15名，超越众多国内985大学。

1983年建立的深圳大学，在学科建设、科研水平、人才培养质量等方面不断跃升新的台阶。截至2024年，深大有教职工近4200人，在校生4.4万多人，设有27个学院，提供104个本科专业和3个中外合作办学专业，拥有国家级特色专业5个和国家级一流本科专业建设点34个。在科研方面，拥有14个博士后科研流动站和1个博士后科研工作站，15个学术学位博士授权一级学科和 2 个专业学位博士授权类别。

另外，香港中文大学（深圳校区）、中科院深圳理工大学、深圳北理莫斯科大学、哈尔滨工业大学（深圳校区）、北京大学深圳研究生院、清华大学深圳研究生院等十几所大学院所在深圳的创新生态下健康发展。

2006 年成立的中科院深圳先进技术研究院，已发展成为拥有 6 个研究所和一个研发中心、1200 多职工的研究机构，既是中科院与深圳创新合作的桥梁，更成为先进技术创新的发动机，组织实施、承接多个国家重大科技项目，深度参与"合成生物学"等部市联动任务项目，主动布局市级科技重大专项。取得了发现免疫细胞"新类型"等一批重要科技成果。

推动国家实验室布局深圳，国家重点实验室重组取得进展，建设 13 个全国重点实验室，打造层级分明的"全国重点实验室—广东省重点实验室—全国重点实验室培育—深圳市重点实验室"建设体系。鹏城实验室已进入国家实验室行列。深圳医学科学院正式揭牌成立，与深圳湾实验室一体化建设发展。深港脑科学创新研究院，在发展中凝聚人才，成为深耕原始创新的新生力量。相信深圳的原始创新正以城市建设和高技术产业发展的"深圳速度"，成长为创新的强大源头。

三、构筑吸引聚集优质创新资源的环境

深圳优化创新生态呈现出全方位、多维度的特点。从创新创业平台、政策法治环境、人才工作生活环境等系统推进。2020年发布的《深圳经济特区科技创新条例》，作为全国首部覆盖科技创新全生态链的地方性法规，以法定形式明确政府支持基础研究和应用基础研究、技术创新、成果转化、知识产权保护、科技金融、创新环境、科技人才培养的重要政策举措。明确建立完善支持颠覆性技术创新的制度，培育和建设投资主体多元化、管理制度现代化、运行机制市场化、用人机制灵活的新型研发机构。明确规定为符合条件的科技人员在设立企业、申报项目、科技创新条件保障和出入境、住房、医疗保障、子女入学等方面提供便利。高等院校、科研机构专业技术岗位人员可以按照有关规定到企业兼职、挂职或者参与项目合作并取得合法报酬，也可以在职创办企业或者离岗创新创业。

在实践中，深圳通过实行"揭榜挂帅"遴选制度、"赛马式"竞争制度、"项目经理人＋技术顾问"管理制度、"里程碑式"考核制度等，建立起关键核心技术攻关新机制；允许港澳高校、公营科研机构等单独申报深圳科技计划项目，促进财政科研资金跨境便利流动。建立

科技成果"沿途下蛋"高效转化机制；建立科技人员双向流动制度，重构市场导向的人才分类评价激励体系；构建以"4个90%"为鲜明特点的企业创新生态，让企业在科技创新中唱主角，推动产业链创新链深度融合。

深圳法定职务科技成果所有权70%以上归属完成人，企业资助基础研究支出可享受公益捐赠政策，在深注册的科技企业可实施"同股不同权"，就是平常所说的AB股权架构，实行股权差异化安排，防治随着之后多次的股权融资、创始股东的持股比例不断稀释、有失去公司控制权的风险，给创业者吃下定心丸。将"先转化后奖励"变为"先赋权后转化"，激励转化的能动积极性。

深圳作为全国6个科技人才评价改革试点城市之一，探索制定《深圳市关于开展科技人才评价改革试点的实施方案》，优化了人才成长的"软环境"。在人才住房制度改革方面，深圳实施了人才住房制度改革，计划在2035年前新增建设筹集170万套住房，其中政府保障性住房和人才住房将占供应总量的60%，这一举措改变了过去所有人必须全部从市场买房的单一局面，为吸引和留住人才提供了重要的生活保障。在生态环境建设方面，深圳拥有良好的生态环境，已建成1090座公园，全部免费开放，公交系统实现了100%的电动化，出租车电动化也基本全面完成，这些措施为创新人才提供了舒适便利的生活和工作环境。

另外，深圳政府搭建的创新创业平台不断拓展到不同市区，形成了有序竞争的新格局。

四、建立强大的多渠道创新投资体系

深圳市注重把发挥市场配置资源的决定性作用与有效发挥政府作用有机结合，以政府投资撬动社会资本，按照市场化、法治化原则，成立创业投资引导基金，构建引领和促进科技创新的风险分担机制。形成了政府引导、全社会多元化多渠道增加创新投资的良好机制。

政府在创新投资中扮演着引导激励、"四两拨千斤"的重要角色，但企业发挥着投资主体的作用。如2023年，深圳全社会研发投入达1880.5亿元，占地区生产总值的比例超过5.8%，其中企业的研发投入占到96%。

深圳的创投企业数量超过1500家，注册资金超过1000亿元。这些企业主要集中在高新技术产业，为风险投资机构提供了成长的沃土，孕育出国内领先的创投（VC）业。截至今年4月，深圳市经营范围涉及"创业投资"的企业共1500多家，这反映了深圳在创新创

创新生态：揭秘创新创业关键

业投资领域的活跃度和投资潜力。

这其中的龙头是深圳市创新投资集团有限公司（简称"深创投集团"），1999年由深圳市政府出资并引导社会资本出资设立，集团以发现并成就伟大企业为使命，致力于做创新价值的发掘者和培育者，已发展成为以创业投资为核心的综合性投资集团，现注册资本100亿元，管理各类资金总规模约4811亿元。围绕创投主业，深创投集团不断拓展创投产业链，在创投业务板块，深创投集团主要投资中小企业、自主创新高新技术企业和新兴产业企业，涵盖新一代信息技术、高端装备制造、生物技术与健康、新材料、新能源与节能环保、现代服务等行业领域，覆盖企业全生命周期。集团通过资源整合、资本运作、监督规范、培训辅导等多种方式助推投资企业快速健康发展。截至2024年7月31日，深创投集团投资企业数量、投资企业上市数量行业领先：已投资创投项目1825个（企业1521家），累计投资金额约1092亿元，已退出605家投资企业（含IPO）。其中，269家投资企业分别在全球17个资本市场上市（不含新三板）。专业的投资和深度的服务，助推了众多明星企业成长。

除了创投企业外，深圳的创投机构数量也十分庞大，截至目前，深圳创投机构超5200家，累计管理创业资本近1.5万亿元，累计投资项目7000多个，累计投资总额3000多亿元，其中40%投资深圳地区。创业板上市公司中，有深圳创投背景的企业占1/3以上，这表明深圳不仅是创投企业的聚集地，也是创新创业的重要支持者。

这些数据展示了深圳在创新创业投资领域的活跃度和影响力，为创业者和企业提供了丰富的资本支持和市场机会，是推动深圳乃至全国创新创业发展的重要动力。

五、展现世界全球产业科技创新中心的雏形

深圳具备成为全球产业科技创新中心的硬件条件，创新生态的软实力正蓄势待发。这里拥有先进的科研开发设施，有着配套完备的创新链和产业体系，有着丰富的人才资源，有相对发达的创新投资市场和资源，更可贵的是有着一流的高效优质服务的政务环境、法治环境。创新生态在全面深化改革中将不断优化、持续完善。优越的创新生态培育出的创新巨人企业将焕发新的生机，更加枝繁叶茂，引领世界创新的浪潮；大批中小型创新企业将如群星璀璨，快速成长，增强创新实力和竞争的比较优势。创新生态也将进一步强势吸引国内外优秀人才和优质创新资源的凝聚，焕发出催生创新创业

的勃勃生机，激荡着新质生产力的生成和快速发展。

全方位扩大开放、加强国际合作，是深圳40多年来快速崛起的重要经验。从引进外资、外企到大量吸引海外优秀人才，嵌入国际供应链，构建学习网络，深圳在学习借鉴国际先进经验同时，通过深化改革不断优化体制机制，形成包容性、多样性的创新生态。敢于站在开放潮头的深圳人，会在进一步扩大开放、高水平提升创新生态质量上有大手笔、新作为。

2023年，深圳印发实施《关于深圳市加快建设具有全球重要影响力的产业科技创新中心的意见》，加大优化创新生态力度，建设全球最具凝聚力、激活力的创新圣地，成为比肩"硅谷"、波士顿新剑桥创新中心的东方创新亮点。企业作为创新的主体，在自主创新的新征程中仍将展示其强大的活力和比较优势，一批引领世界技术前沿的巨头企业群雄逐鹿，更多"独角兽""小巨人"创新企业竞相成长成为新的世界创新巨头，更多前沿领域的初创企业将加速生成。作为创新源头的大学、重点实验室快速发展跻身国内外先进行列……面对全球新一轮科技革命和产业变革带来的机遇与挑战，深圳加强科技创新全链条部署、全领域布局，全面增强科技实力和创新能力，开拓、完善基础研究＋技术攻关＋成果产业化＋科技金融＋人才支撑的全过程创新生态链。对前沿科技领域进行超前布局，真正从自主创新能力和实力上跻身世界前列。

深圳创新实践带来的高质量发展、国际竞争的优势将进一步显现，在当代科技前沿的创新成果将加快涌现：

在新一代信息领域，华为、中兴……中国电子产业领跑的势头正盛，华为发布全球首款支持卫星通话的大众智能手机，全球首次实现大众消费类手机直连卫星双向语音通话和短信收发通信服务。一大批中小企业、专精特新企业茁壮成长为创新巨人，构成更加完善的创新链、产业链，在6G通信、智能装备制造等领域走在世界前列，催生出更多的新业态。

在人工智能领域，华为等将成为新的"领头羊"，华为发布盘古大模型3.0，成为中国首个全栈自主的AI大模型，其中盘古气象大模型是首个精度超过传统数值预报方法的AI模型，相关研究成果引起国际关注。近期，多款AI大模型落地深圳，人工智能算力底座不断夯实。鹏城实验室牵头发布"鹏城·脑海"通用AI大模型（进阶版），该模型以稠密型架构实现2000亿参数，依托"鹏城云脑Ⅱ"国产化AI算力平台进行全程预训练，采用MindSpore昇思国产化深度学习框架。"鹏城云脑Ⅱ"在国际AI算力AIPerf500排行榜连续4届排名第一。鲲云的人工智能芯片将利用重组数据流换道超车，打破英伟达的垄断。

在清洁发展领域，比亚迪、广核集团等将强化其国际领跑地位，一大批新型企业将进入该领域第一方阵。

在生命科学领域，一批年轻院士、科学家领衔的深圳医学科学研究院、深港脑科学创新研究院等必将创造出大批世界级的创新成果，生物医药领域创新成效渐显。

在智能装备领域，深圳人运用新兴技术改变生活方式敢为人先。人工智能拓展了生产和制造边界，无疑成为最为热门的研究领域。无人驾驶正加速"驶入"人们的生活，作为 AI 技术在交通出行领域最为重要落地场景，深圳企业的创新能力走在前列。深圳企业研发的智能驾驶端到端模型，基于人工智能神经网络，让汽车拥有自主学习、思考和分析的能力，更好地处理复杂驾驶任务；华为瞄准高级自动驾驶持续研发，现有智能驾驶在城区已无须依赖高精地图，越用越智能。除了专精特新的"独角兽"和巨无霸龙头企业，深圳聚集了超 1300 家自动驾驶相关企业，数量排名全国第一。在低空经济赛道，深圳同样处于领跑地位。2023 年，深圳低空经济年产值已超过 900 亿元，同比增长 20%；开通无人机航线 70 多条，完成载货无人机飞行量 60 万架次，飞行规模全国第一。直升机从深圳北站接驳机场腾空而起，仅需 8 分钟，便降落在位于深圳湾的联想后海中心；无人机外卖"从天而降"。万物皆可"打飞的"，低空经济多个生活场景推动河套深港科技创新合作区加快建设世界级科研枢纽。

《河套深港科技创新合作区深圳园区发展规划》正在落地，加快国家实验室、粤港澳大湾区（广东）量子科学中心等重大平台在河套布局建设，推动香港科学园深圳分园开园，引入160多个优质科研项目，包括10个国家重大科研平台、10个香港高校科研机构和一批世界500强企业研发中心。这一特区中的特区，将复制香港的许多国际化优势，建成国际化的前沿科技实验室集群特区，成为吸引凝聚国际优秀科技人才的重要桥头堡。

建成全球产业科技创新中心将是深圳明天的新奇迹。

案例

解析创新带动崛起的"合肥现象"

合肥不沿江不靠海，没有得天独厚的资源和政策优势，原有基础建设薄弱、产业基础单一，可谓自然资源禀赋不足、家底不厚，长期以来，合肥在全国经济版图中被称为"中部洼地"。近些年来，作为曾经的后发地区，合肥的高新技术产业异军突起、跨越式发展，成为中部崛起的一大亮点,被媒体称为"合肥现象"。揭示奥秘,合肥人谈道:创新是最大优势、最亮品牌。他们坚持把创新摆在全市发展全局的核心位置,下好创新"先手棋",打好科教"优势牌",以创新聚变助推产业裂变,以产业裂变带动经济质变,大力促进科技与实体经济深度融合,初步探索出一条创新助力高质量发展之路,生动实践着"抓创新就是抓发展,谋创新就是谋未来"的重大命题。党的十八大以来,合肥GDP连续跨越8个千亿台阶、总量突破12 000万亿元,年均增长8.4%。合肥获批成立全国首个国家实验室、第二个综合性国家科学中心等一批"国字号"创新品牌。2023年,合肥跻身全球科研城市第13位、全球科技集群第40位。

一、深耕原始创新,做强创新创业的源泉

20世纪70年代以来,中国科学技术大学、中国科学院合肥物质科学研究院、中国电子科技集团公司第三十八研究所等一批高校和科研院所在合肥落地生根,奠定合肥科技创新的底气。2010年,合肥被科技部、国家发展改革委同时列为首批国家创新型试点城市之一,在试点建设牵引带动下,合肥科技创新发展不断取得新成效。合肥坚持聚焦前沿、舍得投入、谋求长远,以支

持重大科技基础设施、重大科研平台等"国之重器"建设为主要抓手,深耕基础前沿科学技术研究,服务构建国家战略科技力量,催生一批重大原创性成果,有力提升合肥影响力。

一是全力支持科技创新发展。合肥历届市委、市政府"一任接着一任干、一张蓝图绘到底",持续在资金、土地等要素方面为科技创新提供强力保障,耐心护航"创新长跑",让科研人员潜心开展基础研究和前沿探索。在城市规划方面,把最好的区域留给科研单位或创新企业。例如,蜀西湖畔坐落着中科大高新校区、中科大先研院等;翡翠湖畔坐落着安徽大学、合肥工业大学等;南艳湖畔分布着清华启迪科技城、清华大学合肥公共安全研究院等;少荃湖边有北航合肥创新研究院以及京东方、维信诺等科技企业。在资金支持方面,以"舍得"的境界,持续真金白银投入科技创新。例如,在国家重大科技基础设施等"投入大、周期长"的项目建设上,既给予科研经费配套,又同时承担项目园区基础设施建设,让科学家心无旁骛做研究。党的十八大以来,全市财政科技投入在一般预算支出中的占比由2012年的4%增长到2023年的17%以上,占比居全国GDP万亿城市首位;全市研发投入强度达3.91%,居全国省会城市第2位。

二是全力保障"国之重器",打造原始创新策源地。始终坚持面向国家重大战略需求,布局建设一批重大创新平台和科技基础设施,全力打造"量子信息""聚变能源""深空探测"三大科创引领高地,为前沿基础研究提供支撑。推动国家实验室首批首挂,全国首个深空探测实验室成功落户合肥,建设综合性国家科学中心能源、人工智能、大健康等六大研究院,高标准规划建设20平方千米的未来大科学城,已建、在建、拟建大科学装置13个,成为全国大科学装置最为集中的城市之一。"墨子号"卫星、"九章""祖冲之"量子计算原型机等一批重大原创成果竞相涌现,全超导托卡马克、稳态强磁场等大科学装置频频刷新世界纪录,"天都一号""天都二号"试验星成功发射升空……党的十八大以来,合肥市累计84项成果获得国家科学技术奖;近5年来,合肥市共有8项成果入选科技日报社主办的年度十大科技新闻。

三是深化大院大所合作,汇聚高水平创新资源。按照"协同创新、政府引导、市场运作"原则,瞄准空天信息、集成电路、生物医药等重点领域,引进全国重点高校院所、高层次人才团队等共建高水平新型研发机构,着力吸引创新资源在合肥集聚,助力产业高质量发展。自2012年以来,已与中国科技大学、清华大学、中国科学院、哈尔滨工业大学等共建新型研发机构59

家，累计引育科技企业超 1700 家，集聚各类人才 5700 余人。分类推动新型研发机构建设模式创新，形成以中科大先研院为代表，不定级别，不核定事业编制，不纳入市财政预算，社会化运作的"省院合作、市校共建"模式；以中科合肥技术创新工程院为代表，作为股份公司运营的市院合作共建模式；以清华合肥公共安全院为代表，作为省属"三无"事业法人单位运营的省市校合作共建、开发区承接模式；以功能分子先导研究院为代表，核心团队现金出资，共同成立市场化主体运营的高层次人才团队合作模式。支持新研机构发力应用研究，开展横向、纵向课题研究 3000 余项，累计授权发明专利 1400 余项。涌现出城市生命线安全运行监测系统、高效吸能合金（嫦娥钢）等一批代表性成果。

二、加速科技成果转化，大力培育新质生产力和未来产业

合肥将推动科技成果转化和产业化作为工作重要抓手，积极探索高效的成果转化机制，大力培育新质生产力和未来产业。

一是通过"内生外引"，培育壮大优势龙头产业。媒体曾形象地把合肥八大新兴优势产业概括为："芯屏汽合""急终生智"。这八个字概括了合肥重点发展的战略性

新兴产业:"芯"——集成电路产业;"屏"——新型显示产业;"汽"——新能源汽车和智能网联汽车产业;"合"——人工智能赋能制造业融合发展;"急"——城市应急安全产业;"终"——智能终端产业;"生"——生物医药和大健康产业;"智"——智能语音及人工智能产业。这反映了合肥在产业发展上的战略布局和重点方向,旨在通过发展这些战略性新兴产业,推动城市经济的转型升级和高质量发展。

"外引"是合肥经验的精华所在。合肥抓住当时东部沿海地区产业转移至内陆地区以及中部崛起国家战略机遇,找准产业链的关键环节、精准聚焦科学确定产业招商投融资项目、细分领域集中投入。持续投入是引进新质产业发展的关键一招。重点是聚焦产业发展定位,找准产业链关键环节重点企业,改变"撒胡椒面"式的资金投入方式。通过国有资本投入,带动社会资本进入,共同培育发展产业项目。待项目成熟后,国有资本以市场化方式安全退出,转投其他产业项目,不断延伸拓展地方产业链条。为更大发挥政府资金作用,合肥通过设立引导基金"以投带引",撬动社会资本共同投资,实现了战略性新兴产业蓬勃发展和国有资本保值增值双赢。另外,通过政府高校常态化互派挂职机制,培养了一批产业招商投资专业人才队伍。创立了"每战必打、每打必赢"的产业投融资"合肥模式"。

吸引如显示巨头京东方、先进芯片企业长鑫存储等一批前沿的新兴产业。在激励竞争的环境下，既要营造超越其他地方的营商环境，又要发挥当地智力优势打造一流的创新生态，更需要管理者战略眼光、创业魄力和高效优质的服务。

而"内生"的鲜活事例是科大讯飞公司的发展壮大。从以刘庆峰为首的几位中国科技大学研究生初创，发展壮大成为人工智能主导的巨人企业，得益于合肥的创新创业生态的支撑、催化和激励，创业者等科技英才在这片创新沃土上坚定信心、勇往直前。从机器翻译起步，如今的星火智能大模型比肩美国 OpenAI 的 GPT-4.0，教育、医疗健康智能平台的应用走在世界前列。2万名职工、2000多名的研发人才、200多亿元的营业额、50多亿元的研发投入，科大讯飞公司跃升为国内知名的人工智能巨人，并以强劲势头进入国际市场。

二是深化改革，推动科技成果转化为现实生产力。 构建形成有服务保障、有转化链条、有应用生态的集成性科技成果转化系统，推动科研成果从"实验室"加速走向"应用场"。合肥"大科技成果转化"模式入选国家自主创新示范区改革创新典型案例。合肥建设四大创新平台：以大科学装置公司为代表的资源集聚平台、以创新院公司为代表的协同创新平台、以离子医学中心为代表的重大科技成果转化平台、以长鑫存储为代表的自主研发创新平台，助力科技成果转化和产业转型升级。**对接"第一个人"，及时捕捉最新科技成果**。在全国率先成立近百人规模的市级科技成果转化专班，常态化登门（校门）入室（实验室）对接市内外高校院所，开展科技成果发现、挖掘、策划、转化和服务工作。2022年以来，累计发掘高校院所可转化科技成果约6500项、推动成立企业1200家。**提供"第一时间评估"，助力成果从技术到产品**。建立可转化科技成果评价体系，建设7家科技成果概念验证中心，对成果转化前景进行研判赋能。建设39家科技成果转化中试基地，覆盖生物医药、新材料、高端装备、集成电路等11个细分产业领域。**投出"第一笔钱"，解决初创期融资问题**。设立国有股权直投、总规模10亿元、风险容忍度高达50%的市种子基金及子基金，投早、投小、投硬科技，支持优质高校院所成果团队项目就地转化，已出资项目90个、金额超1.7亿元。设立科技成果转化持股平台，破除成果转化过程中高校院所无法持股或不能长期持股的障碍。推出"科创赋能贷"等特色产品212款，其中针对初创期企业产品占比超75%。**组织"第一次路演"，促进各类资源要素精准对接**。依托安徽创新馆打造科技大市场，构建"年度大会＋季度专场＋月度路演"交易活动体系，培养技术经纪人等科技成果转化"架桥人"2800多人，帮助科技创新人员合法合规完成科技成果转化相关程序。累计举办"科里科气·科创荟"科技成果转化项目路演75场，参与路演项目478项，精准对接匹配各类要素资源。**给出"第一张订单"，加速产品市场化应用。**成立全国首个"城市场景创新促进中心"，设立场景创新公司，系统性挖掘场景创新需求，常态化组织对接技术需求和能力供给，累计发布市级场景清单501项。常态化开展"三新""三首"产品推广暨双需对接系列活动，东超科技空气成像、智地感知分布式光纤传感系统等370项科创产品就地应用。

三是强化攻关，着力破解关键共性技术难题。坚持产业引领、问题导向型科技攻关，建立"揭榜挂帅"机制，将科技成果的供给端和需求端紧密串联起来，引导科技项目管理由分散向聚焦重点转变，由侧重高校院所向以企业为主转变。2022年以来，面向集成电路、量子信息等重点产业领域发榜项目725项，揭榜成功超300项。正在实施的344项企业牵头的国家省市科技攻关项目，带动企业研发投入达85亿元，23个项目预期成果技术水平国际领先，175个项目预期成果可实现进口替代，129个项目预期成果技术水平国内领先，产生量子计算用极低温稀释制冷机、星火认知大模型等一批标志性产品。

四是营造生态，大力推动"战新"产业融合集群发展。 树牢"科技即产业"理念，大力培育发展战略性新兴产业和未来产业，促进产业聚链成群、集群成势。按照"领军企业—重大项目—产业链条—产业集群"发展思路，探索"科创＋产业＋资本"发展路径，打造形成以"芯屏汽合、急终生智"为代表的16条重点产业链，获批人工智能、新型显示、集成电路3个国家级"战新"产业集群，数量居全国第4位、省会第2位，首轮国家综合评估全国第1名，打造了新能源汽车、新一代信息技术、高端装备及新材料、先进光伏及新型储能、智能家电（居）等5个千亿级产业，"战新"产业培育工作连续5年获得国务院督查激励，被表彰次数位居全国城市第1。持续优化产业发展生态，打造总规模超1500亿元的国有基金丛林，建立涵盖种子、天使、科创、产业投资等全生态链的基金体系，覆盖科技成果转化全过程、企业创立成长全周期。2023年，合肥市平均每天净增480家市场主体，每周新增1家国家级专精特新企业，每月新增1家上市或过会企业，每季度净增近500家国家高新技术企业。

三、聚焦创新生态优化，激发创新活力和高质量发展动能

合肥市以营造优质创新生态系统为抓手，厚植创新

文化，充分释放各类主体的创新创业活力。

一是构建支持创新、促进创新的体制机制。 坚持党对科技事业的全面领导，组建市委科技创新委员会，聚焦"三大一新"，即重大问题协调、重大政策研究、重大项目推进以及体制机制创新，建立科技工作统筹体系，形成全市上下一盘棋、"政产学研用金"一体的"大科技"格局。颁布实施《合肥市科技创新条例》《合肥市科学技术普及条例》，从法治层面优化科技资源配置，为科技创新提供法治保障。健全科技创新政策体系，突出产业导向，聚焦科技成果转化、企业研发攻关、创新平台建设等关键环节，运用"借转补"、科技金融等方式，不断加大资金支持力度，最大限度地引导和激发各类创新主体提升科技创新能力。

二是营造关注创新、参与创新的社会氛围。 立足合肥城市区域新空间，以中国科大等高校院所全球校友为纽带，打造链接全球创新资源的"科大硅谷"，设立总规模300亿元引导基金，全球招募一流科创服务团队共建40个创新单元，在美国硅谷等地布局9家海内外创新中心，链接超120家全球校友组织，服务对接近万名校友，打造创新成果转化、创新企业孵化、创新生态优化、创新产业催化"特区"。积极举办各类重大科创活动，与中国科大连续多年合作举办"墨子论坛""合肥大师论坛",邀请诺贝尔奖获得者、院士、行业领军人才等多名世界级学术大师到访合肥,创造科学界的世界级盛事。积极承办中国航天日、中国仿真大会、中国科协年会、中国高校科技成果交易会、中国(安徽)科技创新成果转化交易会等高水平科创活动。建成并运行全国首座以创新为主题的场馆——安徽创新馆,将每年9月20日设为"合肥科技创新日",大力弘扬科学家精神,引领全社会形成崇尚科学、热爱科学的良好氛围。

三是完善鼓励创新、宽容失败的制度体系。 坚持"鼓励创新、宽容失败"的理念,鼓励科研人员敢为人先、大胆探索。市天使投资基金、种子投资基金风险容忍度分别达到40%和50%,合肥成为全国天使基金、种子基金风险容忍度最高的城市之一。赋予各类创新主体更多自主权,在市自然科学基金和关键技术研发项目中实施科研经费"包干制"改革试点,建立科研人员参加活动负面清单,最大限度激发科研人员活力。合肥正在成为人才和其他创新资源聚集的创新创业热土。

案例

北京:营造创新生态,壮大新质创新力量

北京市是全国科技、教育和人才资源高地,市政府部

门抓住创建国际创新和人才中心的契机，在深化改革中着力优化区域创新生态，打破行政壁垒和科技孤岛，激活人才等创新资源，是科技和人才密集地转变为新质生产力生成发展的活力源头，国内外创新中心的作用日益凸显。

一、新型研发机构呈现"五新"机制

2018年1月，北京市政府研究出台了《北京市支持建设世界一流新型研发机构实施办法（试行）》，在政府放权、财政资金支持与使用、绩效评价、知识产权和固定资产管理方面实现了重大制度性突破，探索形成了新型研发机构建设的"北京实践"。2021年11月，国务院办公厅印发《关于对国务院第八次大督查发现的典型经验做法给予表扬的通报》将"北京市建立完善'五新'机制高标准建设新型研发机构"作为全国48个典型案例之一，给予通报表扬。2023年9月，北京市政府印发《北京市支持世界一流新型研发机构高质量发展实施办法》，为新型研发机构高质量发展进一步提供政策保障。

目前，北京市纳入世界一流新型研发机构管理的共有8家，主要包括：北京生命科学研究所、北京量子信息科学研究院、北京脑科学与类脑研究所、北京智源人工智能研究院、北京雁栖湖应用数学研究院、北京纳米能源与系统研究所、北京干细胞与再生医学研究院、北京通用人工智能研究院。除此之外，北京还有区块链研究院、石墨烯研究等一批前沿技术研究院。新机制使这些新研究院产生了旺盛的创新活力。其特点为：

一是突出"新的运行体制"。打破传统科研机构的体制机制和管理模式，探索与国际接轨的治理结构和市场化运行机制；依法制定章程，构建完善的组织体系、法人治理结构，实行理事会领导下的院（所）长负责制。

二是突出"新的财政支持政策"。根据新型研发机构类型和实际需求给予财政科技经费稳定支持，探索实行负面清单管理。赋予新型研发机构经费使用自主权，在确定的重点方向、重点领域范围内，可以自主确定研究课题、自主安排科研经费使用。

三是突出"新的绩效评价机制"。对新型研发机构实行个性化合同管理制度，根据合同约定，由理事会下设的评估委员会进行评估，围绕科研投入、创新产出质量、成果转化、原创价值、实际贡献、人才集聚和培养等方面，做出符合机构设立目标和符合科研规律的评估。由理事会下设的审计委员会对机构资金使用情况实施审计，审计结果作为绩效评价的重要参考。

四是突出"新的知识产权激励"。除特殊规定外，市财政资金支持产生的科技成果及知识产权由新型研发机构依法取得，自主决定转化及推广应用，重大转化安排由院（所）长提出方案、理事会审定，对符合首都城市战略定位在京实施转化的项目，通过北京市科技创新基金等提供支持。

五是突出"新的固定资产管理方式"。 市财政资金支持形成的大型科研仪器设备等由新型研发机构管理和使用，并依法开放共享，提高资源利用效率。

短短几年的实践，显现出令人惊喜的进展。**一是集聚一批国内外高水平人才。** 相较传统的高校院所，新型研发机构不受工资总额和人员编制限制，拥有更大的引人用人自由度。引进了丘成桐、王晓东、张宏江、朱松纯等一批顶尖战略科学家。北京雁栖湖应用数学研究院外籍研究人员占比超过30%，北京量子信息科学研究院30位领衔科学家中有17位海外人才。**二是产出一批重大原创成果。** 北京量子信息科学研究院研发世界首台量子直接通信样机，实现100千米世界最长通信距离；在2024年中关村论坛发布"大规模量子云算力集群"，综合指标进入国际前列。北京脑科学与类脑研究所在2024年中关村论坛发布"北脑二号"智能脑机接口系统，通道数、信噪比、长期稳定性等主要技术指标均达到世界领先水平。北京智源人工智能研究院发布当时全球参数规模最大的智能模型"悟道2.0"。北京纳米能源与系统研究所在全球开创压电电子学、压电光电子学与摩擦电子学等研究领域新赛道，所长王中林获埃尼奖（能源领域最高奖）以及 2023 年度全球能源奖。**三是促进一批科技成果转化落地。**北京生命科学研究所陆续孵化百济神州、华辉安健、维泰瑞隆、健达九州等一批明星企业；北京智源人工智能研究院通过知识产权作价入股、转让等方式孵化智谱华章、瑞莱智慧、冰河物语等 9 家企业。

二、科技创新基金激活创新创业源泉

2018 年，北京市设立了国内首个聚焦早期、科技创新领域投资的政府引导母基金——北京市科技创新基金（以下简称"科创基金"），吸引更多社会资本投早、投小、投长、投硬科技。**科创基金着力实现"三个引导"：一是引导投向高端"硬技术"创新；二是引导投向前端原始创新；三是引导适合首都定位的高端科研成果落地北京孵化，培育"高精尖"产业。**

科创基金首期规模 200 亿元，政府引导基金出资占比 60%，存续期 15 年，充分发挥政府资金的示范、带动作用，鼓励社会资本投入科技创新领域，打造早期硬科技投资领域的耐心资本。截至 6 月 30 日，科创基金累计投决子基金 76 只，总规模 948 亿元，其中科创基金认缴规模 153 亿元，资金平均放大倍数 6.17 倍；科创基金穿透投资企业 1289 家，协议投资金额为 453.31

亿元，其中，注册在京企业 520 家。据科创管理公司统计，科创基金内部收益率（Gross IRR）、投入资本分红率（DPI），处于国内母基金行业领先水平。近年来，科创基金连续入选清科、投中等主流研究机构发布的最佳政府投资基金、最佳 LP 等榜单。

总体来看，科创基金聚焦"三个引导"，投早、投小、投长、投硬科技效果已初步显现。**一是社会资本带动效应强。**已合作子基金中，属于市场知名投资机构管理的 27 只，高校等创新源头单位管理的 25 只，CVC 和国（央）企管理的 24 只，共带动约 800 亿元社会资本参与投资。**二是穿透投资企业创新性强。**各项科技指标远高于国家高新技术企业认定标准。平均每家企业拥有 23 个发明专利，企业研发人员占比达 36%，研发投入占收入的比例约为 24%，远高于国家高新技术企业认定标准。**三是被投企业发展迅速。**目前，科创基金穿透投资企业中，已产生专精特新企业 389 家，高新技术企业 804 家，有 28 家企业实现上市或过会，另有 101 家企业已挂牌、已提交上市申请或正在上市过程中。**四是有力推动了高校院所成果转化。**培育了一批掌握关键核心技术和具有较高自主创新能力的科技企业。目前科创基金底层项目中近 200 家均源自中国科学院、清华大学、北京大学等高校院所的科研成果。例如：飚芯科技，技术源自北京大学，是国内首家实现氮化镓激光器芯片的 IDM 厂商；中科驭数，技术源自中国科学院计算所，致力于为智能计算提供 DPU 芯片及产品解决方案，首创"软件定义加速器"方法。

三、双"1+1"协同攻关打造集成电路产业高地

集成电路产业是信息产业发展的基础，是国家战略性新兴产业的重要组成部分，直接关乎我国高水平科技自立自强。北京作为全国集成电路产业聚集度较高、技术水平先进的地区，目前已挂牌运行集成电路产业专班、成立北京集成电路产教联合体等平台。自研产品填补了国产设备空白，已形成以中芯国际、北方华创为龙头，包括设计、晶圆制造、封装测试、装备、零部件及材料等完备的集成电路产业链，构建"芯片—软件—整机—系统—信息服务"集成电路生态系统，逐渐成为落实国家集成电路战略等重大产业创新攻关项目的重要策源地和主要载体。

一是双"1+1"工程引领集成电路产业全面提升。 北京在集成电路领域实施双"1+1"协同攻关，依托中芯国际、北方华创等龙头企业，组织"试验线（小线）+生产线（大线）"工程建设。布局国望光学、东方晶源等8个"白菜心工程"项目，共实现47项关键技术突破；建设中芯京城代工线、北方集成电路创新中心、DRAM 存

储器生产线、超弦存储器研究院，形成了集设计、制造、封装、测试、装备、材料及零部件全产业链协同发展的产业生态；建设国内首个集成电路领域专利池。

二是成立北京集成电路产教融合基地。获批教育部北京集成电路卓越工程师创新研究院，依托集成电路双"1+1"工程，采用"企业出题、产学研用合作平台联合技术攻关"机制方式，全面推动教学科研与产业实际相融合，为北京集成电路产业培养优秀人才。目前基地已有学生146名、教师40名，与中芯国际、京东方等区内企业合作33个产业化课题。

作为北京市双"1+1"工程的重点项目，中芯京城、北方集成电路技术创新中心、长鑫DRAM存储器等项目的顺利进行，将推动解决国家信息技术领域突破"卡脖子"的难题，有效助力中芯国际、北京屹唐、长鑫集电、国望光学等集成电路产业链上下游企业高质量发展。

四、服务支撑国家战略科技力量的发展壮大

北京市把支撑做大做强国家战略科技力量作为优先任务，积极提供保障条件，努力提供优质高效服务，搭建科研、技术创新到产业化的融合平台。

北京市与中国科学院合作建设的怀柔科学城，聚集了大批先进科学大型装置，成为重大基础研究和前沿

新兴和交叉学科研究的重要基地。为加速实现研究成果的转化，北京市配套建设了产学研结合转化平台。近年来，一批承载国家战略科技研究的国家实验室落地北京。北京市从基础设施建设到相关保障提供优质高效服务，为吸引凝聚优秀人才创造了美丽宜居环境、提供了优良的工作生活条件。

在科技交流合作平台方面，积极推进科技和人才面向国际和国内的开放。近年创立了"中关村论坛"、各学科领域专业国际学术论坛等知名品牌，促进了科技人才的交流合作，活跃了学术和创新氛围，搭建了融合创新创业的平台，世界重要人才中心和创新高地的地位日益凸显。

案例

重庆：营造西部创新生态高地

重庆市抢抓科技革命和产业变革战略机遇，发挥重庆科技创新和产业发展比较优势，立足加快建设具有全国影响力的科技创新中心，着力构建"416"科技创新布局。"4"，就是加快打造数智科技、生命健康、新材料、绿色低碳四大科创高地，"16"就是重点围绕人工智能、区块链、云计算、大数据、创新药物、精准医疗、生物制造、智慧农业、高端装备材料、先进光电与量子材料、新型半导体材料、高分子与复合材料、新能源与新型储能、绿色制造、再生资源利用、生态保护与修复等16个战略领域，一体推进原始创新、技术创新和产业创新，以科技创新引领现代化产业体系建设，聚力打造3个万亿级主导产业集群，升级打造3个五千亿级支柱产业集群，创新打造6个千亿级特色优势产业集群，培育壮大18个"新星"产业集群，加快培育发展新质生产力，引领支撑制造业高质量发展。围绕四大科创高地，分类推进16个重点领域创新，塑造创新突破点，形成可持续发展梯队。对人工智能、大数据、精准医疗、智慧农业、高端装备材料、新能源与新型储能等6个有优势的领域重在巩固提升，对云计算、创新药物、生物制造、生态保护与修复、再生资源利用等5个有基础的领域重在做大做强，对区块链、先进光电与量子材料、新型半导体材料、绿色制造、高分子与复合材料等5个有潜力的领域重在聚力突破。

一、打造高能级科创平台

聚焦数智科技、生命健康、新材料、绿色低碳四大科创高地，布局打造金凤、嘉陵江、明月湖和广阳湾四大重庆实验室。重组10个全国重点实验室，国家级科技创新基地和平台达到114家。优化重组市级实验室

168 个，布局建设市级技术创新中心 42 家，市级科技创新基地和平台达 513 家。四大科创高地领域的国家级、市级科技创新基地和平台达 420 家。新建重庆市健康资源创新研究院、北京大学重庆碳基集成电路研究院，启动建设重庆大学前沿交叉学科研究院。超瞬态实验装置、大规模分布孔径深空探测雷达等重大科技基础设施加快推进，前瞻谋划精密位移测量等大科学装置。

借助高能级科创平台，积极引育高素质科技人才。突出"高端、海外、全职、年轻"导向，深入实施重庆新引才计划，加快高层次人才引进。构建科教协同育人机制，优化高校学科设置，加强人才自主培养，着力培养优秀青年人才，近 5 年各类青年人才实现倍增。优化人才发展环境，实施人才创新创业全周期服务机制改革，一体推进人才评价、项目管理、成果转化、金融服务、要素集成 5 类 14 项改革事项。完善科技激励机制，开展科研人员减负专项行动，实施企业、农业科技特派员计划，新增发放人才服务卡 3795 张、增长 156%，服务满意度 99.7%，筹集人才公寓 4.7 万套。

二、培育优质市场主体

重庆市委、市政府把深入实施高新技术企业和科技型企业"双倍增"行动计划，作为加快建设具有全国影响力的科技创新中心，构建现代化产业体系、推动高质量发展的关键切口，出台《重庆市高新技术企业和科技型企业"双倍增"行动计划（2023—2027年）》。重庆市政府成立"双倍增"专项工作组，充分发挥统筹协调作用，构建"纵向贯通、横向衔接、赛马比拼、多方联动、数字赋能"工作机制，设立市级引导区（县）科技发展专项资金，采取创新报表、季度晾晒方式，先后出台完善科技型企业培育体系、支持科技型企业融资、银行业保险业支持"双倍增"等政策文件，落实研发费用加计扣除等财税政策，打通成果端、中试端、创业端孵化链条，加快建设重庆市技术转移研究院，提质发展重庆高新技术产业研究院，升级建设6个环大学创新创业生态圈，开展"以权代股""先投后股"改革，强化科技金融支撑，促进科技成果转化应用，加快孵化培育高新技术企业和科技型企业。截至今年7月，新增科技型企业22 100家，累计65 089家，增长51.4%；新净增高新技术企业2101家，累计8449家，增长33.1%。重庆市璧山区与重庆理工大学共同设立校地科技合作专项基金开展产业技术攻关。重庆市沙坪坝区与重庆大学共建概念验证中心，设立1000万元专项资金，支持科技成果熟化验证和商业化验证，加快培育科技型企业和高新技术企业。如明月湖国际智能产业科创基地专注孵化"硬科技"企业,打造人才链—创新链—产业链—资本链科创生态闭环,着力培育硬科技企业。运营3年来,累计培育硬科技创业团队66个,估值超6.6亿元,已获社会资本投资1.3亿元,孵化培育科技型企业12家、高新技术企业2家。

三、塑造技术创新突破点

近年来,重庆市聚焦"416"科技创新布局,持续组织实施核心软件、人工智能、高端器件与芯片、先进制造、生物医药等5个重大科技专项和新能源、新材料等8个重点专项,探索推动新型举国体制在重庆创新实践,优化重大科技创新组织机制,着力抓好项目凝练、项目设立、组织实施、监督评价等重点环节形成重大项目的闭环管理,采取部门协同、市区(县)联动、产学研融合方式,着力构建以企业为主体的产学研融合机制。2023年,重庆市科技局设立重大(重点)研发项目137项,布局解决关键技术问题311项、"卡脖子"技术问题60项,由企业提出的技术需求、牵头项目数量、投入资金占比均超70%;重庆市经济信息委牵头实施产业关键技术攻关"揭榜挂帅"项目39个、支持经费2.5亿元;市级有关部门支持企业建设各类研发平台,创建国家企业技术中心48家、国家工程研究中心3家、市级技术创新中心38家、市级工程研究中心116家,取得超级智能汽车平台 SDA、镁合金一体化超大压铸件、18 兆瓦级集成式中速海上风电机组、尼龙 66 全产业链绿色制备技术、"庆油 3 号"油菜新品种等一批具有重庆辨识度的标志性成果。

四、强化企业创新服务

一是政府引导企业加大研发投入，提升技术创新能力。重庆市科技局按照"以需求定任务，以任务定经费"原则，采取 1∶4 的投入模式，每个专项财政科技经费投入 1 亿元左右，企业投入 4 亿元左右，牵头组织实施"5+8"重大（重点）专项总投入 39.8 亿元，其中财政投入 6.36 亿元，带动社会投入 33.44 亿元。同时，支持长安汽车、中国星网等重点企业设立创新发展联合基金。重庆市税务局全面推进企业研发费用加计扣除制度，7278 家企业通过研发费用加计扣除减税 98.3 亿元，1903 家高新技术企业通过增值税加计抵减政策减税 23.86 亿元。重庆市潼南区实施规上工业企业研发"双清零"攻坚行动，加快企业新旧动能转换。

二是强化科技金融支撑，助力企业快速成长。加强科技信用贷款服务，科技型企业、高新技术企业贷款余额分别达到 6950.3 亿元、2073 亿元，增幅分别达到 82.1%、31%。深化科技型企业知识价值信用贷款改革，累计为 1.3

万家（次）企业发放知识价值信用贷款227.6亿元；向科技部推荐科技创新再贷款备选企业4148家，已获批再贷款7笔、金额4296万元；开展"政银联动服务企业创新"改革试点，上线10家银行22款创新积分贷金融产品。完善股权基金服务架构，发挥种子投资、天使投资、风险投资、产业投资4只引导基金作用，累计投资项目1348个、金额452.81亿元，分别增长13.6%、10.9%。市委金融办加快科技型企业上市步伐，大力实施企业上市"千里马"行动，近3年境内新上市15家公司均为科技型企业。江津成立全市首家科技银行，西部科学城重庆高新区成立股权投资基金25只、实缴资本288亿元。

"政银联动"服务企业创新改革试点，市科技局迭代企业创新积分评价模型，构建数字为纽带、项目为引导、信贷为支撑、企业为主体的"数字＋项目＋信贷"服务新模式。目前，已完成10家合作银行22款创新积分贷金融产品线上部署，已向金融机构精准匹配90家白名单企业。

三是营造企业创新创业氛围。重庆市科技局启动企业科技特派员团服务行动，选派企业科技特派员团277个。重庆市税务局组织开展研发费用加计扣除、"税助新质"惠企政策宣讲等16场次。市级有关部门举办第十三届中国创新创业大赛（重庆赛区）、中国国际大学生创新创业大赛（重庆赛区）、渝创渝新等品牌赛事30场次，开展科技企业进高校、科技成果进区（县）等活动1200场次。重庆市九龙坡区和成都市新都区成立科技服务机构创新合作联盟，引导优秀科技服务机构深入企业开展"科惠新龙"行动。巫溪开展镇街主要干部"便民助企先锋行动"。市大足区强化数字赋能服务企业创新发展，为科技型企业、高新技术企业提供融资增信、科技人才服务、创新政策匹配等精准服务。[1]

---

[1] 资料来源：根据重庆市相关部门材料整理。——编者注

第一章

创新生态的决定性作用

一、创新的作用及本质要求

创新这一概念，首先由经济学家熊彼特提出。他的"创新理论"解释资本主义的本质特征，阐释资本主义形成、发展和趋于灭亡的结局。1912年，他出版了《经济发展理论》一书，从经济发展的角度提出的"创新理论"成为该书核心观点。之后，又相继在《经济周期》和《资本主义、社会主义和民主主义》两书中加以阐释和发挥，形成了"创新理论"为基础的独特的理论体系。他提出，创新就是把一种从来没有想过的生产要素的新组合引入生产体系，新组合包括开发新产品、使用新的生产方法、发现新的市场、发展新的原料或半成品、创建新的产业组织等，换言之，就是建立新的生产函数。熊彼特的"创新理论"的最大特色，是强调生产技术的革新和生产方法的变革在经济发展过程中的至高无上的作用。他认为，企业家的本质就是创新。

第二次世界大战后，第三次技术革命在世界兴起，美国作为科技龙头，形成了以电子信息技术、自动化、新能源、新材料、生物技术、航天等为代表的高新技术群，形成了与以往技术革命不同的系统创新模式，影响范围之广，对经济社会发展变革推动力之强，远超上两次技术革命，特别是日本、韩国等一批后发国家乘势而上，向创新型国家跨越。

1987年，英国创新经济学家弗里曼，基于对日本的经济发展的研究，提出了国家创新系统的概念，强调创新已从企业活动扩展到社会系统，政府在营造创新生态中发挥着重要作用。国家创新体系概念自诞生以来，对世界创新理论的研究、创新政策的制定都起到了非常重要的作用。弗里曼国家创新体系理论从宏观经济角度，分析以技术创新为核心的、以思想创新和制度创新等诸多因素所组成的一个产生和推动创新的网络系统，从而找出创新对一个国家或地区经济发展的贡献。

中国自改革开放后逐步增强对科技创新的重视。1987年，中国改革开放总设计师邓小平提出了"科学技术是第一生产力"的思想。20世纪90年代，中央领导同志在全国科学技术大会上讲话指出，创新是一个民族进步的灵魂，是一个国家兴旺发达的不竭动力。党和政府组织实施科教兴国、人才强国战略，把建设国家创新体系作为科教兴国的重点任务和重要保障。2006年1月，中共中央、国务院发布《关于实施科技规划纲要　增强自主创新能力的决定》，提出了到2020年使我国进入创新型国家行列的宏伟目标。

进入新时代后，中国做出了实施创新驱动发展战略的重大部署，把创新摆在发展全局的核心位置，把科技自立自强作为国家发展的战略支撑，推进以科技创新为核心的全面创新，擘画了建设教育强国、科技强国和人才强国的宏伟蓝图，提出一系列具有开创性意义的新思想、新论断。

科技创新能够催生新产业、新模式、新动能，是发展新质生产力的核心要素。必须加强科技创新特别是原创性、颠覆性科技创新，加快实现高水平科技自立自强，要营造良好创新环境，加快形成有利于人才成长的培养机制、有利于人尽其才的使用机制、有利于竞相成长各展其能的激励机制、有利于各类人才脱颖而出的竞争机制，培植好人才成长的沃土……由此可见创新在当前人类社会发展中的核心主导力和推动力的作用，创新生态环境在激发创新活力中的决定性作用。

二、创新的基本特征

全面深入了解创新的本质特征，才能准确理解创新生态的关键地位和作用。

1. 创新的内涵与外延

熊彼特最先从经济学角度定义了技术创新的狭义内涵：创新是"生产要素的重新组合"，把以前不存在的生产要素和生产方式的"新组合"应用到生产体系当中，创造出新的价值。

现代创新的内涵和外延有了大的延展，拓展到覆盖人类社会活动宏大范围。现代内涵是：把一个新思想（新想法）

付诸实践，与其他要素互动形成新的组合，并实现经济和社会价值的过程。

由此可见，创新是一个复杂的系统，又是一个连续完整的过程。新的思想（想法）好比种子，但其不是一种空想、幻想，而是实践和科学研判中萌生的理性思维，从感性到理性的概括跃升。把新思想付诸实践并与其他要素互动结合形成新的要素组合，好比是踏实辛劳耕耘、用心血培育，强调了其系统性和过程，以及所需要的活力、引发的系统新变化。实现经济效益和社会价值，是创新的目的导向和价值判断。

从狭义的技术创新到广义的创新，从企业行为到系统性社会实践，创新的外延大幅扩展，包括科技、理论、文化、战略、管理、制度等创新。抓住了创新，就抓住了牵动经济社会发展全局的"牛鼻子"，推动以科技创新为核心的全面创新。深刻领会和科学把握创新是发展全局的核心，科技创新是全面创新的核心，就抓住了创新的要义和功能。

2.创新活动基本特征

探索性和独创性。创新有多种形式，有在现存状态下的改进更新、革故鼎新，有离经叛道的颠覆性创新，有无中生有的新探索发现、创造发明，有脑洞大开创立的新学说、新理论、新方法、新路径、新技术或装备形成的新产业、新市场，有引领潮流开辟的新领域、创立的新制度和新模式。概括之，新颖性是创新的基本标志，特别是独创性是创新的更高境界，而探索性是创新活动的基本特征，需要专心致志地研究、寻求突破，静心专注观察思考，善于捕捉灵感，反复艰辛地实验。这要求创新者要有宏大的视野，有标新立异的活跃思维，有勇于并善于探索的精神。

或然性与风险性。包括科研、开发在内的创新实质是一个不断试错的过程，充满了艰难挫折和失败的风险。创新成功是在经历无数次失败后的苦尽甘来。在此竞技场上，有名利损伤的代价，幸福健康乃至生命的代价，更有不少历经磨难而半途而废徒劳无功的代价。因此，创新需要付出艰苦卓绝的劳动，应具有甘心寂寞清苦的品格，更应具备锲而不舍、百折不挠的精神，不畏风险、愈挫愈奋的勇气；同时，要营造鼓励敢为人先、冒险探索的氛围，更要有宽容失误、包容失败的宽松创新环境。

需求导向和好奇心驱动。需求导向和好奇心驱动是创新的两大内在动力。创新特别是科技创新是探索世界、造福人民的崇高事业，追求这一目标及需求无疑是创新的出发点和初心使命，也是创新的主题和主战场。从古至今的不少重要科学发现和技术发明，往往源自好奇心的驱使。兴趣是一种大的激励力，激情是取得创新突破的必然动力。需求导向牵引是推动创新的主潮流、主动力，特别是在当代科技创新日新月异、技术更新换代加速、国际科技竞争激烈的大变局背景下，创新更加要服从和服务于国家和企业利益。国家繁荣强盛、人民幸福平安、经济社会发展兴旺，成为创新的目标导向。当然，在此主潮流下，决不可违背科技自身规律，忽视甚至排挤好奇心驱动型研究。许多研究、创新，在需求导向的大前提下，路径选择亦有很大不确定性，应授予科学家、创新者更多自主权，鼓励并激发其好奇心和灵感。因此，创新生态要适于一致性和多样性共存互鉴，不要追求急功近利，应具有较大的包容性和宽松性。

传承性与颠覆性。多数创新是在原有基础上的不断改进、迭代升级，呈连续性、渐进性创新特点。而当今基于基础研究的原始性创新越来越多，而从基础研究快速生成为新质生产力成为新趋势，原始性创新往往导致颠覆性创新，即原理的重大改变，技术模式和路径的重大变革，给原有相似技术及产业带来革命性的更替换代，如数字相机取代胶卷、智能手机与移动互联网的发展、电动汽车取代燃油汽车、新材料与新产品的问世等。这将引发创新模式从以学习跟踪为主，转向以原始创新为基础的并行、引领式创新，通过更多原始性颠覆性创新，占据发展竞争的制高点并掌握主导权。因此，创新生态应有利益创新链的有机衔接，创新链与产业链供应链的有机融合，提高创新质量和效率。

精英主导与团队协作。"千军易得一将难求"，战略科学家和领军人才的引领和骨干作用，标志着创新特别是科研开发的整体实力和水平。科技领军人才是将才，是团队制胜乃至学科领先的关键。领军人才特别是战略科学家群体的水平提升,是人才队伍建设的龙头和"纲"。领军人才是学术尖子,更要具备学术领导能力,包括对学科、领域发展态势的把握,方向性的前瞻预判,研究课题的总体谋划,技术路线的选择,资源的争取和调配,科研攻关的组织指挥,以及内外协调和人才培养等,还必须具有甘于吃亏和奉献的品质和海纳百川的大度情怀。正因为创新的系统性,创新团队的作用至关重要。创新的系统性增强,如科技创新涉及多学科、多领域研究开发,覆盖从基础研究、应用研究、技术开发产品设计、工艺设计、产品测试到售后服务等复杂过程。此外,在激烈的市场竞争中,研发的速度、效率,成为制胜关键。由相关学科专业和不同技术层次人员组成的创新团队应运而生,体现着整体大于各部分之和的效果。要在领军人才主导下,保持清晰的人才层次结构和明确的分工,形成优势互补的集成效应,推动团队系统的功能最优。

个性与系统协同性。当代创新系统特性日益显著,跨学科、跨领域、跨界创新活动增多,创新成为一个复杂的巨系统。既要重视创新的个性特点,也要关注其关联性和系统性。创新生态应有利于个性化创新与系统性创新的协同互动,促进跨界融合创新,统筹协同推进创新的整体效能。

价值实现与利益激励。创新创造价值,必然要求我们尊重知识、创新活动蕴藏的巨大价值。而从隐性价值到实现经济和社会真实价值的过程崎岖坎坷,需付出巨大努力、投入大量资源。既要依法保护好知识产权等创新者权益,又要善于用好利益机制调动创新者的积极性。因此，创新系统要强化兴利除弊、有力保护创新、激励创新之功效，彰显正向激励正能量、约束不良行为、弘扬公平正义的明确导向。

优势重塑和垄断性。创新是产出新质生产力的源泉，是新旧更替的革命性力量，是高质量发展的第一驱动力，是市场竞争乃至国际竞争的撒手锏，创新优势可转化成控制、垄断的手段。创新的效率和质量关乎着发展竞争的成败。创新还遵循着"胜者通吃""唯先独占"的规则。创新领先者占领发展竞争制高点，后边的跟随者不得不居于从属地位，不少行业领域，创新一旦领先，就占领该领域的多数市场份额，竞争者的追赶要付出更大代价，甚至想超越必须在路径上创新、另辟蹊径。如前些年 PC 计算机的英特尔 CPU 芯片、微软的操作系统，当今华为的 5G 通信、ASML 的光刻机、英伟达的人工智能芯片、OpenAI 的生成式人工智能等。因此，创新生态要激发创新和竞争的动力与活力，有利于提升系统创新的效率，强化创新优势。

三、新一轮科技革命对生态环境的新要求

1. 新一轮科技革命的趋势

进入 21 世纪，世界科技变革呈现出新的突破，正在形成新科技革命和产业深度变革的新浪潮。20 多年来，新技术

相继涌现，颠覆式创新成果大范围应用，技术的更新换代相继发生、频度加快，产业变革广泛深入开展，新产业不断产生，产业更新升级颠覆着传统结构和生产方式。各学科领域时常声称获得新革命性成就，信息革命、能源革命、生物革命、交通革命、材料革命等概念频频出现。与历史上的几次科学和技术革命相比较，当代科技革命的特点显著不同。不是单项或单组技术引起一个产业、行业的深刻变革，而是多个领域、各项核心主体技术的突破引起相关产业群的变革，进而推进产业整体变革升级，其应用辐射传播，驱动着人类生产生活方式的变革，推动着社会的全面变革和巨大进步。从总的趋势看，主导和重要领域如下：

新一代信息技术是推动科技和产业变革的主导技术群。人工智能新时代开启，人类从世纪之交的 IT 时代跨入智能社会，AI 时代。人工智能作为新一代信息技术的灵魂和主导技术，在数字化网络化的高起点上得以智能化拓展和广泛应用，将各领域各方面的赋能提升到更高阶段。ChatGPT 开启人工智能发展新时代，GPT-4 展现出了逻辑推理能力，通用智能大模型能够不断去理解，在视觉和图像识别上也特别有用，扩大数据规模有助于提高 AI 能力，精准调控给予人类反馈的强化学习。随后推出的文生成视频系统 SORA，展示了多模态 AI 的强大性能。量子科技革命将引领信息科技颠覆性换代。包括量子通信、量子计算、量子精密测量等，在确保信息安全、提高运算速度、提升测量精度等方面突破经典技术的瓶颈，成为信息、能源、材料和生命等领域重大技术创新的源泉。芯片等基础技术正在更新换代；超级计算和云计算技术的持续提升算力，为AI发展提供着强大支撑；第三代互联网构建全域覆盖的智能化平台，感知技术群体突破崛起；内容拓展升级的功能模块将更加可靠、丰富，区块链、边缘计算、数字孪生、虚拟和增强现实、元宇宙等丰富着应用生态，与工业化城市化深度融合带动整个领域技术升级换代。

生命科学加速群体突破，有望成为下一个主导领域，正上升为当今在全球备受关注的基础自然科学和前沿技术。人工智能为生命科学研究的革命性突破提供了高效神奇的手段，解析人类基因组功能取得突破，基因组编辑技术出现并得到应用，细胞生物学有重要进展，器官科学面临突破；合成生物学研究发展呈现令人欣喜的成就，生物医学技术不断取得重大创新成果。

先进材料和制造技术新成果精彩纷呈，成为变革的基础和动力。固体物理的重大突破催生了系列拓扑材料，以材料基因工程为代表的材料设计新方法拓展了材料创新范围、提高了效率。突破战略性新技术，需要强大的新材料技术支撑。新一代信息、新能源和环境、智能制造、生物和健康等技术突破发展面广、速度快，如半导体材料、显示材料、人工晶体材料、信息存储材料、先进碳材料、光伏材料、动力和储能电池材料、高温超导材料、分离膜材料、碳材料、超材料、生物材料、智能材料竞相发展。新型结构材料：高性能纤维复合材料、新型轻合金、高温合金及耐热合金、高性能轻合金及其超大规格构件、核电用钢、高强塑级钢、稀土功能材料、稀有/稀贵金属材料等创新升级，为战略前沿高技术发展起到重要支撑作用。

新能源与绿色技术创新升级。化石能源开采和加工利用技术、火电清洁低碳发电技术向绿色高效化升级；可再生能源大规模高效利用技术广泛投入使用；新一代核能发电正在大规模进入商业应用；动力电池和氢能技术在广泛应用中不断创新升级；高效安全储能装置、能源互联网发展应用拓展；核聚变研究不断取得新突破，展示了应用前景。

深空深海深地及超高速科技不断突破极限、创造新纪录。深空宇宙探索、火星探索、月球探索、新的太空空间站的建成等太空科技，深海万米探索和开采，深地过万米钻探和矿物开采，特高速列车、新一代空天飞机等先进装备制造运营技术等，都取得了重大突破。

复杂系统科学研究正在形成热潮。它以复杂性系统为研究对象，以超越还原论为方法论特征，以揭示和解释复杂系统运行规律为主要任务，以提高人们认识世界、探究世界和改造世界的能力为主要目的的一种交叉学科的新科学研究形态，大数据、人工智能等新一代信息技术提供了破解复杂系统、解密系统内要素相互管理作用的机理，甚至助力数学建模，揭示新的科学规律，有望形成新科学体系，促进科学范式的重大变革，并引发第三次世界科学革命。

2. 新一轮科技革命的特点

新一轮科技革命呈现出以下鲜明特点：

体系化突破。不同于以往单项技术、单学科或技术群的突破，以新一代信息技术为主导，带动多学科体系化突破创新，新理论、新方法不断创立，新学科、新学派相继涌现，科技革命浪潮此起彼伏。新兴学科领域蓬勃崛起，传统学科领域变革升级，基础学科新发现、新突破，新知识、新理念大量涌现，知识以几何级数爆炸式增长，知识体系不断更新，大学科体系化推进，完整的学科体系和创新链优势凸显。

交叉融合。这是体系化突破的主因。新一代信息技术提供了先进高效科研创新手段和交叉融合平台，学科间、领域间、宏观与微观间、科学与技术间、自然科学与社会科学间相互交叉、渗透、激发促动。信息技术渗透、覆盖甚至主导所有学科领域，成为交叉融合的催化器和黏合剂，成为各学科领域破解经典难题、突破难关并取得硕果的先进工具平台。全方位交叉、跨界融合创新成为主要科研模式。多学科、关联性、多方位组群式突破，特别是交叉学科成为活跃区域，相关大批新兴学科新知识产生。学科交叉、跨界融合创新从未像当今这样，覆盖的领域如此之广、融合度如此之深。

颠覆性创新。基于基础研究的原始性创新，在科学原理和基础技术方面取得重大突破，颠覆了一些基本原理和原有的技术体系及功能，导致众多技术更新换代，产业更替，知识更新，认知颠覆。这影响着科研方式、生产方式、工作方式、生活方式的革命性变革。

纵深延展。随着科学手段的显著进步和投入的加大，科学研究从微观到宏观到宇观的探索领域不断拓展，探求真知纵深推进逐步深化。物质深层基本粒子研究取得新的发现，量子效应及运动规律研究取得新的成果；分子生物学领域，基因功能、蛋白质功能研究探秘获得新成果，微观层面的各类具有新奇特性功能材料的发现、设计制作又有新突破。宇观层面的应力波、黑洞、暗物质、暗能量研究不时有新发展，利用超级天文望远镜捕捉到众多外星系的有用信息；多国发射卫星，竞相对火星、太阳、月球进行深空探索，中国研制的国际空间站做好了运营的准备工作。万米深海探测、深地钻探不时传来新的进展。超高速飞行器、超高速列车试验取得新突破。集成电路芯片突破2纳米，逼近摩尔定律极限。

复杂性解密。复杂系统科学是以复杂性系统为研究对象，以超越还原论为方法论特征，以揭示和解释复杂系统运行规律为主要任务，以提高人们认识世界、探究世界和改造世界的能力为主要目的的一种属于"交叉学科"的新兴科学研究形态。创立新的范式，应用新的思维模式来理解自然界带给我们的真实问题。复杂系统内部结构及联系、各要素及变量间的互动规律、系统运动及平衡规律逐步被解释，非线性的变化运动得到真实性描述。各因素相互交织，科技与经济社会交织融合，复杂大系统、大科学成为研究常态。大数据、人工智能、先进仪器装置等提供有力工具，成为研究者必备本领。在某种意义上，甚至可以说复杂系统科学带来一场方法论或者思维方式的变革。

使命主导。新冠疫情给全球经济社会发展造成重大冲击，给人类社会生活正常秩序造成严重干扰；全球气候变化酿成的生态环境恶化和自然灾害多发；霸权主义导致的军备竞赛区域战争冲突使全球面临大战风险增大……在百年未有之大变局下，人类生存发展面临的严峻挑战，迫使科技界担当使命，人类更加依赖科技创新给出解决方案，化解面临的风险，维护世界和平，促进绿色、环境友好和可持续发展，保障健康，造福人类。因此，科学家们的神圣使命空前凸显，从基础研究到技术创新，使命导向型研究成为科学家们的自觉行为，成为国家科技政策的优先目标。

加速转化。美国学者 D.E. 斯托克斯（D.E.Stokes）于 1997 年提出应用与基础二维模型，法国科学家巴斯德的基础研究有较强的应用导向，说明了科研过程中的认识世界和知识应用的目的可以并存的现象。当今，创新链紧缩，科学技术互动融合，界限模糊。应用导向基础研究，研究成果快速转化为应用，催生新质生产力，形成新产业、更新现有产业。科技新成果跨界向经济、文化、军事、社会领域加速渗透、应用，改变着已有形态。

四、优化创新生态的迫切要求

新一轮科技革命的新特点，必然要求创新生态的进一步调整、优化，以更有利于促进创新活动，取得领先优势。应着力以下方面：

如何有利于原始性和颠覆性创新的突破。当今的创新主要源自基础研究突破引发的原始性创新，并导致颠覆性技术的更新换代。因此，原有引进消化吸收式创新、学习跟跑式创新必然陷于被动从属地位，处在创新链的底端和竞争的劣势地位，甚至受制于人。建立自立自强的科技体系必须增强基础研究的实力，优化创新生态必然要求更加宽松自由的科学探索学术氛围，从大的趋势上遵循使命导向，而研究方向、路径、重点要注重发挥科学家的想象力、创造力，形成激励直面前沿、敢为人先、包容失败的学术环境，加大对原始性和颠覆式创新研究的支持。

如何有利于开展融合创新。其中关键是打破原有学科、专业、领域的界限及人为壁垒，促进创新生态更加开放，更利于学科交叉、研究合作、融合创新。既要在体制机制上提供交流合作的平台，还要促使研究者增强交叉融合的意识，开阔合作研究的视野和胸襟，更要形成合作研究多赢的机制，提供交流合作融合创新的便利和内在动力。

如何进一步发挥领军人才及团队作用。战略科学家和领军人才的引领和骨干作用，标志着科研开发的整体实力和水平。着力在科技创新实战中造就战略科学家的帅才群体、科研与创新的领军将才团队、业务尖子的骨干队伍，带动国家重大基础研究、战略高科技研究、国家安全和发展的重大先导任务研究跃升，带动国家战略科技研发创新能力的整体提升，带动各层次、各方面人才队伍整体水平提高。当今的创新已经成为系统过程，创新传递的作用至关重要。创新领军人才无疑起着核心作用，但需要优秀的创新团队的协作配合，这主要是当今技术创新特点所决定的。当今技术的系统性增强涉及多学科，多领域研究开发覆盖从基础研究、应用研究、技术开发、产品工艺设计等复杂过程。由相关学科专业和不同技术层次人员组成的创新团队应运而生，起着整体大于各部分之合的效果。

如何加速从研究到应用的效率。 发展新质生产力是创新的重要目的，科技创新是新质生产力发展的源泉和核心要素，关键源于原始性颠覆性创新。要实现这一点，必须将创新链与产业链紧密融合，加快生产要素的创新性配置，推动劳动者、劳动资料、劳动对象优化组合的跃升，产业深度转型升级和全要素生产率大幅提升。这要求必须缩紧创新链条，加快从基础研究到技术创新再到生产新业态新产业的进程。从机制上要更加密切产学研用的有机融合，发挥好研究源头和企业创新的两个主体作用，形成以企业为主导、原始创新为引领的高效的产学研用结合机制。

如何抓住优化创新生态这一关键赢得竞争优势。 正如上述，新一轮科技革命的特点是科技前沿原始创新成果多、颠覆性创新成果导致的技术和产业更替升级快，这导致科技创新在国际综合竞争中的主导作用提升，上升为经济军事乃至综合国力竞争的核心。这要求一方面从制度（法律、标准）等方面进行安全防护和有效反制；另一方面掌握人才特别是高端人才竞争的主导权，使创新生态在留住和吸引人才方面更具凝聚力和竞争力。更为关键的是，提升创新的整体效率和效益，在激发人才的创新激情的同时，发挥新型举国体制优势，集成资源、协同融合创新，强化国家创新系统效能，真正占据国际科技竞争的战略制高点。

五、创新生态系统建设是科技强国战略重点

作为科技强国的美国一直重视创新生态系统建设，将其作为国家创新战略的核心要素。2015年10月底，美国国家经济委员会和科技政策办公室联合发布了新版《美国国家创新战略》（以下简称"新版《战略》"）。2009年《美国创新战略：推动可持续增长和高质量就业》突出了创新生态系统从基础到引领的三个层次："投资于美国的创新基石，促进刺激有效创业的竞争市场，加强国家优先事项的突破。"2011年的《美国创新战略：确保我们的经济增长与繁荣》中提到，为维护创新生态系统，美国应当更新其"国家创新支柱"投资战略。2012年，《崛起的挑战：美国应对全球经济的创新政

策》指出，企业与大学之间的密切合作，公共和私人的风险性投资以及鼓励研究者创办技术公司，构成了美国创新生态体系的主要特征。2013年美国科学院发布的《国家与区域创新系统的最佳实践：在21世纪的竞争》，这一报告更是将创新生态系统看作是构筑国家竞争力重点所在。由此可见，关于构建创新生态系统的问题一直贯穿于美国政府这十几年来的政府报告，是美国创新战略乃至构筑国家竞争力的核心所在。

新版《战略》沿袭了2011年提出的维持美国创新生态系统的政策，首次公布了维持创新生态系统的6个关键要素，包括基于联邦政府在投资建设创新基石、推动私营部门创新和武装国家创新者三个方面所扮演的重要角色，以及围绕其制定的三套战略计划，即创造高质量工作和持续的经济增长、催生国家重点领域的突破、为美国人民提供一个创新型政府。新版《战略》在此基础上强调了以下九大战略领域：先进制造、精密医疗、大脑计划、先进汽车、智慧城市、清洁能源及节能技术、教育技术、太空探索和计算机新领域。

创新生态系统概念受到发达国家的普遍重视和采纳，包括出现在世界经济合作组织和发达国家的各种文件和报告中。2013年，欧盟发布以开放式创新2.0为核心的《都柏林宣言》，部署了新一代创新政策，即聚焦创新生态系统的11项策略与政策路径；日本于2011年部署了改良版的"科技政

第一章
创新生态的决定性作用

策学"项目,提出要实施重大的政策转向,从技术政策转向基于生态概念的创新政策,强调将创新生态作为日本维持今后持续的创新能力的根基所在。这标志着这些国家和地区已跨入创新政策的新时代,不仅重视创新生态系统这一新的创新范式,并将其上升至国家战略部署层面,国家创新生态系统理论与实践在未来将得以深入建构与发展。

让-克洛德·容克(Jean-Claude Juncker)担任欧盟委员会主席期间,欧盟组建专责小组开展调研,深入分析了其存在的突出问题和根源。特别是,虽然欧盟高度重视科学技术和创新在促进经济发展和就业中的作用,但近年来欧洲的研究成果却未能有效转化为创新产品和服务,欧洲开发出的新技术反而在其他国家和地区实现商业化。他们提出,欧盟的创新活动应该是开放创新发展,欧盟应该构建与其相适应的开放创新生态系统。随后,欧盟委员会将构建和支持开放创新生态系统纳入工作重点,并且明确"投资研究和创新就是投资欧洲未来"的理念。欧盟委员会把开放创新概念概括为集合不同部门(包括公共部门和私营部门)的创新性想法和知识,共同开发新产品,以解决社会需求的方案(即共创)。在此过程中,运用以用户为中心的方法创造共享经济和社会价值,促进数字化发展,以及大众参与和协作的融资过程。欧盟委员会构建欧洲开放创新生态系统的具体工作包括三个方面:在政策支持方面,改革和优化监管环境;在融资方面,促进私营部门投资研发和创新活动;在支持服务方面,让开放创新对社会经济的影响最大化。

在欧盟的开放创新生态系统中，创新活动的主要参与者既包括发挥中心作用、制定规则政策和创建监管环境的公共部门，也包括提供资金支持和解决融资问题的金融部门，还包括创新型企业、学术界及普通大众等主体。用户对开放创新至关重要，因为在数字化时代，创新性想法通常来源于普通用户的个性化需求。欧盟在构建开放创新生态系统过程中，既从供给侧促进创新理念及知识的流动和循环，如研究能力、资助体系、知识产权管理等，也从需求侧保证科学、研发和创新符合用户需求，帮助推动研究成果和科学发现转化为社会可用资源，实现经济价值，并助力创新型企业成长。

建设开放创新生态系统使欧盟的研究潜力和欧盟资助项目的成果影响力最大化。欧盟通过欧洲研究理事会的资助政策对创新项目进行审核、监督，并由独立的第三方进行评估。近年来，欧盟确立的建设开放创新生态系统的创新原则，使对创新的支持成为所有欧盟决策都必须考虑的因素，从制定规则和监管措施角度保证创新优先；建立泛欧风险投资母基金和成立欧洲创新理事会，使欧洲的深科技和突破性创新发展成为可能；为创新型中小企业和初创企业提供全流程融资，提高了资助资源的流动意识和投资动力，使包括机构投资者和风险投资基金在内的金融部门参与到开放创新生态系统建设中来；与"卓越认证"和"欧洲创新伙伴"计划协同作用，让开放创新生态系统对社会和经济的影响最大化，推动创新活动转化为社会和经济价值，服务欧盟实现绿色和数字双转型的目标。

📑 案例

瑞士联邦理工学院及研究所联合体

瑞士联邦理工学院及研究所联合体（ETH Domain）由苏黎世联邦理工学院、洛桑联邦理工学院以及四家联邦研究所——保罗谢尔研究所，瑞士联邦森林、雪和景观研究所，瑞士联邦材料科学与技术研究所，以及联邦水科学技术研究所共同组成。

每年，它都会获得国家约35亿瑞士法郎的预算支持，当之无愧地成为瑞士国家创新生态系统的动力心脏。

先说苏黎世联邦理工学院，它坐落在美丽的苏黎世，直接隶属于瑞士经济事务、教育和研究联邦部。这所世界领先的科研机构，在教学和研究方面享有极高的国际声誉。众多诺贝尔奖得主和图灵奖得主从这里走出，它擅长跨学科合作，师资力量无比雄厚，拥有世界级的学者和科研专家。在自然科学、工程技术、社会科学等众多领域都有着卓越的研究成果，设立的多个研究中心和实验室，一直致力于攻克全球性难题，推动科技进步和社会发展。在2025年QS世界大学排名中，它位列第7名。

洛桑联邦理工学院毫不逊色，也是瑞士的一所顶尖学府，在工程、科学和技术等领域表现突出，培养了大量优秀人才，为瑞士及全球的科技发展都作出了重要贡献。

而四家联邦研究所也各有千秋。保罗谢尔研究所在自然科学和工程领域开展前沿研究，涵盖物理学、材料科学、能源等多个方面，凭借先进的科研设施和专业的研究团队，为相关领域的发展提供了重要的理论和技术支持。瑞士联邦森林、雪和景观研究所专注于森林、雪和景观相关的研究，在生态系统保护、可持续资源管理、气候变化对自然景观的影响等方面积累了丰富的知识和经验，为瑞士的环境保护和资源合理利用提供了科学依据和决策支持。有着一百多年历史的瑞士联邦材料科学与技术研究所是世界著名的材料研究所，作为瑞士联邦理工中唯一的材料技术研究所，主要从事材料科学和技术的跨学科研究，在多个前沿领域深入探索，吸引了来自50多个国家的研究学者。瑞士联邦水科学技术研究所致力于水科学和技术方面的研究与创新，其研究成果对于保障水资源的可持续利用、水生态系统的健康以及应对水相关的挑战意义重大。

这个联合体发挥的作用和意义体现在：

人才培养：它为瑞士乃至全球培养了大量高素质

的科研人才、工程师和专业人士。这些人才就像星星之火，在各个领域发光发热，推动着行业的发展和进步。

科研创新：各成员机构在其专业领域深入钻研，不断取得世界级的科研成果和专利，在材料科学、生命科学、信息技术、能源等前沿领域处于领先地位，为解决全球性问题提供了创新思路和技术方案。

技术转让与产业合作：它将科研成果转化为实际应用，与企业密切合作，促进了产业的创新和升级。比如在材料科学领域的研究成果应用于制造业，提升了产品性能和质量；能源领域的创新技术推动了能源产业的可持续发展。通过孵化高科技公司，带动了相关产业的发展，创造了经济价值和就业机会。

国际合作与交流：其国际化程度非常高，吸引了来自120多个国家和地区的本硕博学生和教授，积极参与国际科研合作项目，与世界各国的高校、科研机构和企业建立了广泛的合作关系，提升了瑞士在国际科研舞台上的影响力和地位。

对瑞士经济发展而言，瑞士联邦理工学院及研究所联合体的影响深远且多面。在推动科技创新方面，苏黎世联邦理工学院作为世界著名的理工大学，诞生了众多诺贝尔奖获得者，其科研成果在材料科学、计算机科学、工程学等领域处于世界前沿。比如在材料领域的创新推动了瑞士的精密机械制造、高端医疗器械等产业的发展，使其产品在全球市场更具竞争力。联合体还获得了大量世界级专利和发明创造，以2018年为例，获得世界级专利230个，世界排名第三。这些专利和发明不仅提升了瑞士在全球科技领域的地位，还为瑞士企业提供了技术优势，带动了相关产业的进步。

在促进产业升级与多元化方面，通过基础研究和应用研究，联合体为瑞士培育了如生物技术、人工智能、新能源等新兴产业，吸引了大量企业和投资，推动了产业结构的升级和多元化发展。同时，联合体的科研成果和创新理念也应用于传统产业，如提高了机械制造、钟表制造等产业的生产效率、产品质量和技术含量，使其在全球市场中保持竞争优势。

在培养高素质人才方面，瑞士联邦理工学院及研究所联合体国际化程度极高，吸引了全球优秀人才，丰富了瑞士的人才资源库。同时，它也为瑞士培养了大量本土专业人才，这些人才成为瑞士企业创新和发展的核心力量。

在带动区域经济发展方面，在瑞士联邦理工学院及研究所联合体周边，形成了产业集群，企业之间的合作与竞争，提高了整个区域的创新能力和生产效率。为了支持联合体的发展，当地政府加大了对基础设施的投入,促进了各类服务行业的发展,进一步提升了区域的经济活力和吸引力。

在增强经济竞争力方面,瑞士联邦理工学院及研究所联合体的卓越成就和创新能力,为瑞士树立了创新强国的形象,吸引了更多的国际企业、投资和合作机会。同时,在应对全球挑战时,联合体通过开展相关领域的研究和创新,为瑞士提供了解决思路和方法,让瑞士在挑战中找到新的经济发展机遇,保持经济的持续增长和竞争力。

在发展过程中,瑞士联邦理工学院及研究所联合体不断适应新的需求和挑战,通过创建灵活的组织结构,涌出新的研究单位和项目,其研究工作也变得越来越网络化和跨学科化。瑞士联邦理工学院及研究所联合体中的其他成员机构也各自在其专业领域取得了显著成就。该联合体内的其他联邦研究所也都具有悠久的历史和丰富的研究经验,在不同领域开展前沿研究,为相关领域的发展提供了重要的理论和技术支持。它们与苏黎世联邦理工学院、洛桑联邦理工学院共同构成了强大的研究联合体,推动着瑞士在科学技术等方面的不断进步。

如今,瑞士联邦理工学院及研究所联合体已成为瑞士国家创新生态系统的动力心脏,每年会获得国家大量的预算支持,其各成员机构在教学、科研等方面都享有

> 很高的声誉,并在众多领域取得了卓越的成果,为瑞士乃至全球的科技发展、人才培养、产业创新等作出了重要贡献。[1]

六、创新生态子系统的特点和内在联系

　　学术研究环境,或称为研究开发生态系统是创新成果产生的源头。创新包括人才创造发明的学术活动,人才从事科研活动、发展进步需要宽松自由的探索环境。这一创新生态子系统决定了创新成果的供给质量和效率(准确讲,是原始性、颠覆性创新的质量和效率)。这一环境要求,既能够激发其创造激情和浓厚兴趣,有利于充分发挥其想象力、创造力,使其能静下心来聚精会神、锲而不舍地从事自己喜爱的研究;既能够宽容包容,鼓励其大胆探索、勇于试错、敢为人先,有利于涌现原始性、颠覆性的重大创新成果,又可增强研究者的社会责任,按照使命和目标导向,服务于国家发展和安全、造福人民;既能够张扬个性、发挥专长,又通过营造学术民主范围,鼓励争鸣和思想碰撞,形成团队优势,

---

[1] 资料来源:金融界网,中国社会科学网,《中国日报》中文网等。
　　——编者注

集成众智攻坚克难。

创新创业社会生态系统是创新生态的核心，主要功能是营造创新成果高效转化生成新质生产力的有效机制。这一系统旨在建立创新链各关联者（如大学和研究机构、企业、政府机构、投资机构及社会其他部门）的有机联系，发挥市场牵引和探索研究驱动交互作用。一方面，将前沿创新成果转化成新产业、新业态、新动能，迅速生成新质生产力；另一方面，根据市场需求和企业需要开展科研开发，形成创新创业、科技经济发展良性循环。这既能提高各创新主体和相关方的协同互动提高创新和转化效率，又能使人才、创新各阶段的资金提高使用效率和效益，从而增强创新引领驱动的整体效益和综合竞争优势。

人才发展环境是创新生态的关键。人才是创新的主体，是创新质量和效率的决定性因素。研究、开发、转化、技术服务、投资和市场开拓、管理等人才，都有不同的特质和要求，如何按照不同类型职业用好人才，依据不同个性发挥人才特长，如何在教育各阶段培养好人才，如何吸引凝聚人才，如何通过优化人才环境激发人才创新激情和创造潜能，如何不拘一格选人才、使优秀人才脱颖而出，如何增强人才的团队精神、加强协同合作、提升人才整体效能等，都是人才发展环境所要解决的问题。

创新社会文化环境是重要保障。创新文化对激励创新发挥着巨大的内生动力作用，它是双刃剑，用好了对创新起着正向激励效能；反之，则有着负面阻碍和消极破坏作用。优秀传统文化积淀和现代文明融合构成了创新沃土，陈旧劣俗文化污染创新氛围。创新主体内部的创新文化至关重要，而社会层面对创新和人才的重视、尊崇和支持，更是推动创新的正能量。

开放的国际创新生态是推进创新的必备环境和条件。学术思想需要国际交流、碰撞融合激荡深化，在开放中流动才有利于人才成长、提升能力，创新成果在开放中传播才能发挥更大效益。因此，只有在开放的国际大环境中交流、竞争才能吸收更多正能量，提高创新能力和质量。

政府善治环境是创新生态的优劣的决定因素。市场是引导推动创新的决定性因素，政府的正确导向、有效的协同、政策的有力支持，是创新生态系统建设的必要条件和积极因素。但轻视市场作用，政府过度干预将是对创新生态的干扰损害。

案例

美国的创新生态系统

美国经济的繁荣，得益于一个由政府、企业、大学等创新主体形成的共生竞合、动态演化的开放、复杂的创新生态系统。企业作为创新决策、研发投入、科研活动、成果转化的主体，承担着推动创新实践、激活创新

第一章 创新生态的决定性作用

潜能的决定性作用；大学及国家科研机构，是创新的源头、原始创新的策源地、先进科技成果辐射源、前沿技术创新企业的孵化器，担当着创新的先导引领和支撑作用；政府的作用更是不可被削弱或取代，它不仅是上游研究开发的重要投资者，还是创新基础设施的重要建设者。通过创新战略和法规政策，美国总统科技顾问委员会于2003年年初开展了一项研究，以探索美国的创新领导力以及国家的创新生态面临的挑战。这项研究包括两个部分，先后发表了两个研究报告——《维护国家的创新生态体系、信息技术制造和竞争力》和《维护国家的创新生态系统：保持美国科学和工程能力之实力》，正式将创新生态系统概念作为总括性核心概念。

美国创新战略首次发布于2009年，用于指导联邦管理局工作，确保美国持续引领全球创新经济、开发未来产业以及协助美国克服经济社会发展中遇到的各种困难。

2015年10月底，美国国家经济委员会和科技政策办公室联合发布了新版《战略》，公布了维持创新生态系统的关键要素。新版《战略》中多次提到构建美国创新生态系统这一核心概念，把创新生态系统看作是实现全民创新和提升国家竞争力的关键所在。新版《战略》指出，创新环境主要包括益于创新的知识产权制度、保护创新的反垄断执法等，建立完善的创新环境可以充分调动创新的积极性，要将环境建设摆在极其重要的位置，构建创新友好环境作为滋生创新的土壤。

一、创新生态系统的构成

综合美国三版创新战略，其创新生态系统框架可以概括为四大支柱：一是将建设公共基础作为保障国家创新力的基石，给予基础研究领域较高的研发投入，促进高质量的科学技术、工程和数学教育工作，打造超高水平的基础设施，建立新一代的数字信息基础设施；二是将激活私营部门作为提升国家创新力的引擎，完善实验和研究税收抵免政策，加大力度支持谋求创新的创业者，加快政府资助研究项目的商业化进程，向私营部门的创新者开放政府数据及授权；三是将赋能国内的创新民众作为持续创新的源泉，通过奖励手段激发美国民众的创造性，通过定向培养、众包和公众科学挖掘潜在的创新人才；四是将构建创新友好环境作为激励创新的土壤，打造适于创新的外部环境，支持区域性创新生态系统发展，聚焦国家重点领域创新，建设提供更优质服务的创新型政府。

不少学者通过对比总结得出，可持续的创新生态系统的核心为"4P"要素，即公共部门（public）、私营企业（private）、创新民众（people）和创新土壤（place）。

公共部门包括高校、科研院所和各种由政府支持的实验室、研发中心和服务机构等创新主体。

私营企业则涵盖从初创企业、中小企业到跨国企业各类私营部门。企业是创新生态系统的核心主体，企业的创新活动不是孤立进行的，而是与其他组织和机构进行互助合作，借助物质循环、能量流动、信息传递而相互联系、相互影响、相互依赖，形成具有自适应、自调节和自组织功能的复合体。

创新民众则是投入创新活动中的所有人力资本，国家创新系统旨在调动整个国家的创新活力，让全民投入创新的浪潮中，这才能使整个国家的创新生态系统活跃起来，使国家更具有未来竞争力。

创新土壤也就是创新所需的环境和平台，例如创新的文化环境和资源可得性。创新文化环境主要体现在创新主体价值取向和创新意愿、消费者的消费意愿和需求，以及社会的创新氛围，它是创新生态系统形成的沃土。

二、美国创新生态系统三个主体的功能

经过两个世纪的演化，目前，美国已形成由大学、政府、企业为主体，市场竞争和政府调控相互配合的有

效生态系统。其中政府、企业和大学为塑造创新生态系统从不同的方面发挥作用：政府负责税收和财务，对新技术市场起调控作用；企业将新的科学和工程知识与资本、劳动结合起来；大学负责推进基础研究并开展教学。三者"交叠"并互相作用，构筑了以知识为基础的创新型社会。

1. 政府重要职能是为创新发展营造良好制度和法律环境

美国创新生态系统依托于国家研发体系架构，形成了较为完善的包括"自上而下的研发计划"以及"自下而上的研发建议"的科技创新体系。

把完善国家科技创新体制作为基础。美国科技创新体制有三大特点：一是多元化，美国未设立对科技创新发展行使全面管理职能的部门，不对全国的科技事业实行统一领导、全面规划。由联邦政府各有关部门和机构根据其职责资助并管理研发活动，由总统科技政策办公室和管理与预算办公室等机构监督并评估各联邦政府机构的科研进程和效果。二是层级高，美国总统直接统筹管理国家科技创新发展工作，白宫科技管理部门的"四驾马车"，即总统科技顾问委员会、总统科技政策办公室、国家科学技术委员会、管理与预算办公室，直属总统，可直接向总统提出国家科技创新建议，从而形成了以总统为直接领导，同时整合科技界、教育界和企业界

第一章 创新生态的决定性作用

等多方力量的智囊团。三是架构清晰，美国在科技创新体系上形成了"决策—执行—研究"三层架构，各层级主体众多，围绕创新进行部署。决策层主要由总统在吸取智囊团建议的基础上，制定并发布创新规划，自上而下部署创新工作，推动创新发展；执行层由联邦政府部门具体实施，不同机构根据各自职责和专业负责不同领域的科技创新活动；研究层由政府、企业、大学和研究机构等不同部门开展各类研究，大学负责基础研究，政府研究机构负责应用研究和大科学研究，企业负责应用研究和试验发展推动国内技术创新发展。

政府推进以技术转移为核心的法律体系，构建了创新系统的法治构架。美国制定了大量与科研创新有关的法律法规，并根据环境和形势变化不断进行修订，形成了世界上相对完备的科技创新法律体系，为提高产业竞争力和科技创新实力、保护科研合作各方的利益、保障创新生态系统的良性发展营造了良好的法律环境。

自20世纪80年代以来，美国制定和颁布了20多部科技创新法律，涉及激励研发投入、保护知识产权、促进技术转让、激发中小企业创新、打造创新网络加强合作研发、强化人才培育等多个方面。从创新战略和法律布局来看，美国联邦政府尤其重视国内技术转移和促进联邦资助研发的商业化，依法完善机制对科技成果充分应用，以便更好地促进科技和经济的快速发展。1980年制定了《史蒂文森-威德勒技术创新法》，之后做过几次较大修改，先后改为《美国联邦技术转让法》《国家竞争力技术转移法》《国家技术转移促进法》等，该法主要是为了促进美国的技术创新，支持国内技术转移，加强和扩大各科研机构与产业界之间的技术转让、人员交流等方面的合作，提高各个部门的劳动生产率，创造新的就业机会，提高产品在国内外市场上的竞争力。该法还确立了推进技术创新的主要制度。通过出台一系列技术转让法律，美国打造了一个政产学研合作的生态体系，将大学、研究机构的科研成果顺利转移给政府和企业，扩大应用范围，进一步促进科研深化，为创新发展注入不竭动力。

《拜杜法案》为加快美国技术转移、推进创新生态体系建设发挥了关键作用。该法案于1980年由国会通过，1984年又进行了修订，旨在加速政府支持的科技成果转化，使私人部门享有联邦资助科研成果的专利权成为可能，从而产生了促进科研成果转化的强大动力。该法案的成功之处在于：通过合理的制度安排，为政府、大学、企业三方合作，共同致力于政府资助研发成果的商业运用提供了有效的制度激励。该法案明确规定有政府资金资助的科研成果及知识产权属于研究者所在单位，项目承担者允许得到比较高比例的收益。由此激励加快了技术创新成果产业化的步伐，使美国在全球竞争中能够继续维持其技术优势，促进了经济繁荣。从此，各大学依据该法案相继启动技术转移计划。

把扶持鼓励中小企业发展壮大作为创新生态建设的重点。美国经济的真正核心是中小企业，其中一部分中小企业快速成长为大型乃至超大型企业。作为技术创新的重要力量，美国国内采用政府和市场相结合的双轮驱动方针来激励中小企业的技术创新。1953年，《小企业法案》奠定了美国小企业政策的基础，确定了一系列扶持小企业的政策，成为支持小企业的基本法。同时，为保障小企业基本法的实施，美国还制定了《机会均等法》《联邦政府采购法》《小企业投资法》《小企业经济政策法》等配套法律，将技术创新和解决就业确立为小企业的两大功能，不断优化小企业的外部环境。

设立了专门的小企业管理机构。美国于20世纪40年代初建立了扶持中小企业的官方机构：一是隶属于国会的小企业委员会；二是隶属于白宫的小企业会议；三是隶属于联邦政府的小企业管理局（SBA）。SBA具体履行对小企业的管理职能，是负责美国小企业的主要管理和支持机构，主要向小企业直接提供贷款和信贷担保等资金支持、创业指导、技术援助、专业培训、政府采购、紧急救助、市场开拓（特别是国际市场）等全方位、专业化的服务。

积极为小企业提供资金支持。SBA通过贷款援助、政府采购、税收优惠等手段为美国中小企业提供了资金支持。在贷款援助方面，SBA会以政府担保的方式吸引银行向中小企业提供贷款；持续减少对企业新投资的税收，降低公司所得税率，推行加速折旧，实行特别的科技税收优惠以及企业科研经费增长额税收抵免等优惠政策。

重推两大项目帮助小企业技术转让。SBA在鼓励中小企业科技创新方面推出了两大较为成功的项目：小企业创新研究项目（SBIR）和小企业技术转让研究项目（STTR）。SBIR要求研发预算每年超过1亿美元的11个联邦机构必须拨出其研究经费的3.2%，用于支持高科技型小企业的技术创新与开发活动，旨在让小企业参与具有强大商业化潜力的联邦研发。STTR要求5个联邦政府部门（国防部、能源部、卫生部、航空航天局、国家科学基金会）将其研究经费中的0.3%调拨，用于资助高校或非营利性研究机构与小企业的合作及其技术转移。

2. 强调企业的创新全过程主导作用

鼓励大企业发挥引领带动作用，加大研发投入，依靠自身实力整合分散的创新资源；另外，利用中小企业灵活变通优势，发挥其新兴技术创新创业生力军作用，增强市场活力。

美国大企业以集成式创新为核心理念，打造将设计、研发、产品、推广、商业模式等连为一体的整合式创新生态系统。大企业是研发投入的主要投资者，主导科技研发项目。对内，依托内部的研发机构或实验室完成绝大多数核心技术的研发；对外，固定收购处于发展早期的新创公司或借助风投部门，投资其他新创公司。鼓励大企业对新兴技术及初创企业收购，为其感兴趣的各个尖端技术领域不断提供资金支持。

政策激励大企业提升内部创新能力，成立内部孵化器，支持员工成立小型自主创业团队。在资源整合方面，大企业依靠自身实力整合分散的创新资源，通过搭建技术平台等方式形成一个活跃而多元化的企业生态系统，协调和指导其他企业开展互惠互利的创新活动。

美国是世界上第一个系统性制定支持中小企业科技进步政策的国家：允许中小企业与政府共同出资进行研究并取得专利权；鼓励将知识产权注册给中小企业；将国家实验室促进成果向企业转移；拿出部分资金支持中小企业的科技研究，允许企业使用国家实验室等。支持中小企业借助国内创新资源发展壮大，克服自身发展实力不足问题，协同其依靠政府和大企业的扶持，如借助国内较为发达的企业级服务商提供的服务等，获得创新式发展。结合市场化融资体系和政策性融资体系，通过政府和民间资金支持中小企业发展。美国中小企业的融资渠道多样：中小企业业主自身的储蓄（约占融资的45%）、来自亲朋好友的借款（约占融资的13%）、来自商业银行的贷款、来自金融投资公司的贷款、政府资助（约占融资的1%）以及证券融资（约占融资的4%）等。完善中小企业发展服务体系，注重社会力量的参与，成立诸多半官方组织，以及民间组织等社会服务机构扶持中小企业发展。打造专门网站为中小企业提供创业计划、创业管理、金融服务、技术资源、市场机会、政府采购、人力资源、咨询和培训等服务信息；提供运营资金支持，为中小企业提供免费的技术、信息、咨询、培训等服务。

建立企业联盟整合创新资源打通创新链路。如与芯片科技直接相关的半导体制造技术战略联盟，1987年由美国政府主导成立，整合了全美14家顶尖的半导体制造业企业，同时政府每年提供10亿美元预算补贴。联盟规定，成员仅限于本土的公司，外国企业及其在美子公司不得加入。联盟内部有400多名科学家和研发人员，有效地实现了技术共享和成果共享，是美国政府整合资源、推进产业技术进步的突出案例。

3. 增强大学原始创新实力，为国内创新发展提供科研基础

大学作为科研核心主体，为美国创新生态系统的形成提供了大量高素质人才和高水平科技成果，成为美国区域创新生态系统形成和发展的关键因素。政府为硅谷、波士顿剑桥创新中心区等大学研究区初期发展提供全方位支持、发挥重要推动作用，从最初的研究资助、人才引进，到最终研究成果的商业化转化及采购应用，联邦政府为初创企业提供了全流程的帮扶。

联邦政府是大学基础研究的主要资助者，资助并实施了一系列大型项目；又是早期大学研究区内许多初创企业的主要采购者。20世纪50年代，出于国家安全需要，政府大量采购晶体管、电子微波管等高科技产品，政府从采购端支持帮助这类初创企业持续进行技术升级，众多由小到大的科技巨人企业均受益于此。政府通过立法手段刺激大学科研成果的商业化转化，为国内技术转移和科技成果转化构建了完善的法律保护体系。美国高校的科技成果转化率和收益位居世界前列，大学技术向产业界的转移成为20世纪90年代美国高新技术快速增长的关键。《拜杜法案》打破了科研成果"谁出资、谁拥有"的政策惯例，允许美国各大学、非营利机构和小型企业为由联邦政府资助的科研成果申请专利，拥有

知识产权，并通过技术转让实现商业化，促使企业主动寻求技术转让的机会。

鼓励大学依托自身人才和资源积极推动科技成果转化。在联邦政府为大学科研成果的商业化转化提供政策刺激的基础上，大学通过科技成果转化，强化了与产业界的联系。大学研究区逐渐摸索出一套科研成果转化的机制：一方面，通过授权费、版税、股权等灵活的方式将科技成果对外授权；另一方面，与企业展开定向合作研究，有针对性地完成转化。许多美国研究型大学均设有专门负责技术转移的机构，管理大学的专利注册与技术许可等事务。如威斯康星校友研究基金会（WARF）模式，WARF与大学分开，享有独立的法律地位，管理本校的专利事务；麻省理工学院（MIT）的第三方模式很有效果，他们与校外专利管理公司（RC）签署协议，将学院的发明提交给RC，由RC掌管专利申请和许可事宜；还有斯坦福大学的OTL模式，成立技术转移办公室（Technology Transfer Office，TTO）或技术授权办公室（Office of Technology Licensing，OTL），由具有科研或技术背景的项目经理组成，对技术转化的全生命周期进行管理，评估科研成果或对发明转化进行全面评估，为专利寻找合适的产业合作伙伴、协商最优条款。另外，美国研究型大学鼓励与企业加强沟通与合作。斯坦福大学专门成立了工业合同办公室（ICO），负责与企业建立合作关系。通过ICO，学校每年与企业建立合作研究、委托研究、人才合作培养、企业咨询、数据共享、设备租赁等多形式、多主体的协作机制。

大学研究区为密切的产学研合作、创业孵化创造了特别适宜环境，既为企业集聚创造了有利的地理环境，还降低了企业间经济合作的难度和成本。例如，依托斯坦福大学逐渐成长起来的硅谷，汇集了由其校友创立的惠普、谷歌、雅虎、思科等巨头企业。在大学研究区，企业与大学间建立了"共生"的相互依存关系。依据MIT成长起来的波士顿剑桥研究创新区，加快了大学的原始创新成果经过企业进一步的商业创新，研发出新产品新服务，培育出新产业、新业态，加速了科研成果的商业转化，实现了科技与经济、创新与商业的紧密结合。

三、美国创新生态系统机制建设的启示

美国创新生态系统的演进与发展得益于企业、大学、政府等多元主体的协同互动，以及信息、资金、人才等各类要素的融合流动，主要体现出以下特点：第一，企业是创新生态系统的主体，尤其重视中小企业的成长与壮大；第二，产学研合作打造国内联合创新网络，集中力量维持

创新动力；第三，通过构建宽松的制度环境，助力人才、资金、技术三大创新要素的充分互动和集成。

1. 形成企业为主、政府实时干预服务的技术创新体系

美国创新生态系统最核心的驱动力是由各类企业所形成的开放、竞争、协作的企业创新网络。企业的技术创新为国家整体创新提供强大动力，借助政府提供的恰当政策指导和良好的创新生态环境，形成了以企业为主导、政府适时干预的技术创新体系。

美国政府认为，从基础研究、应用研究、技术开发到产业化的不同阶段的创新活动蕴藏着不同的风险。因此，要平衡好企业与政府在技术创新中的作用。企业和政府的组合形式应为"强市场"和"弱政府"，即企业主导着科技进步，大企业主要依靠内部资金和人才等资源开发新产品和新技术，并接受市场的检验，不断改进；中小企业依托联邦政府出台的配套政策、研发资金、申请项目等手段，共同促进创新发展。

2. 聚焦政产学研合作构建联合创新网络

美国政产学研有效分工的协调创新体系是由政府系统支持，企业、大学、研究机构投入各自的优势资源和能力，共同进行技术开发和协同创新的活动。政府通过一系列立法手段建立了一套符合市场规律的技术转移体系，整合国内顶尖大学、研究机构以及企业等多方力量

合作研究,为制造业发展集聚智慧。创新型企业、研究型大学、研究机构、政府部门等紧密相连,演化出扁平化和自治型的"联合创新网络"。

3. 构建滋生创新的适宜土壤和友好环境

建立完善的创新土壤和环境,使这些软实力充分调动创新的积极性。应确保适于创新的土壤环境条件,政府可以通过构建适宜的框架条件来激励更多的创新者将自己的创意投入市场中,受益于这些好的环境,美国将收获更加蓬勃发展的市场。这些环境条件包括:益于创新的知识产权制度、保护创新的反垄断执法、安全的网络环境和维护开发互联网的网络中立性等。建立开放包容、锐意进取、大胆创业和敢冒风险的创新文化是推动创新知识产生、传播和应用的助推器和催化剂。建立完善的创新环境可以充分调动创新的积极性,激发创新潜能得到最大限度的发挥,从而极大地提高创新工作绩效。

4. 实现创新系统各要素的有效互动

创新生态系统的发展需要宽松的制度环境,使人才、资金、技术三大关键要素充分互动和集成。成熟的政府资本和市场资本扶持机制,支持中小企业为主体的企业创新,政府通过研发资金、政府采购、税收优惠、信用担保等举措为企业提供资金支持;市场逐渐建立完

创新生态：揭秘创新创业关键

善的风险投资体系，借助大企业并购、风险投资机构、创业孵化器、商业贷款、证券融资等多元的融资渠道，调动中小企业积极性。同时，从对内培养和对外引进两方面着手加快培养创新人才。除此之外，美国建立了较为完善的技术转移体系。首先，通过立法等手段，明确了技术转移的基本规范，建立了政府、大学、研究机构和产业间的技术转移联系；其次，大学研究创新区在技术转移过程中发挥了关键作用，依托研发资源和人才网络，与企业定向合作研究，或通过授权费、版税、股权等方式向企业转移研究成果，实现商业化应用。人才、资金和技术等创新要素的流动有效助推了美国的创新发展。在区域层面，创新生态系统的良好运转将维护整个国家创新体系的健康发展。区域创新生态系统更加重视创新主体（企业、客户、供应商、竞争企业、合作伙伴、高校、科研院所），创新支持机构（政府、金融机构、创业投资机构、行业协会、中介机构），以及创新环境（资源、文化、政策制度）各要素之间相互依赖、共生共赢的合作关系。[1]

---

[1] 资料来源：国家知识产权局网站——天津大学知识产权战略实施研究基地张慧颖文章，微信公众号"企业改革与发展国家工业信息安全发展研究中心"王丽颖、高阳文章。——编者注

第二章

学术研究生态

第二章
学术研究生态

科技创新是一项探索性强、自由度大、风险高的事业，人才作为创新的主体，科研创新的质量和效率源自人才的创新激情、能动性、积极性和创造力。因此，创新和人才发展环境起着决定性作用。

科学研究是科技创新的上游，是科技成果特别是原始性创新的源泉。同时，科学研究是认识世界、探索未知、探求真理的实践活动，也是一个充满变数、不断试错、锲而不舍摸索前进直至取得成果的过程。科研管理的实质是激发和调动科学家的能动性，为他们的研究探索提供充分的自由，让其不受干扰、心无旁骛地做学问、搞研究，通过各种学术活动，学术讨论争鸣，思想交互碰撞，相互激发灵感，取得从0到1的创新。

学术生态环境是催生原始性创新和优秀人才成长的必备条件和决定性因素。正如一位科学大师曾经说的那样，如果温度、湿度、土壤适宜，森林里的蘑菇会一簇簇地生长出来。"有心栽花花不开，无心插柳柳成荫"。原创性重大成果不是行政计划出来的，拔尖、领军人才更不是靠行政方式揠苗助长出来的，而是靠良好宽松的学术和人才发展环境催生出来的。

一、自由探索的宽松学术环境

自由和宽松是学术研究环境的本质要求。科学研究有很大的不确定性，探索未知、突破常规，都需要赋予研究者更大的学术自由空间，才能使其思维更加活跃。让科学家在研究领域心无旁骛、心情舒畅地自由探索，不仅是科学史上诸多成就给出的有益启迪，也符合科研自身规律。所谓自由探索就是不预设特定应用或使用目的，发挥探究事物本源与规律的科研精神，让科学家自主开展科学研究。特别是基础研究，本质是探索客观世界的规律，主要靠好奇心驱动，追求新的发现和发明，产出并积累科学知识，创建新理论、创立新方法，这需要坐得住"冷板凳"。

科学研究包括基础研究、应用基础研究、应用研究和重大技术开发。党的二十大报告强调"加强基础研究，突出原创，鼓励自由探索"。基础研究的本质是探索客观世界的规律。基础研究可以分为两种类型，即探索自然规律的基础研究和有应用目标导向的基础研究。多数探索研究主要是靠科学家的好奇心驱动，以认识自然现象和自然规律为出发点；目标导向的基础研究应由应用任务牵引，主要关注国家重大战略需求和社会经济发展面临的挑战。还担负着面向重大工程、装备、围绕核心技术的研究开发，与应用基础研究交叉融合，突破"卡脖子"难题进行颠覆性创新，抢占前沿和战略技术制高点的重大使命。因此，科研活动作为创造性的智力劳动,不同于重复性、程序性的简单劳动,既要激发科学家的灵感和激情,又需要夜以继日地思考探索,持之以恒、锲而不舍地实验、计算、试错、攻坚。营造宽松自由的科研环境是科研的内在要求,也是提高科研效率、水平的关键所在,是吸引凝聚人才、产生高水平科研创新成果必备的环境和条件。对于科学家而言,身处不同科研环境,研究效率、学术水平、成果质量会大有差异。

营造科研自由环境,是激励科学家充分发挥科研潜力、不断提高科研效率的内在动力源泉。这其中的关键是赋予研究者更多的自主权。众多重大科学发现和技术发明,不是靠政府规划、计划设定的,而是在自由宽松的学术环境中,由科学家、研究者大胆畅想、勇于探索、几经失败最终取得的成果。特别是重大的原始性、颠覆性创新,多依赖于自由宽松的学术环境涵养滋润,绝不是靠计划预设、靠指令强迫、靠口号换取的。

营造科研自由的环境,必须进一步破除"官本位"、行政化的思维,革除"行政化"对科研特别是自由探索的桎梏。不能简单套用行政管理的办法对待科研工作,不能像管行政干部那样管科研人才。一些部门和单位习惯认为科技管理就是管住人才,许多政策措施还是着眼于管,而在服务、支持、激励等方面措施不多、方法不灵。还有,管理层次太多,政府部门层级多,增添了基层科研的负担,挤占了研究团队的自主权;大学、科研机构内设机构多,指挥混乱、效率低下。要遵循科技规律，减少管理层级，实行扁平化管理机制，把科研自主权更多地下放给科研团队及科研人员。遵循人才成长规律和科研规律，完善人才管理制度，做到人才为本、信任人才、尊重人才、善待人才、包容人才。

营造宽松自由的科研环境，要赋予科学家更大的自主权。赋予他们更多的立项选择权、技术路线决定权、时间自主调控权、选人自主权，以及更大的经费支配权和资源调度权，放手让他们的精力充分用在研究探索上，将其才华、激情和能量充分释放出来。具体讲：

更多的立项选择权，就是在强化使命导向的前提下，尽量激发科学家的兴趣，扬其特长，拓展其思想驰骋的空间。因为兴趣是更强烈的驱动力，使命与兴趣的融合，可使研究者以更大的热情投入研究，迸发出旺盛的思想火花。对于以自由探索为特点的基础研究，更要尊重科学家的兴趣和好奇心，鼓励其大胆探索、标新立异，勇于创造发现。做到赋予科学家更多的立项选择权，重要的一点是设法增加科学家获得研究资助的资金渠道。要在用好政府资助、科研基金的基础上，通过政策引导，拓宽渠道，鼓励社会设立不同形式和门类的科研资助基金、奖励基金等，特别倡导设立青年科学家的资助资金，助推实现研究者取得科技成果的梦想。

更多的技术路线决定权。无论是承担政府自主科研项目，还是其他形式自主的项目，虽确立了目标导向，但是，技术路线的选择仍具有很大的空间和变量。无论是签订科研合同还是接受不同阶段的评估，研究者应享有灵活的技术路线选择权、决定权。管理者、带头人不能管得太细太宽，要重目标和结果，轻过程干预。

更多的时间自主调控权，使研究者有更多的工作弹性时间。不能要求研究者像机关干部那样遵守上下班时间，而是允许研究者根据自己的需求和习惯安排研究进度。此举可使科研人员全身心地投入研究，有助于提高科研效率和质量，相信让科学家自主支配时间，不会浪费时间，而能换来更高的研究效率和更多的成果收获。

更多的选人自主权，是为了提高科研团队的愉快合作和效的研究能力。与志同道合、互补性强的同伴一起合作，更有利于达到 1+1>2 的效果。这意味着，给研发人员更大的选人自由度。

更大的经费支配权和资源调度权，给团队及研究者充分的信任，更有利于资源、资金的高效利用，使研究的收益更大。在严格明晰的科研经费制度和纪律的约束性下，自主调度和支配权下放，不但能杜绝资源滥用和低效，还有利于科研的长效布局和研究效率的提升。

营造宽松自由的科研氛围，有利于发挥坚持目标导向和自由探索"两条腿走路"的优势。如何减轻和消除坚持目标导向和自由探索之间的矛盾、如何在新型举国体制下寻求更大自由探索的空间……这些课题都需要我们在未来实践中深入探索。如为科学家自由探索提供制度、机制保障，营造良好的创新生态，构建符合基础研究规律和人才成长规律的评价体系，建立以科研人员为中心的科研资助制度，这些都是拓展科研人员自由探索空间的应有之义。

二、"安专迷"研究的静净环境

凡科技成就卓越之地，皆处在不受干扰、便于聚精会神做学问的学术生态环境中。不少著名科学家常常把"安专迷"描述为其科研最佳状态，一心扑在自己钟爱的研究中，如痴如醉、夜以继日，追逐科学梦想，驰骋于知识的天空。正是在这样的氛围下，高水平科技成果才能频出。

针对科技人员因社会活动等事务干扰过多，用于科研的时间严重不足问题，国家领导人十分关心，在2021年5月28日两院院士大会和中国科协第十次全国代表大会的重要讲话中提出的明确要求振聋发聩："科技创新离不开科技人员持久的时间投入"。为了保证科研人员的科研时间，1961年党中央就曾提出"保证科技人员每周有5天时间搞科研工作"。保障时间就是保护创新能力，要建立让科研人员把主要精力放在科研上的保障机制，让科技人员把主要精力投入科技创新和研发活动上。各类应酬活动少让科技人员参加，不会带来什么损失。决不能让科技人员把大量时间花在一些无谓的迎来送往活动上，花在不必要的评审活动上，花在形式主义、官僚主义的种种活动上。

这足以看到营造让科研人员安心搞科研的环境多么重要，加大改革力度优化"安专迷"研究环境的任务多么艰巨和紧迫。坚持问题导向，聚焦难点、堵点，要在以下几方面下功夫：

一是克服政府干预过多问题。 "行政化"干扰主要体现在政府部门管得过细、过死。政府部门要把管理科研机构的关键实权下放到位，改革科研院所组织机构设置和管理运行机制，消除科研院所管理中存在的"行政化"和"官本位"弊端，推动政府职能从研发管理向创新服务转变，更好地发挥政府的顶层设计和公共政策保障功能；实行有利于开放、协同、创新的扁平化管理结构，建立健全有利于激励创新、人尽其才、繁荣学术的现代科研管理制度；优化科研管理环境，扩大高校和科研机构在科研立项、人财物管理、科研方向和技术路线选择、国际科技交流等方面的自主权；尊重科技工作者科研创新的主体地位，不以行政决策代替学术决策；优化科研管理流程，避免让科技工作者陷入各类不必要的检查、论证、评估等事务中，确保科技工作者把更多时间和精力用在科研上；把职称评定权真正下放到用人主体，政府部门只提出指导原则，不搞统管全国的标准和指标限制，从根源上破除"四唯"；逐步推广以项目负责人制为核心的科研组织管理模式，赋予创新型领军人才更大的人财物支配权、技术路线决策权；着力解决科技管理烦琐、耗时多的问题；简化立项、验收、报奖的程序，减少科研过程中的各种检查、评估等活动。

　　二是排除各种形式主义干扰问题。现下，科学技术工作者，至少是大多数科学技术工作者，被要求参加很多社会活动，开很多与业务无关的会议。对于他们来说，事务性会议多、各种社会活动等各类形式主义的干扰很重，这种管理的方式主要思想误区是把党政机关干部的管理方式错用到了科研单位。要坚决把党中央明确要求的"不能简单套用行政管理的办法对待科研工作，不能像管行政干部那样管科研人才"的指示有效、不走样地落地实施。大力解决科技人员会议多、社会活动多的问题，坚守党中央强调的"保障时间就是保护创新能力！建立让科研人员把主要精力放在科研上的保障机制。"这一红线。以实际行动净化、优化科研环境，重塑"聚天下英才而用之"的形象，激励科研人员创新、忘我钻研，攀登世界科技高峰的工作激情。

　　三是纠正评价体系误导、名利诱发的科研浮躁问题。不难发现，科研领域仍然存在唯成果导向、唯资历导向、唯目标导向，条条框框限制过多等弊病，这令许多学术青年一年到头忙于课题申报、忙于各种表格填报、忙于凑论文数量、忙于科研资历积累，导致一些科研人员心浮气躁，甚至唯名利是图，挣"帽子"、捞"外快"，久而久之，信心受挫，学术荒疏，原本浓烈的学术情怀尽失，污染了学术清净圣洁的环境。要大力倡导与弘扬科学家精神，回应学界呼吁，让科研人员甘于寂寞、淡泊名利，力戒急功近利、投机取巧，改变科学研究功利化的观念，改变唯论文成果和资历的基础研究评价体系，弘扬"追求真理、勇攀高峰、乐于奉献"的科学精神，使"安专迷"的研究氛围日益浓厚。

三、使命担当的攻关勇气

科学研究充满着各种风险与挑战，有时如在黑暗中探索，甚至看不到光亮和希望；有时如踏着碎石嶙峋的坎坷道路前行，充满痛苦艰辛；有时如乘风破浪，逆水行舟不进则退，充满危险与挑战；有时如行走在崎岖险峻的山路上，向着险峰前行。科学探索往往如通过无人区，不仅要有强大的勇气，还要有坚韧不拔的毅力，更要有宏伟的抱负和坚定的信念。

无论是探索性基础研究，核心技术的关键、"卡脖子"难题的破解、重大工程和装备的攻关，还是填补空白、追赶先进，抑或是自立自强、领跑世界，都充满艰难和风险，必须树立雄心壮志，勇毅前行。

在新中国历史上，中国科技发展就是一部自力更生、攻坚克难、艰苦奋斗、勇于创新的史诗。在新中国建立之初一穷二白的基础上，我们白手起家，取得了"两弹一星"的辉煌成果，创造了科技发展的奇迹，奠定了中国科技的国际声望和地位。之后，我国在载人航天、北斗导航、月球和火星等太空探索领域，跃居世界前列，成为航天和太空科技强国；在先进航母、大型飞机、隐身战机等现代武器装备制造方面跃上世界领先水平；在特高压输变电、光伏发电、风能电力、电动汽车、高铁装备和工程、移动通信、互联网技术、大型工程装备等主要现代工业领域领先世界；在绿色能源技术、先进材料技术、新一代信息技术、人工智能、生命科学和医药、现代农业技术等世界前沿领域占有重要的一席之地。在基础研究方面，人工合成胰岛素项目在1959年被列入国家科研计划，在科研基础十分薄弱、设备极其简陋的年代，历经七年的不懈攻关，这项凝聚着中国科学院生化所、中国科学院有机所和北京大学三家单位百名科研人员心血的项目，终于取得成功。1965年11月，这一重要的科学研究成果首次公开发表，被誉为"前沿研究的典范"。中国科学家成功合成胰岛素，标志着人类在探索生命奥秘的征途中迈出了关键的一步，它开辟了人工合成蛋白质的新时代，在生命科学发展史上产生了重大影响，也为我国生命科学研究奠定了基础。屠呦呦团队研发了抗疟药青蒿素和双氢青蒿素，屠呦呦也因此获得了诺贝尔医学奖；袁隆平院士在杂交水稻研究和应用领域的科技成就世界公认，为解决中国人粮食供应安全问题和消除人类饥饿作出了突出贡献；薛其坤团队拓扑绝缘体中量子反常霍尔效应的实验发现是凝聚态物理领域的里程碑性突破，异质结界面高温超导的发现则开启了高温超导的全新研究方向，均在国际上产生了巨大学术影响，薛其坤也因此荣获国际凝聚态物理最高奖——奥利弗·巴克利奖（2024）和国际低温物理最高奖——菲列兹·伦敦奖（2022）；吴文俊院士在数学机械化领域发明的"吴方法"，使中国在人工智能领域进入国际先进地位。众多中国科学家在数学、化学、生命科学、地学、天文学等领域取得的成就都进入了世界先进行列。

高水平科技自立自强是中国创新的必由之路。科技界必须从民族伟大复兴的大局出发，不辱使命，肩负重任，增强创新自信，提升自主创新能力，以世界一流的创新成果引领驱动中国式现代化。我们必然要在越来越多的领域领跑世界，这更需要中国科学家增强使命、担当责任，以强大自信和创新能力，敢为人先，坚定走中国特色自主创新道路，创造产出更多的原始性、颠覆性的创新成就，开辟新领域、拓展新境界，为世界发展提供新动能，为人类文明进步作出新贡献。

案例

新加坡：纬壹科技城

在新加坡南部，有一片特殊的土地，也就是纬壹科技城。

新加坡政府于1991年开始规划这片科技之地。1999年，纬壹科技城正式启动建设。2001年，其各个功能区陆续开放。

创新生态：揭秘创新创业关键

  这里是创新社群，汇集了研发、创新和实验平台。对于初创企业，它提供了世界一流的基础设施，包括现代化办公空间和先进实验室设备，还给予企业业界发展支持，如技术指导和市场推广服务。

  正因如此，众多科技企业和创新团队入驻，形成创新氛围和产业集聚效应。西门子、VISA、ABB等国际知名企业在此设立创新中心。其多元文化环境促进了不同背景人才之间的创新思维交流。

  纬壹科技城的功能分区丰富。启奥生物医药园是生物医药公共研究机构及实验室聚集地，汇聚了众多科学家、创业者和研究人员。它拥有先进的设施与服务，能减少企业研发成本和时间，会议设施齐全。知名科研机构和龙头企业在此开展合作研究。2013年，启奥生物医药研究园已有330万平方英尺[1]的研发空间，且位置优越。

  启汇园是首个集多种功能为一体的综合性项目，占地30公顷，分阶段建设，配备了先进基础设施和设备，是多行业发展乐园和交流平台。启汇园第2A期在2014年完工，拥有多种试验平台；第二期拥有新加坡规模最大的研发洁净室，并提供大量商业园和研发空间。

---

[1] 1平方英尺≈0.0929平方米。——编者注

媒体工业园的使命是加强本地媒体业的基础设施，以便将优质内容推向国际市场。完工后的它拥有可运用绿屏技术的高科技摄影棚，以及包括数码生产和广播设施、互动数码媒体（IDM）和研发活动在内的媒体生态系统。其先进的基础设施和技术平台为媒体公司提供技术支持，方便它们在此生产、管理和发行数码媒体内容及服务。本地公司 Infinite Frameworks（IFW）率先在此投资、建造新加坡第一个制片厂摄影棚大楼。

尼泊尔山是休闲和户外活动空间。纬壹公园是绿色开放空间，"Vista""Wessex"等区域兼具办公与居住功能，"Ayer Rajah"区域主要为商业和零售空间。

纬壹科技城有众多特色优势：产业集群效应显著，各功能区协作，形成多产业集群，促进企业交流合作与知识共享，激发创新活力，如启奥生物医药园吸引顶尖企业和机构，推动产业发展。

其创新生态系统完善，科研机构、高校、企业、孵化器等创新主体汇聚，构建了完整的创新链条。与高校紧密合作，为园区提供科研成果和人才支持；企业与科研机构合作，加速技术商业化应用。

在人才培养与引进方面，周边高校和科研机构提供人才资源，园区内设有培训中心和人才交流平台，吸引优秀人才。

创新生态：揭秘创新创业关键

  智慧化与可持续发展突出。纬壹科技城广泛应用智能科技，提升运营效率和生活便利性；建筑设计和园区规划融入可持续发展理念，采用绿色技术、设备和材料，减少环境污染。

  新加坡政府大力支持纬壹科技城发展，在政策、资金、土地等方面给予支持，为其提供税收优惠，对科技企业研发投入按比例抵免；提供资金支持与补贴，涵盖研发费用、设备购置等，降低企业研发成本和风险；设置创新奖励，提升企业创新积极性和竞争力；提供创业扶持资金，解决新创企业资金难题。在人才政策优惠方面，企业引进高层次和紧缺人才可获补贴，包括住房和生活津贴等，还可能获得人才培训资金支持或补贴。对重点产业给予政策倾斜和扶持，包括专项政策支持、产业基金投资等，鼓励企业开展合作，促进产业集群形成和发展，增强企业协同创新和市场竞争力。在知识产权保护与激励政策方面，对知识产权申请给予补贴，对成果显著企业给予奖励。在办公场地与设施优惠方面，企业租赁办公场地可享受租金优惠或减免，还可优惠使用公共设施。

  纬壹科技城的影响力与成就显著，吸引了大量国内外企业入驻，成为创造就业机会、推动经济增长的新引擎；催生了大量科技创新成果和知识产权，提升了新加坡在全球科技创新领域地位。许多企业研发出具有国际竞争力的产品和技术。其成功模式和经验受到国际关注，成为其他地区建设科技园区的范例，提升了新加坡在国际科技和产业领域的影响力。

纬壹科技城的成功为其他科技园区提供了几方面的重要借鉴意义。

规划与启动：提前规划，新加坡政府早在1991年就开始对纬壹科技城进行规划，为其长期发展奠定了坚实基础。其他科技园区应提前做好长远、全面且具有前瞻性的规划。

充足筹备：历经多年筹备，确保了项目在各方面条件成熟时得以顺利启动。

创新支持：完善基础设施，提供世界一流的基础设施，包括现代化办公空间和先进实验室设备，为企业创造良好的创新条件。

全面发展支持：不仅提供硬件设施，还给予技术指导、市场推广等全方位服务，助力企业发展。

产业集聚：吸引知名企业，尤其是吸引国际知名企业入驻，形成强大的产业集聚效应，带动相关产业发展。

促进交流合作：不同产业的企业相互交流合作，共享知识和资源，激发创新活力。

功能分区：多样化与专业化结合，功能分区丰富且各有侧重，如启奥生物医药园专注生物医药，启汇园集多种功能于一体，媒体工业园针对媒体业，满足不同产业需求。

分阶段建设：分阶段逐步推进，根据实际需求和发展情况不断完善和优化。

创新生态：主体汇聚，聚集科研机构、高校、企业、孵化器等创新主体，构建完整创新链条。

产学研融合：加强与高校的紧密合作，促进科研成果转化和人才输送。

人才策略：本地培养与外部引进并重，充分利用周边高校和科研机构的人才资源，同时吸引全球优秀人才。

配套支持：提供培训中心和人才交流平台，以及各类人才优惠政策。

智慧与可持续：广泛应用智能科技，提升运营效率和生活便利性。

绿色发展：在建筑和规划中融入可持续理念，减少环境污染。

政府支持：在政策、资金、土地、知识产权等多方面提供全面支持。

重点产业扶持：对重点产业给予特殊政策倾斜和扶持，促进产业集群发展。

我国国内的一些科技园区可以借鉴纬壹科技城在

产业集聚方面的经验，通过吸引龙头企业带动产业链上下游企业入驻，形成完整的产业生态；在创新生态构建上，加强与高校和科研机构的合作，建立产学研协同创新机制。又如，在人才策略方面，不仅要注重外部高端人才的引进，还要加强对本地人才的培养和提升，为其提供多样化的培训和交流机会。[1]

四、民主平等的研讨氛围

优化学术民主平等的环境，营造浓厚的学术氛围。倡导学术研究百花齐放、百家争鸣，鼓励科技工作者打破定式思维和束缚，勇于提出新观点、创立新学说、开辟新途径、建立新学派。不得以"出成果"的名义干涉科学家开展研究工作，不得用行政化手段约束科学家，不得以过多的社会活动干扰学术活动，不得用"官本位""等级制"压制学术民主。允许科学家采用弹性工作方式从事科学研究，确保其用于科研和学术的时间不少于工作时间的六分之五。鼓励开展健康的学术批评，发挥同行评议和第三方评价的作用。科学合理

---

[1] 资料来源：东方财富网，21世纪经济报道，同济大学发展研究院官网等。——编者注

使用评价结果，不能以各类学术排名代替学术评价，避免学术评价结果与利益分配过度关联。

坚持学术自主，尊重科技工作者在科研创新和科研活动中的主体地位，不以行政决策代替学术决策。优化科研管理流程，避免让科技工作者陷入各类不必要的事务中，确保科技工作者把更多的时间和精力用在科研上。充分发挥科学共同体在学术活动中的自主作用，建立科学、规范的学术自治制度，健全激励创新的学术评价体系和导向机制。

学术民主首先体现在研究者身份的平等。不论资历、年龄、学术头衔等，研究者应平等讨论、百家争鸣。要特别重视包括学生在内的年轻研究者的意见，他们思想开放、思维敏捷、敢于质疑。应重视青年创新创造的黄金时期，历史上许多重大发现、发明都来自青年学者。诺贝尔奖获得者中，不少是 30 多岁的青年才俊。英国科学家劳伦斯·布拉格 1915 年获得诺贝尔物理学奖时仅 25 岁。爱迪生发明电报、留声机时仅 30 岁。被誉为世界最具创新力的 MIT 媒体实验室就为我们提供了一个生动范例：为了开拓独创性的研究方向，他们于 1998 年召开世界少儿高峰会，从全世界选拔一批有独创思维的青少年，让他们就"未来世界应当是什么样"的话题展开讨论，出主意、提建议，以此帮助启发科学家的开拓性思维。这是因为科学家们认为，孩子的思维比成人更开放，更没有约束。因此，无论学术研讨、课题申请、任务分配、奖励评审、职位聘用，都要一视同仁，决不能论资排

第二章
学术研究生态

辈，贻误人才。

学术民主必须保障研究的开放性。除有保密性的要求的研究外，其他研究均应开放式研讨。学术研究不是闭门造车、苦思冥想，研讨争论更助于相互启发、拓展思路、激发新思想。跨行的学术研讨十分普遍，研讨会通常比较开放，见到通知、海报即可报名参加。学术性讲座往往研讨的色彩很浓，问答的时间要比演讲长。通过研讨，可以让同行了解研究者的工作思路、进展情况。有一个真实的例子：在哈佛大学的一次数学研讨会上，一个教授介绍了自己的研究工作，引起了热烈讨论，但是他已经三年没有发表学术论文了，但多数与会专家称赞了其研究进展和学术成就。学者们可在研讨中吸取更多智慧，讨论中的头脑风暴以及不同思想观点碰撞出的火花会激发创新思维。

学术民主主要体现在平等的研讨争鸣中。倡导科学面前人人平等，鼓励学术争鸣和质疑批判，培育竞争共生的学术生态。美国的学术研讨，不看中研究人员以往的学术地位、荣誉，不迷信权威。2005年我在哈佛大学肯尼迪学院研修时，参加国际和科学中心的一个研讨会，有三个诺贝尔奖获得者参加，从座位和发言安排上看，对他们并没什么特殊优待，只是主持人介绍时提上一句而已。再如，麻省理工学院把"学院教授"头衔作为最高学术荣誉，它按照学校自己的标准体系评选，不少诺贝尔奖等大奖获得者也没享此殊荣，大家对此习以为常。

119

学术民主自由，必须尊重少数人的意见。学术思想和重大理论突破，往往源自标新立异的观点，特别是尚未形成共识的学说。在学术研讨特别是争鸣时，要高度重视新颖独到的观点，决不能因循守旧、崇拜权威而使新思想、新观点被轻易抹杀。

学术民主自由要坚持依法治学。建立保障学术自由的法治基础，强化知识产权保护，依法保障科技工作者开展学术活动的权利，引导科技工作者自觉遵守法律法规，抵制学术不端行为，确保科研活动造福人民、服务国家。

五、交叉互鉴的繁荣生态

新一轮科学技术革命呈现出交叉融合、体系化突破的新时代特征，表明了营造科学研究交叉融合环境氛围的重要价值。要更多地搭建跨学科、跨领域、跨行业的研究开发平台。如麻省理工学院媒体实验室的计算机和人工智能实验室，由电气工程、计算机科学、数学、航空航天、脑和认知科学、机械工程、媒体艺术与科学，以及地球、大气和行星科学等多个院系联合建立，成为现代前沿技术研究创新平台，成为人工智能技术的重要研究发源地。如苏世民学院与麻省理工学院的教师通过联合任命和开发共享计算资源的方式将不同学科组织和单元联系起来，实现学科交叉和共享研究的目的。在共享的基础上，麻省理工学院媒体实验室为实现全员参与，成立了专门的"计算的社会意义和责任工作组"，吸纳社会科学等学院参与其中，实现全员参与面向未来的新工程人才培养。美国 MIT 媒体实验室，其研究内容涉及学科之多，已经远远超出传统意义上的跨学科范畴，如生物工程与纳米技术结合，产生了可编程催化剂；电影与网络技术结合，发展了对交互式电影的研究；网络与社会学结合，产生了对社会化媒体的研究课题。同传统学科相比，这些新学科的交叉范围更加广泛，更具探索性。

充分发挥国家科技计划、科学基金在促进学科交叉、跨界融合中的平台作用，推动跨团队、跨机构、跨学科、跨领域协同创新；推动科研基础设施等科技资源开放共享，克服科研资源配置的碎片化和孤岛现象；率先在国家实验室等重大科研基地开展人事制度改革试点，建立具有国际竞争力的人才管理制度，增强其对高端人才的吸引力。

加强科技、教育和产业的深度融合。大学、科研机构和企业的研究开发活动既有处在不同创新链的特点，也有许多表现为领域和阶段的衔接、融合。特别是在高端、前沿技术及产业领域，交叉融合一体化特征突出。因此，既要有产学研在战略研究、学术和技术、信息等交流研讨方面建立合作平台，也要有在研究开发各阶段的多渠道、多种方式的合作。大学和科研机构要了解企业需求，围绕企业的所需开展前瞻性研究，与企业合作解决其技术难题；同时，大学与科研机构要建立向企业转移、转化先进成果，包括基础性、前沿性的原创性成果，共同培育创新型企业，结成战略性创新联盟。

在开放的创新环境下推进国际科技合作交流，形成不同国家、不同领域、不同学派之间的学习互鉴，发挥国际科技组织的平台作用，开展多种形式的交流合作。

科技的交流合作，关键是科技人才的交往交流，尤其是形成便利的国际科技人才交流互访制度，打破人为的壁垒，畅通交流、交往的渠道。必须赋予科技人才更多合理流动的自由，打破流动的体制机制障碍，鼓励高校和科研院所采用更加开放的用人制度，自主决定聘用流动人员。搭建学术交流和合作平台，推动科研团队开展多种形式的学术研讨、交流活动。放宽对学术性会议规模、数量等方面的限制，为科技工作者参加更多的国际学术交流活动提供政策保障和往返便利。

案例

麻省理工学院（MIT）媒体实验室

2005年，我任科技部副部长时，被组织选派到哈佛大学肯尼迪政府学院以高级研究员的身份研修。哈佛大学亚洲中心负责人建议我多到相邻的麻省理工学院参观交流。我第一站就选择了媒体实验室。在时任媒体实验室主任陪我参观、介绍情况后，我询问实验室对科研创新考核的主要指标体系是什么？他简约明了地回答："激情"。我听了一脸懵懂，"激情怎么考核呀？"主任回答："激情决定了科研创新的质量和效率，同行都清楚谁的激情高谁的激情低。"说着，他递给我实验室简介的小册子，英文版的封面左侧赫然印着5个汉语大字，"金木水火土"。他继续解释道，"这是我们实验室文化的核心，研究者们性格各有差别，我们科研文化的核心是张扬个性。"他进一步谈道，"在这里，激情和兴趣决定你的研究方向。你刚才看到的智能假肢的研究者是休·赫尔教授，他的激情源自他17岁的时候失去了双腿，他的激情像火一样，他立志消灭残疾。因此，赫尔教授全身心地致力于智能假肢的研究，取得了突破性的成果，使人装上假肢感觉像自己的真肢体一样，就连皮肤感触也接近真实。威廉·米切尔教授的激情是让城市和建筑变得更加智能化；雷斯尼克教授的激情是让每个人的一生都保持孩子在幼儿园时代的好奇心，通过创造和建造事物的方式来学习，从而创造一个有创造力的社会；托德·曼库弗教授的激情是让每个人都能创作音乐，从音乐中获得意义。弗兰克·莫斯的激情，是让每个人能在余生保持独立生活的能力……"每位研究者的性格不同，外向或内敛，平和或急切，都激情四射地执着创新、致力科研。这种科研的生态即使每个人的激情迸发、才智洋溢，沉浸在自己所热爱、感兴趣的探索研究活动，相互合作、优势互补，形成竞相创新的奏鸣交响。这引起了我对媒体实验室的极大兴趣。我多次到访，多渠道交流，探求其奥秘，感受其魅力。

2015年我率领中国科协代表团重访故地，震惊于十年间媒体实验室的快速成长。由著名的华裔建筑师贝聿铭设计的老实验楼依然有序忙碌，由日本著名建筑师设计的新科研楼规模扩大了数倍。研究人员从十年前的不足百人发展到一千几百人。创新成就更是琳琅满目，令人惊奇。这个被誉为当今世界最具创新活力的实验室，名副其实是当代学术和创新生态的典范。

麻省理工学院媒体实验室成立于1980年，是一个致力于科技、媒体、科学、艺术和设计融合的跨学科研究室，其使命为"创造一个更美好的未来"。媒体实验室直属于建筑及城市规划学院，由麻省理工学院第十三任校长杰罗姆·B. 韦斯纳（Jerome B. Wiesner）及麻省理工学院教授尼古拉斯·尼葛洛庞帝（Nicholas Negroponte）共同创办。

其使命就是要创造一个更美好的未来。媒体实验室致力于研发最新的计算机科技，当中许多属于最前沿的科技发明，可以说是以概念性产品为主。"实验室"不同于其他计算机公司商业性质的研究院，尼葛洛庞帝和其他教授早有共识，认为"实验室"将专注于发明而非将科技产品化。因此"实验室"里的发明很多都"不切实际"，如研究仿鱼类行为的氦气飞艇、悬浮于空中的立体影像、会交谈的计算机、被程序化的乐高积木……到处都弥漫着创新活力，跳动着数字时代的脉搏，这就是媒体实验室的精神。

媒体实验室于1980年创立，当时麻省理工学院的校长韦斯纳和尼葛洛庞帝教授作为创始人，就认为科学最让人兴奋的地方在于交叉领域，所以当时，除了科学家，他们还邀请了许多艺术家一起加盟实验室。从此，"多学科"被作为一种传统在媒体实验室保留了下来。今天的媒体实验室，一共有几十个教授，带领着不同的研究小组，每个小组的研究员，都是麻省理工学院的研究生和博士生。这些教授和学生很多都是博学者，你随便在这里遇到一个人，他很可能就精通5个领域的研究。到最后你会发现，这里根本没有学科的概念。

实验室的研究范围为传媒技术、计算机、生物工程、纳米和人文科学。现已成立的研究小组有：分子计算机、量子计算机、纳米传感器、机器人、数字化行为、全息技术、模块化媒体、交互式电影、社会化媒体、数字化艺术、情感计算机、电子出版、认知科学与学习、手势与故事、有听觉的计算机、物理与媒体、未来的歌剧、软件代理、合成角色、可触摸媒体以及视觉和模型等。所有这些研究内容都属于新兴交叉学科的范畴，是具有前瞻性的创新研究。近几年人工智能成为其研究主线。

媒体实验室一个很重要的特点是，它与世界上绝大多数研究实验室不同，即研究是没有方向的。世界上绝大部分的研究型实验室、学院派实验室、工业界实验室或者政府研究所，它们所得到的项目资金都要求与它们的研究方向一致，比如治疗某种癌症、保证某种计算机网络的隐私安全，这些都是有方向的问题，但媒体实验室没有。

媒体实验室在科研上有充分的自由，它具有独特的筹款模式。媒体实验室每年几千万美元的资助来自几十家知名的大企业，包括谷歌、微软、孩之宝（Hasbro）、时代华纳、LG、三星等。这些企业掏钱，但并不干涉媒体实验室的研究。作为回报，企业可以派人观察媒体实验室怎么创造、怎么创新，如果他们从某种发明中看到商机，必须向媒体实验室申请授权。

媒体实验室的另一鲜明特色是创新研究，实际上就是探索性研究和独创性研究的结合。这类研究难度很大，有相当大的风险。在没有成功把握的情况下，如何决定开展某项研究，并将其长期持续下去？媒体实验室二十几年来的经验表明，创新研究可以着眼于几个方面。

人本主义。研究内容直接针对人的需求，目的在于帮助人类提高生活质量。例如，对带传感器的乐器、玩具式学习工具、交互式电影的研究，不再是就技术论技术，而是直接和人们的日常生活、学习、娱乐等方面息息相关。在很多实验室、大公司都在开发巨型计算机，研究怎样提高性能和加快速度的同时，麻省理工学院媒体实验室却在研究如何开发廉价芯片和怎样把计算机更普遍地应用于日常生活。例如，物理与媒体小组研究开发的新型电脑可被植入鞋底，当两个穿着"电脑鞋"的人握手时，他们的电子名片通过握手互相交换，个人信息通过人体传到鞋中的电脑并储存。认知与学习小组则着重研究低成本的智能拼搭玩具，用来帮助提高儿童的创造力和培养儿童的合作精神。

交叉融合。麻省理工学院媒体实验室研究内容涉及学科之多，已经远远超出传统意义上的跨学科范畴。如生物工程与纳米技术结合，产生了可编程催化剂；电影与网络技术结合，发展了对交互式电影的研究；网络与社会学结合，产生了对社会化媒体的研究课题。同传统学科相比，这些新学科的交叉范围更加广泛，更具探索性。

独创性。按照美国现有的工业现代化和自动化水准，以及它的设计和加工水平，只要有市场，要把一项研究成果变成产品，根本不是难题。对于创新研究而言，难就难在能有新的思想和研究思路，能不断开拓新的研究方向。在麻省理工学院媒体实验室，最注重和强调的是，要有独创性的研究方向和课题。例如，为了开拓独创性的研究方向，媒体实验室在企业界的赞助下，于1998年召开世界少儿高峰会，从全世界选拔一批有独创思维的青少年，让他们就"未来世界应当是什么样"的话题展开讨论，出主意、提建议，以此帮助启发科学家开拓思维。这是因为科学家们认为，孩子的思维比成人更开放，更没有约束。

开放性。麻省理工学院媒体实验室是一个完全对外开放的实验室。据统计，每天有5~8个企业界、学术界和政府机构的访问小组来实验室参观；而实验室的教授和研究员，每月出差平均达8次之多。实验室有超过180个来自企业界、学术界和政府机构的赞助或合作单位。正是这种开放性使得研究人员不断获得创新的动力。此外，媒体实验室在欧洲和印度各设立了一个分院，这使媒体实验室的创新研究更具有全球性。

知识产权的公平权属。正式的研发合作商有权分享麻省理工学院媒体实验室的知识产权、研究成果，获得技术咨询而无须支付知识产权转让费及专利费。其他非实验室的合作者将在专利生效后二年内无法获得知识产权转让及专利。这种知识产权共享模式大大加快了创造性研究、高技术成果，以及知识的产业化进程。

广泛的研发合作。众多的全球性企业、多国政府部门，以及相关研究院之所以积极参与及赞助麻省理工学院媒体实验室的研发合作项目，是得益于其独特的产学研模式。媒体实验室的研究工作大都属于创新、探索性的研究，赞助者参与协作，是为了开阔眼界，了解新的研究方向，得到可靠的技术产品信息。在媒体实验室，由于教授之间、学生之间的背景很不相同，而研究的内容又相互交叉，使教授与教授、学生与教授、各个小组之间的协作非常紧密与频繁。为了有利于协作，实验室的33个研究小组相互交叉，教授和学生每周都举行固定的课题群会议，相互交流研究思路和心得。这种发散式的创新方式在单个企业内是很难进行的。特别是要强调，赞助者每年仅支付相当于一名美国高级工程师的年薪的费用，便可得到与400位研究员组成的世界级实验室共同研发的机会。研发合作有一个原则，即研发合作商一般不要求实验室为其从事具体的研究工作，多数研究课题及内容由实验室和教授自行决定，以保证其在学术研究上的自主性、前瞻性和原创性。另外，媒体实验室则从赞助者那里了解市场的动态，以及得到必要的财力和物力支持。每个赞助单位均参加一个或几个研究课题群，连续三年，每年赞助一定的研究经费。这是一个典型的双赢模式。

灵活的合作方式。麻省理工学院媒体实验室有三种基本研发合作方式供不同的企业及政府部门选择。

一是咨询式合作。这种非正式的合作方式主要面向中小型企业，向其提供咨询，但不分享实验室的研究成果和知识产权。二是课题群合作。这种以课题群为基础的正式合作方式是最为普遍的。每个课题群联系大约10个媒体实验室的研究小组以及20~50个研发合作商。所有合作商有权分享这个课题群的知识产权、研究成果，获得技术咨询而无须支付知识产权转让费及专利费。媒体实验室现有5个课题群：数字化生活、会思考的物体、未来的新闻、数字化国家、变化的地方。三是公司级合作。这是最高级别的合作方式。公司级研发合作商不仅不受单个课题群的限制，还可以派遣研发人员长驻媒体实验室。

媒体实验室每年有大约300个研发项目。以下是几个例子。

电子油墨：微米级的电子小球包裹纳米级的电场感应材料。电子小球可以被印刷在普通的纸张或塑料上，以显示文字、照片、动态图像。电子油墨技术将发展成非常廉价的显示器。

可编程催化剂：纳米级的催化剂材料可以被电磁波控制以改变其方向及温度。这种可编程催化剂的发明可能引发生物工程、化学工业、制药工业新的革命。

超通信：新型点对点的通信方式将有可能使市内无线电话直接通话而无须通过无线运营商的基站。

可穿戴计算机：智能计算机可以被穿在身上，就像我们戴的眼镜和穿的衣服一样，并且人机交互是针对具体的环境。可穿戴计算机扮演的就是一个智能化的计算机助手角色。

便携式发电机：超小型便携式手动发电机可以为手机临时充电。

智能家居：超小型廉价无线传感器智能控制室内温度、光照、保安、电器以及通信。

便携式激光投影仪：笔头大小的激光投影仪可用于手机和便携式电脑。

玩具式学习工具：寓教于乐的高科技玩具。乐高公司已经成功地将这项发明商品化。

测量身体在环境中的位置和姿势的技术：托德·曼库弗教授发现了一种能测量身体在环境中的位置和姿势的技术，后来将其应用在汽车的儿童座椅上。现在，几乎全世界的每辆车里都使用了这项技术。

近年人工智能成为麻省理工学院媒体实验室的研究主线。所有这些研究内容都属于新兴交叉学科的范畴，是具有前瞻性的创新研究。2015年，我在中国科协工作时，为筹备世界机器人大会，率队访问该实验室。让我们感悟深刻的不仅是媒体实验室研究大楼和研究队伍的成倍扩大，更是从这里孵化的科技企业如雨后春笋般成长，不少前沿原始性、颠覆性的创新成果相继涌现，可以预测，在新一轮的人工智能革命中，麻省理工学院媒体实验室的先进运行机制和研究生态，将使其继续处在创新创业的前沿。

第三章

创新社会生态系统

第三章

创新社会生态系统

创新社会生态系统是侧重于创新生态中的创业阶段。从研发到创业，是个有机融合、系统运用各类创新资源，高效率形成新业态、新产业、新发展竞争优势的过程，需要在社会生态系统中，与相关创新源泉、创新主体、政府及支撑部门、投资机构等密切联系、有效互动、优势集成、融合推进，集成单方面优势为更高水平的融合优势。

一、社会生态系统对提升创新创业效率的功能

创新型强国把创新生态系统看作是构筑国家竞争力的基石，是实现全民创新创业和提升国家竞争力的关键所在。国家的技术和创新领导地位取决于有活力的、动态的"创新生态系统"，而非机械的终端对终端的过程。

创新生态系统建设的重点突出几个方面，包括增强对大学中数学、科学和工程学领域的基础研究的资助；改善劳动力和教育状况，培养足够的可资利用的科学家和工程师以及大量后备的技能人才；提升国家创业氛围，促进刺激有效创业的竞争市场，加强国家优先领域的突破力度；持续改善支撑创新的基础设施。

从技术政策转向基于生态概念的创新政策，强调将创新生态作为国家维持今后持续的创新能力的根基所在，我国的经济繁荣和在全球经济中的领导地位将寄希望于一个精心建设的创新生态系统上。实质上，这些年国家创新体系的建设，促进了后发国家创新创业的"快闪超"，特别是伴随着新一轮全球科技革命的兴起，前沿技术发展、更替加速，一些发达国家传统自由经济范式下单个企业创新创业和竞争优势相对下降。因此，迫切要求在制度上加大创新，通过优化社会创新系统，进一步使各类人才的创新活力充分迸发，在更高水平上形成企业、高校、科研机构和科技社会组织紧密互动的国家创新体系。

社会创新生态系统来源于几个要素：发明家、技术人才和创业者，积极进取的劳动力，世界水平的研究性大学，富有成效的研发中心，充满活力的风险资本产业，政府资助的聚焦于高度潜力领域的基础研究。"政府（公共机构）—企业（产业）—大学科研—用户（市民）"四螺旋模式中存在着政府、市场和社会三个层面，政府、企业、大学和用户在跨组织的创新生态系统中相互作用，形成网络式的创新。

公共部门包括高校、科研院所和各种由政府支持的实验室、研发中心和服务机构等创新主体。私营企业则涵盖从初创企业、中小企业到跨国企业等各类私营部门。企业是创新生态系统的核心主体，企业的创新活动不是孤立进行的，而是与其他组织和机构进行互助合作，借助物质循环、能量流动、信息传递而相互联系、相互影响、相互依赖，形成具有自适应、自调节和自组织功能的复合体。

创新民众则是投入创新活动中的所有人力资本，国家创新系统旨在调动整个国家的创新活力，让全民投入创新的浪潮中，这才能使整个国家的创新生态系统活跃起来，使国家更具有未来竞争力。

创新土壤也就是创新所需的环境和平台，例如创新的文化环境和资源可得性。创新的文化环境主要体现在创新主体的价值取向和创新意愿、消费者的消费意愿和需求，以及社会的创新氛围，它是创新生态系统形成的沃土。建立开放包容、锐意进取、大胆创业和敢冒风险的创新文化是推动创新知识产生、传播和应用的助推器和催化剂。建立完善的创新环境可以充分调动大众的创新积极性，激发创新潜能得到最大限度的发挥，从而极大地提高创新工作绩效。

从另一角度讲，创新生态系统也是促进多链融合的创新创业的新机制。提升和完善产业链、供应链是目标，创新链围绕这一目标部署加强人才链、资本链。生态系统的功能就是使这几条链更紧密地融合互动，统筹一体推进产业、科技、教育和人才发展，进一步提升国家或区域创新的整体效率和实力，从而提升综合竞争能力、发展的活力和动力。

创新生态：揭秘创新创业关键

二、加强大学和科研机构创新源泉

大学里科技人才云集，学科专业门类相对齐全，科研创新基础设施先进完善。但是近年来，大学特别是世界知名大学的科研创新能力和成效排位发生了很多变化，如麻省理工学院、斯坦福大学、帝国理工学院等全球排位大幅提升，甚至占据排行榜前列。它们的办学模式，特别是扩大开放与社会密切融合发展，使之不仅成为前沿科技发展的领头羊，而且成为带动区域乃至国家创新创业的策源地和龙头。它们的创新能力之所以能名列前茅，一个重要原因是其学科结构、管理机制、组织模式、用人制度等改革力度大，极大增强了其发展活力和创新能力。

实践表明，与时俱进改革调整传统教学、科研组织结构，实行扁平化科研带动模式，提高了教授和科技人才的自主权。这些院校理工科发展适应新科技革命趋势，瞄准世界科技前沿，及时挑战研究重点、专业发展和学科设置，并加大调整学科专业结构，强化了交叉融合的前沿学科和专业能力。如英国的帝国理工学院新设立的4个与可持续发展相关的跨学科的学院，气候、能源与可持续发展学院很有时代前沿特点，另外，其先进材料、清洁技术、人工智能等学院也具有较强的国际影响力。又如，斯坦福大学的神经科学研究所、癌症研究所等多个跨学科的研究机构，致力于生命科学前沿研究，成就突出。美国的麻省理工学院在前沿跨学科研究发展和产业化方面更是走在前列。如本书多次提及的计算机和人工智能实验室（CSAIL）、媒体实验室被誉为在新一代信息技术领域最具创新力的国际研究平台。由麻省理工学院与哈佛大学联合创立的布鲁德研究所，成为生命科学和生物技术前沿研究的领军者。

另一个主要特点是科技与教育融合紧密，前沿科技进步带动了专业更新、教学内容和知识传授方式调整，改革着研究生培养方式。为此，美国第二次世界大战前后建立的许多国家实验室改革为委托大学管理模式，如1951年创建的林肯实验室是美国第一个大规模、跨学科、多功能的技术研究开发实验室，原隶属于美国国防部，后由麻省理工学院负责运行管理，现有职员2400多人。美国能源部拥有17个国家实验室，多数采用委托大学管理模式。近年建立的许多研究中心多是处在交叉学科和科学前沿，由学科领军科学家领衔组建，甚至主要是因人而搭建的新科研平台。院系以学科为纵向体系，研究中心（实验室）则以横向交叉为特色，新的机构、新的运营管理体制摆脱了传统理念和管理模式的束缚，具有自由、宽松、民主的学术氛围和研究环境，充满活力、创新力。纵横交叉、学科领域融合，构成符合当今科技发展规律的立体研究系统。一些重大、重要的科学成就在研究中心取得，前沿和新兴领域的突破性成果多数源自研究中心，大多数诺贝尔奖获得者都在各种研究中心工作。

交叉融合的新型研究平台，增加了大量科研编制人员。

如2009年美国麻省理工学院人力资源统计数据，专职教学（包括教学科研兼之）教师1009人，科研为主的教师4051人，专职科研人员1722人（包括长期聘任的资助研究人员和短期聘任的学术研究人员）。美国的科研和人才以扁平式管理为主，政府部门很少行政干预具体业务。在较完善的法规和管理制度下，更多的管理权限下放到课题组。只要申请到或找到资助，在研究方向和重点确定、项目执行、人员选聘等方面，课题组有着较大的抉择权限，应变调整更具灵活性，这保证了科研人员把主要精力和时间用在研究工作上，确保了研究的高效率。如美国大学的教授有很大的权力和学术自由，体现了专家治校的原则。美国的科研项目和经费实行的是教授个人负责制，常常是人与项目、经费挂钩。自主权的下放，调动了管理者和研究人员的能动积极性，提高了科研管理效率和科研质量。

政府科技计划发挥了有效的导向作用。专项科技计划、不同领域科技计划、政府投资的科学基金引导支持大学、科研机构的科研工作取得了大量高水平成果，提高了科研装备水平，推动了研究和创新能力的提升，提升了大学等作为创新源的实力和地位。同时社会化的多元投资渠道等，也为大学科研创新提供了有力支撑，成为上游科研的助推动力。

1980年美国国会通过了《拜杜法案》，1984年又进行了修订，旨在加速政府支持的科技成果转化，使私人部门享有联邦资助科研成果的专利权成为可能，从而产生了促进科研成果转化的强大动力。该法案明确规定有政府资金资助的科研成果及知识产权属于研究者所在单位，但允许项目承担者得到比较高比例的收益。该法案加快了技术创新成果产业化的步伐，大学乘势进一步放宽放活人才管理政策，比如在完成规定的教学科研任务的条件下，可以离岗甚至兼职进行科技服务、有条件地创办企业。这些政策收到奇效，加速了大学先进技术和初创企业的外溢辐射效应，极大地增强了大学创业孵化器的职能。20世纪后半叶的斯坦福大学，世纪之交延续至今的麻省理工学院等大学，成为创业孵化器和扩散源的典范。

这进一步推进了大学融入社会、融合于企业，更提升了其在创新生态系统中的核心地位，也开拓了其财源。大学与产业界开展全面合作，建立多种形式的战略联盟。如麻省理工学院有20%的研究中心是由企业出资创立的。企业每年向麻省理工学院投入3.5亿美元，资助学校在工程学、科学、管理学等领域的研究。麻省理工学院的产业化做得非常前端。当它们有一个创意，马上就会考虑如何将其产业化。媒体实验室是典型的实体性产学实验平台，得到80多个企业的资金支持，下设30多个新兴跨学科领域研究小组，每年的研究计划超过400个，以项目为导向快速对接市场与企业，及时将科研成果落地转化成产品。麻省理工学院还积极倡导大学、企业和政府协同育人，集聚多元主体的优势资源，逐步建立起以高校为主导的高校—政府—行业企业三螺旋育人共同体，实现了科学研究、学科教学、应用转化和工程人才培养的共赢。

政府属公共研发机构发挥着面向广大中小企业的先进技术供给的支撑平台作用。除了众多大学的研究机构在此方面作出突出贡献，值得提及的还有德国政府的做法。德国弗劳恩霍夫协会是政府支撑中小企业创新的公共科技平台，主要从事面向广大中小企业的技术开发和成果转化工作，特别是中小企业亟须的先进技术、共用技术等的研发，为中小企业提供新技术。它在德国设有75个研究所和研究机构，约28 000多名员工，每年的研究金额为28亿欧元，其中23亿欧元用于合同研究领域。它一年为3000多位企业客户完成约10 000项科研开发项目，年经费逾21亿欧元。该协会约70%的订单来自工业界以及公共资助的研究项目。德国联邦和州政府将大约30%的资金作为基本资金投入使用，正是因为弗劳恩霍夫面向企业合作的特性，常常会要求人员常驻企业内部开发项目，这种人才共享机制本质上保障了创新人才的培养和转移，而产学研的本质就是创新科研人才的培养和转化。此外，担任弗劳恩霍夫研究所所长以及主要负责人职务的通常都是合作高校中的全职教授，这一方面保障了研究所的人才供给，另一方面也为大学的基础科研提供了一个直接面向客户的实践平台。

三、强化企业创新生态系统主体作用

企业是技术创新和研发投入的主体，是将原始创新等先进成果生成新质生产力、形成市场竞争力的主力。随着科技革命持续深入开展，特别是近几十年来，企业的创新模式、新技术来源都发生了重大变化。简言之，原来是以企业内部研究机构开发为主，转变成接受从大学、科研机构的技术转移和多种形式研究开发合作为主。

工业化中期，以企业为主体的美国工业研究实验室在20世纪初得到快速发展，1931年超过1600个，之后规模和水平持续提升，涌现了通用电气集团（GE）研究中心、原美国电话电报公司的贝尔实验室、IBM沃森研究院等世界著名研发机构。这种模式在历史上辉煌时称得上一枝独秀。贝尔实验室共获得3万多项专利，作出了很多获得了诺贝尔奖级的贡献，被称为信息革命的策源地之一，是20世纪人类最伟大的实验室之一，但它没有金钱压力，可自由探索的宽松环境等运行模式，也因跟不上时代科技迅速变革步伐而逐步衰落。通用电气集团也于2016年宣布将总部迁往波士顿，以融入围绕麻省理工学院等大学的新剑桥创新园区，享受创新生态系统源头的创新资源支撑。

目前创新活跃的主体，基本上是以研究开发为基础的企业，其中有华为、比亚迪、IBM、英特尔、高通、微软、谷歌等为代表的国际科技巨人，也有快速生长的前沿领军企业，如波士顿动力、openAI、英伟达等，以及不少生物医药企业。这些企业大部分开始由科技人员牵头组合初创，从"瞪羚"成长为"独角兽"，再凭创新实力＋资本注入甚至爆炸性增长成为"小巨人"企业。不论规模大小，这些企业都坚守其研发为本的理念，但是前沿科技发展更替如此之快，特别是颠覆性创新的不断涌现，企业显然不能只靠自己的力量完成技术更新换代甚至专业领域拓展的使命，因此必须加大开放式创新力度，与大学、科研机构以多种形式开展合作创新，加强企业间，包括产业链相关企业、技术配套企业的联盟合作，充分利用外部创新资源赢得技术上的优势，提升创新实力和竞争优势。

世界领先的科技巨头企业集团，创新产业链长且相对完善。如华为，其业务范围包括移动通信的路由器、基站、软件以及智能手机终端，由于应对打压封锁，华为不断扩展业务范围，延伸产业链确保供应链安全，所以在芯片设计制造、操作系统和应用生态等方面培育出了强大的自主创新能力，进而扩展到大数据、云计算平台和商务政务应用，在人工智能及大模型发展上也紧跟国际先进步伐，并在新能源汽车智能控制系统、光伏逆变器、工业互联网等多领域积极作为。该集团拥有强大的研发机构，8万多名研究开发人员从事基础研究、应用研究、共用技术和产品技术的开发及服务等，在主体业务领域具备相对完整的创新链，在攻克先进技术难题、破解"卡脖子"技术、颠覆性创新等方面拥有强大的研究开发能力，同时在未来技术探索和储备方面的预研也投入了强大的力量。公司从世界不同地方挖掘了一大批从事数学、物理、化学等基础科学研究的优秀科学家，看似是自由探索研究，其实为未来颠覆性创新积淀了丰厚的原始创新成果。即便如此，华为依然同知名大学、科研机构开展了广泛的多种形式的研究和人才合作，在利用外部知识和创新资源上肯花价钱。特别是华为通过高薪招揽优秀青年英才，厚植未来创新基础，将其作为提升企业持续创新能力的重要策略。2019年公司发起"天才少年"招聘计划，把视野扩展到世界，旨在吸引顶尖人才。对应聘者不限学历和学校，但要求在数学、计算机、物理、材料、芯片等相关领域有特别建树。华为每年招收的几十名少年英才，有应届毕业的博士，也有本科生，工资高出普通毕业生几倍甚至数十倍，最高年薪超过200万元。

从对当今创新领军企业的分析可以看出，为了跟上科技快速更迭换代节奏，保持其领先的竞争优势，必须加强开源式创新，在做强自主创新内核的同时，必须广泛与外部创新资源合作甚至融合，充分利用各种优势资源，将其转化成自己的创新领先优势。除了与大学和研究机构合作研究开发、承接先进科技成果转移外，购买兼并初创企业也成为大家青睐的捷径。一个有趣的案例是，OpenAI公司由科学家伊利亚等三人在马斯克的支持下于2015年创办。该公司于2019年发布GPT-2模型，2022年11月发布ChatGPT模型，2023年

GPT-4首秀。ChatGPT专用推理GPU，针对生成式AI、大型语言模型等进行了大优化。GPT-4展现出了逻辑推理能力是一个语言大模型的事实。出人意料的是，2024年2月，该公司推出了Sora文生视频大模型系统，当时可以快速制作最长一分钟、可准确反映用户提示、可一镜到底的视频，视频可以呈现"具有多个角色、特定类型的动作，以及主题和背景的准确细节的复杂场景"。Sora还具备根据静态图像生成视频的能力，能够让图像内容动起来，并关注细节部分，使得生成的视频更加生动逼真，这一功能在动画制作、广告设计等领域具有广泛的应用前景。Sora核心团队有15人，年轻富有创新力，主要负责人之一的蒂姆·布鲁克斯（Tim Brooks）2023年11月从加利福尼亚大学伯克利分校博士毕业。团队中还包含"00后"新生代力量以及艺术生。如此快捷高效地推出新产品、拓展新业务，突显了引进创新人才团队的高效能。

兼并收购初创企业的发展模式，使生产初创企业逐步形成新兴业态。以色列更是将此作为发挥其创新优势发展的生财之道。以色列政府自上而下为科技创新搭建了基础平台、营造创新创业生态，形成了仅次于硅谷的第二大创新生态系统，号称为全球人均初创企业数量最多的国家之一。以色列在创业、创新和研发方面的优势使其在初创企业和技术领域保持全球领导者的地位，并通过积极与拥有客户和市场的大型跨国公司对接，成功实现商业转化。作为这条产业链的最后一环，跨国公司也是最终受益者。大公司越来越意识到，从长远来看，如果不创新，它们就会死亡。但是它们在内部创新又非常困难，只可能通过专利使用权和股权方式来获得新的技术。所有大公司都需要创新，而这些颇具创新活力的初创公司恰恰能满足它们的这个要求。

这些案例足以阐释，作为创新主体的企业对创新生态系统的极大依赖性，因为这一系统是企业通过开放式创新，从外部科研源头充分吸纳社会优势创新资源，转化成自身自主创新能力的提升，转化为可持续创新的动力和竞争优势。

案例

德国弗劳恩霍夫协会：支撑中小企业创新的公共科技平台

弗朗霍夫协会〔又称弗劳恩霍夫协会（Fraunhofer-Gesellschaft）〕总部位于德国，协会以德国科学家、发明家和企业家约瑟夫·冯·弗劳恩霍夫（Joseph von Fraunhofer）的名字命名，是面向应用程序研究的世界领先组织。

它专注于与未来相关的关键技术，并利用工商业成果，在创新过程中发挥着核心作用。作为创新发展和科学卓越的指南和发起者，弗朗霍夫协会通过启发性的思想和可持续的科学技术解决方案来促进科学和商业发展，并帮助塑造我们的社会和未来。

2000—2001年，德国数学和数据处理协会下属的各研究所和信息技术研究中心在德国联邦教研部的倡议下与弗朗霍夫协会合并。2002年，原本隶属莱布尼茨联合会的海因里希赫兹研究所柏林通信技术有限公司划归弗朗霍夫协会。该合并使弗朗霍夫协会的预算首次超过10亿欧元。2003年，弗朗霍夫协会总部迁至德国制造业集中地慕尼黑。

弗朗霍夫协会制定了严格具体的使命声明，声明总结了协会的基本目标，协会"文化"所需的"价值与指导原则"也得以确立。声明中，协会承诺将增加女性员工的工作机会，帮助员工认识自己并激发自身的创造潜力。2004年，弗朗霍夫集成电路研究所下属"夫琅禾费电子媒体技术工作组"取得独立研究所地位，成为夫琅禾费数字媒体技术研究所。这种新的盟友和课题组形式，能够帮助其在现有的权限下提高自身的市场运作水平。

弗朗霍夫协会是公助、公益、非营利的科研机构，为企业，特别是中、小企业开发新技术、新产品、新工艺，协助企业解决自身创新发展中的组织和管理问题。协会的宗旨是为中小企业、政府部门、国防安全等提供合同科研服务，主要研究领域包括微电子、制造、信息与通信、材料与零部件、生命科学以及工艺与表面技术和光子学等。

弗朗霍夫协会的目标为实用研究，为工业界、服务性企业和公共部门委托开展科研项目，并在经济界客户的委托下，致力于研究技术与组织环节的可实际运用的成熟方案的开发。其核心目标为科技知识的实用转化，同时为硕士生和博士生提供在实用研究领域中进修的可能性，并在经济与科研的全球性布局中使得国际合作不可或缺。在欧盟技术项目的范围内，弗朗霍夫协会在工业协会中参与提供技术问题的解决方案。

弗朗霍夫协会致力于开展国际合作，在美国设有研究中心，在亚洲若干国家设有代表处，通过这些机构在世界范围内促进业务与合作，展现未来科学的进步和经济的发展。2000年，弗朗霍夫协会在使命声明中，自我定位为以市场和客户为导向、国家和国际化的积极的应用研究机构赞助组织。

弗朗霍夫协会一年为3000多家企业客户完成约10 000项科研开发项目，年经费逾21亿欧元。该协会约70%的订单来自工业界以及公共资助的研究项目。德国联邦和州政府将大约30%的资金作为基本资金投入使用，因此这些机构已经可以开发出问题解决方案，这将在几年内对企业和社会至关重要。

弗朗霍夫协会2016年的技术发明数达6762件，已申请专利608项。弗朗霍夫协会致力于面向工业的应用技术研究，塑造技术，设计新产品，改善卫生、通信、安全、节能、环保等领域的生产方式和技术。该协会在2016年汤森路透最新发布的全球最具创新力政府研究机构25强榜单中名列三甲。

弗朗霍夫协会各研究所为企业及各方面提供科研任务，主要采取"合同科研"的方式。实践证明，这是知识转化为生产力的捷径。通过"合同科研"的方式，客户享有弗朗霍夫协会各研究所的研发科技积累和高水平的科研队伍的服务，通过研究所的多学科合作，可直接、迅速地得到为其"量身定做"的解决方案和科研成果。弗朗霍夫协会将其研究所组成了若干科研联合组，通过组内相关研究所、学科、题目的密切合作，以适应当今经济和社会飞速发展对工艺技术的需求。

弗朗霍夫协会非常重视协会及各研究所的战略计划的制订与评价工作。它对研究所的评价由研究所从外部聘请的学术委员会承担，且其专家的构成是来自学术界与产业界的专家各占一半，每个研究所学术委员会专家人数约10人，50%的专家来自国外。专家由研究所聘请，并且一般为终生聘任。评价的程序包括阅读研究所状态报告与到研究所实地考察两个部分，实地考察的评价时间也是2~3天。因其应用研究的特征，弗朗霍夫协会对研究所的评价主要考察研究所的科技竞争力以及完成战略计划的情况,特别关注的评价指标包括研究所获得的年度总经费中外争经费是否达到70%的比例、在外争经费中从企业获得项目经费的数量以及从欧盟获得经费的数量、专利数量、客户满意度、提供的技术与成果情况以及人员状况等。出版物一般不作为考察指标。专家撰写的评价报告主要用于指导研究所的发展,同时提供给协会主席,但总部一般不将评价结果用于研究所的资源配置等方面,这与其经费来源主要为外争项目有关。弗朗霍夫协会对研究所的评价每年进行一次。

协会注重协同创新。尽管弗朗霍夫协会的70%的科研经费来源于公共竞争的企业及政府项目,但是这并不意味着协会旗下的研究所之间必然存在着激烈的竞争。实际上,对于科研本身,弗朗霍夫模式持有一种极其开放的态度,属于其协会的各个专业领域的研究所,只要符合基本的弗朗霍夫治理框架的理念,研究所通常具有相当的独立性。各个研究所拥有自己独立的财务预算和决策中心,并能有很大的研究自主性,协会通常情况下极少干预其运营。

协会各研究机构和企业之间有着不同形式的关系,技术上的重合和业务上的竞争通常都是被鼓励的,并且是一种良性的竞争,谁拥有更敏锐、更优秀的科研创新能力，谁就能够做得更好，获得更多企业的关注。然而，研究所之间通常选择以分工合作的方式为企业提供更强健和全面的解决方案，各学科和领域之间的互相依存要求研究所之间更多的是协同合作，而非直接的强硬竞争。因此，弗朗霍夫协会还经常以自身的号召力主导创新聚集区，整合局部地区关键企业、技术、高校等机构，针对某个核心技术进行研发和推广，这是一种行之有效的协同机构创新实例。

2016年由协会发起的面向工业大数据的旗舰项目：工业数据空间，即是由12个协会旗下研究所共同来承担研发任务，目的在于凝聚各方的研发力量以解决工业4.0的数据共享的重大难题。比如，位于慕尼黑的弗朗霍夫应用集成信息安全研究所（AISEC）负责提供工业4.0跨领域数据可信任共享和信息安全、北莱因圣奥古斯汀郡的智能分析和信息系统研究所（IAIS）则负责研究智能大数据分析的课题等。

科研创新的核心在于培养有竞争力的人才，弗朗霍夫协会在这方面也有其特殊的模式。在弗朗霍夫协会研究所的科研团队中，既有核心的资深科研人员，也有具有一定流动性的合同制研发人员，这部分人员占到了60%的比例。此外，担任弗朗霍夫协会研究所所长以及主要负责人的通常都是合作高校中的全职教席教授，这一方面保障了研究所的人才供给，另一方面也为大学的基础科研提供了一个直接面向客户的实践平台。

面向企业运作是协会生命力所在。从管理体制运行机制来看，协会体现了浓郁的企业色彩，很好地借鉴了现代公司的治理结构和企业组织形式。会员大会作为协会的最高权力机关，相当于公司的股东大会；理事会是协会的最高决策机构，相当于公司的董事会；执行委员会负责协会的日常工作，相当于公司的管理层；学术委员会作为协会的最高咨询机构；高层管理者会议相当于扩大的经验班子会议。运营机制上，协会形成了包括科研合作机制、民办公助的多元化科研投入机制、开放完善的专利保护使用机制等弗朗霍夫内部模式。蕴含着现代企业的运作理念，其中合同科研的合作方式体现最具有特色，成效也最为明显。

德国拥有一套结构完善、分工明确、协调一致的科研体系，大学主要从事自由灵活的基础研究。马普协会，全名为马克斯·普朗克科学促进协会，为德国的一流科学研究机构的联合组织，侧重于从事大学很难做的、指向性相对明确的基础研究，但其科研产出却远远超过一般大学。赫尔姆霍兹国家研究中心联合会，又称赫尔姆霍兹学会，原名"大科学中心联合会"，是德国最大的科研团体，主要任务是从事大型复杂系统研究

> 以及大型科学实验装置的建造和运行,具有较强的前瞻性、战略性和公益性。弗朗霍夫协会与以上两个国家科技机构有着不同的定位,主要从事面向广大中小企业的技术开发和成果转化工作,特别是中小企业亟须的先进技术、共用技术等的研发工作,为中小企业提供新技术。[1]

四、资本和政策驱动是创新生态系统的血液

投资和政府政策是驱动创新创业的推进剂。从科学探索发现到应用基础研究,从技术开发应用直至产业化阶段,创新后期虽然市场机制发挥着决定性作用,但创新创业的风险大、投入大、回报高,仍需要政府的有力推动,法律法规的有力引导支持,多渠道资本的有效投入。

20世纪80年代美国国会通过了《拜杜法案》,意在加速政府支持的科技成果转化,实质上是政府对成果转化的政策性投资,使企业等私人部门可以合法享有联邦资助科研成果的专利权,这对促进科研成果的转化产生了强大动力。该法

---

[1] 资料来源:科普中国—百度百科相关文章等。——编者注

明确规定由政府资金资助的科研成果及知识产权属于研究者所在单位，允许项目承担者得到高比例的收益。由此加快了技术创新成果产业化的步伐，为政府、科研机构、产业界三方合作，共同致力于政府资助研发成果的商业运用提供了有效的制度激励。

1953年，美国国会通过小企业法案，创立了小企业管理局（SBA），先后发布了《小企业法》《小企业投资法》《小企业融资法》《小企业经济政策法》《小企业技术革新促进法》等20多部小企业相关法律法规，形成了完善的创业和小企业管理的制度体系。小企业管理局负责向中小企业提供资金支持、技术援助、政府采购、紧急救助、市场开拓等全方位的专业化服务。以色列政府从1993年起实行Yozma风险计划，由政府直接出资设立政策性基金，主要投资于通信、信息和医疗技术等领域的初创企业。基金除了用作政府对初创企业的直接投资，还作为母基金，将初始资金中的80%投入与国际投资者共同设立的10个风险投资基金里，成功推动了以色列风险投资行业的发展。10年内，以色列的风险投资基金总额翻了60倍。

不少政府为鼓励创新创业提供了多种税收优惠政策、科技（创新）园区土地和基础设施优惠政策以及创业补助。政府还设立了高技术产业化部门提供专项基金，引导更多风险投资等社会资金注入。

当然，几十年来高技术创新创业企业高速发展，主要驱动力还是源自风险投资的发展，特别是硅谷的崛起向世界提供了成功范例。风险投资（VC），又称创业投资，是向初创企业提供资金支持并取得该公司股份的一种融资方式。风险投资是私人股权投资的一种形式。在几十年的发展过程中，风险投资形成了主要几种类型。

种子资本。主要支持缺乏资产抵押的萌芽阶段的初创企业，以帮助企业从概念走向实际的产品或服务。

导入资本。有了较明确的市场前景后，由于资金短缺，企业便可寻求导入资本。

发展资本。这类资本的一个重要作用在于协助那些私人企业突破杠杆比率和再投资利润的限制，为其进一步在公开资本市场获得权益融资打下基础。

风险并购资本。一般适用于较为成熟的、规模较大和具有巨大市场潜力的企业。

还有经常提到的"天使投资"，是指在企业发展的早期阶段，一般在种子轮之后进行的投资。天使投资通常由个人投资者或天使投资群体进行，他们提供资金以支持创业公司的初始阶段发展，帮助企业从概念或初步产品阶段发展到市场测试阶段。天使投资者通常寻求高回报，并可能参与公司的战略决策和管理。

风险投资公司为专业的投资公司，由一群具有科技及财务相关知识与经验的人员组合而成，经由直接投资获取公司股权的方式提供资金给需要资金者（被投资公司）。1946

年，约翰·惠特尼（J.H.Whitey）成立了第一个私人风险公司，标志着风险投资的萌芽阶段。风险投资在20世纪50年代进入雏形阶段，七八十年代为发展阶段，90年代后进入高速发展阶段。1971年，美国全国证券交易者协会有限公司创建了全球第一家电子化的证券自动报价市场——纳斯达克（Nasdaq）市场，从而使已成熟的风险型高科技企业走向证券市场，并使风险资本能顺利退出风险型企业，实现投资收益，继续流动投资。美国最具成长性的公司中有90%以上在该市场上市。21世纪初美国股票市场遭遇黑色风暴，股票指数呈断崖式下跌，信息技术等高技术产业的泡沫破裂，使创新创业浪潮陷入低谷。1995年时，美国拥有600多家大小不一的风险投资公司，合作的资金总额高达435亿美元，为美国创建了包括苹果、英特尔、微软在内的一大批高科技企业。2000年，美国风险投资数额达到688亿美元，占全球72%。2009年至今，随着移动互联网时代和新产业的到来，风险投资进入黄金发展阶段。根据美国风险投资协会的最新报告显示，2021年美国风险投资不仅交易总额达到创纪录的3300亿美元，而且融资总额首次突破1000亿美元，达到1283亿美元的历史纪录。

回顾风险投资及创新创业的发展历程，风险投资、技术进步和新兴产业发展的过程是一个相辅相成、互相促进的过程。风险投资是创新创业的重要金融工具，促进了创新效率的大幅提高。技术的创新和进步，又激发了新兴产业的创立形成和快速发展，对国家经济发展的质量提升产生了重大影响。

以色列政府扶持建立风险投资行业，为投资者提供安全保障。同时，专业风险投资机构、科技园区在政府的资金资助下自由运作，激发了风险投资注入科技领域的热情，营造了初创企业雨后春笋般增长的创业沃土。

而当今创新创业活跃的波士顿新剑桥创新中心，与当时硅谷的显著区别是系统统筹运用多元资本，形成了优势集成产学研结合的强大合力，成为构建当代社会创新生态系统的样板。

案例

硅谷——世界著名科创园区

硅谷（Silicon Valley），位于美国加利福尼亚州北部的大都会区旧金山湾区南面，是高科技事业云集的圣塔·克拉拉谷（Santa Clara Valley）的别称。

硅谷最早是研究和生产以硅为基础的半导体芯片的地方，并因此得名。硅谷是电子工业和计算机业的王国，尽管美国和世界其他高新技术区都在不断发展壮大，但硅谷仍然是世界高新技术创新和发展的开创者和中心，该地区的风险投资占全美风险投资总额的三分之一，硅谷的计算机公司已经发展到大约1500家。

一个世纪前这里还是一片果园，但自从英特尔、苹果、谷歌、雅虎等高科技公司的总部在此落户之后，这里出现了众多繁华的市镇。在短短的几十年之内，硅谷走出了大批科技富翁。硅谷的主要部分位于旧金山半岛南端的圣塔·克拉拉县，主要包括从该县下属的帕罗奥多市到县府圣何塞市一段长约 25 英里（1 英里 ≈ 1.61 千米）的谷地。

硅谷的总范围，一般还包含旧金山湾区西南部圣马特奥县的部分城市（比如门洛帕克），以及旧金山湾区东部阿拉米达县的部分城市（比如费利蒙）。硅谷的主要区位特点是附近拥有一些具有雄厚科研力量的美国顶尖大学，主要包括斯坦福大学、加利福尼亚大学伯克利分校、圣塔克拉拉大学和圣何塞州立大学。

在结构上，硅谷以高新技术中小公司群为基础，同时拥有甲骨文、思科、惠普、特斯拉等大公司，融科学、技术、生产为一体。

创业历史故事——车库里创建惠普公司

硅谷一直是美国海军的一个工作站点，并且海军的飞行研究基地也设于此，后来许多科技公司的商店都围绕着海军的研究基地而建立起来。但当海军把它大部分位于西海岸的工程项目转移到圣迭戈时，美国国家航空航天局接手了海军原来的工程项目。不过大部分的公司却留了下来，当新的公司又搬来之后，这个区域逐渐成为航空航天企业的聚集区。

那个时候，此地还没有民用高科技企业，虽然这里有很多好的大学，可是学生们毕业之后，他们却选择到东海岸去寻找工作机会。斯坦福大学一个才华横溢的教授弗雷德·特曼（Frederick Emmons Terman）发现了这一点，于是他在学校里选择了一块很大的空地用于不动产的发展，并设立了一些方案来鼓励学生在当地发展他们的"创业投资"事业。在特曼的指导下，他的两个学生威廉·休利特和戴维·帕卡德在一间车库里凭着538美元建立了惠普公司——一个跟美国国家航空航天局及美国海军没有任何关系的高科技公司。这个车库现已经成为硅谷发展的一个见证，被加利福尼亚州政府公布为硅谷发源地并成为重要的景点。

在1951年，特曼又有了一个更大的构想，那就是成立斯坦福研究园区（Stanford Research Park），这是第一个位于大学附近的高科技工业园区。园区里一些较小的工业建筑以低租金租给一些小的科技公司，今日，这些公司已是重要的技术诞生地，可是在当时却并不为人所知。在最开始的几年里，这里只有几家公司，后来新的公司越来越多，它们不但应用大学里的最新的科技，同时又租用该校的土地。这些地租成为斯坦福大学的经济来源，使斯坦福大学不断的兴旺发达。特曼在20世

第三章
创新社会生态系统

纪50年代决定将新的基础设施以"谷"为原则来建造。

正是在这种氛围下，一个著名的加利福尼亚人威廉·肖克利搬到了这里。肖克利的这次搬家可以称得上是半导体工业的里程碑。1953年，他由于与同事的分歧离开了贝尔实验室。而他离婚之后，孤身一人回到了自己获得科学学士学位的加州理工学院，在1956年他又搬到了距他母亲很近的加利福尼亚山景城，负责建立肖克利半导体实验室。在这之前的时期，尚未成型的半导体工业主要集中在美国东部的波士顿和纽约长岛地区。为了公司的发展，他特意从东部招来8位年轻人，这其中就有诺宜斯、戈登·摩尔、斯波克、雷蒙德。

肖克利打算设计一种能够替代晶体管的元器件（即后来被人熟知的肖克利二极管）来占领市场。但在考虑设计比"简单的"晶体管还要简单这个问题时他却被难住了。被困住的肖克利愈发变得偏执，他要求对职员进行测谎，并公布他们的薪金，这些事惹恼了大家。在1957年，那8位优秀的年轻人集体跳槽，并在一位工业家的资助下成立了仙童半导体公司。该公司的总部位于纽约市，主要经营照相机。

由于诺宜斯发明了集成电路技术，可以将多个晶体管安放于一片单晶硅片上，使得仙童半导体公司的发展平步青云。而1965年摩尔总结了集成电路上面的晶体管数量每 18 个月翻一番的规律，也就是人们熟知的"摩尔定律"。这一定律虽然只是由 20 世纪 60 年代的数据总结而成的，但是直到 21 世纪最初的那几年还依然有效。

这种事情不断发生，脱离控制的工程师不断地建立新的公司。1967 年初，斯波克、雷蒙德等人决定离开仙童半导体公司，自创国民半导体公司，总部位于圣克拉拉。而 1968 年仙童半导体公司行销经理桑德斯的出走，又使世界上出现了超微科技这家公司。同年 7 月，诺宜斯、摩尔、安迪·葛洛夫又离开仙童半导体公司成立了英特尔公司。今天的英特尔公司是世界上最大的半导体集成电路厂商，占有 80% 的市场份额。

1981 年对仙童半导体公司来说就是噩梦的开始。这一年，它设在圣何赛的芯片厂发生有毒溶液的泄漏，于是公司不得不花费 1200 万美元来更换土壤和监测水质。从此，公司开始走向下坡路，最终销声匿迹。但是人们不会忘记它在硅谷历史上所作出的贡献和对于开发单晶硅片的丰功伟绩，由仙童半导体公司前员工所创建的公司在硅谷乃至全美国已超过百家。

发展的基础和里程碑

1. 早期无线电和军事技术的基础

旧金山湾区在很早之前就是美国海军的研发基地。

1909年，美国第一个有固定节目时间的广播电台在圣何塞诞生。1933年，森尼维尔空军基地（后来改名为墨菲飞机场）成为美国海军飞艇的基地。在基地周围开始出现一些为海军服务的技术公司。第二次世界大战后，海军将西海岸的业务移往加利福尼亚州南部的圣迭戈，国家航天委员会（美国国家航空航天局的前身）将墨菲飞机场的一部分用于航天方面的研究。从此，为航天服务的公司开始出现，包括后来著名的洛克希德公司。

2. 斯坦福工业园（Stanford Industrial Park）

第二次世界大战结束后，美国的大学回流学生骤增。为满足财务需求，同时给毕业生提供就业机会，斯坦福大学采纳特曼的建议开辟工业园，允许高技术公司租用其地作为办公用地。最早入驻的公司是20世纪30年代由斯坦福毕业生创办的瓦里安公司。特曼同时为民用技术的初创企业提供风险资本。惠普公司是最成功的例子之一。在20世纪90年代中期，柯达公司和通用电气公司也在该工业园驻有研究机构。斯坦福工业园逐步成为技术中心。

3. 硅晶体管的发明应用

1956年，晶体管的发明人肖克利在斯坦福大学南边的山景城创立肖克利半导体实验室。1957年，肖克利决定停止对硅晶体管的研究。当时公司的8位工程师出走成立了仙童半导体公司，该事件被称为"八叛逆"。"八叛逆"里的诺伊斯和摩尔后来创办了英特尔公司,在仙童半导体公司工作过的人中,斯波克后来成为国民半导体公司的首席执行官,另一位桑德斯则创办了美国超威半导体公司。

4. 软件产业兴起

除了半导体工业,硅谷同时以软件产业和互联网服务产业著称。施乐公司在 Palo Alto 的研究中心在面向对象的编程、图形界面、以太网和激光打印机等领域都有开创性的贡献。现今的许多著名企业都得益于施乐公司的研究,例如苹果和微软先后将图形界面用于各自的操作系统,而思科公司的创立源自将众多网络协议在斯坦福校园网内自由传送的想法。

硅谷地理位置优越、环境优美、气候宜人、交通便利,是全世界的人才高地,其市场稳定,拥有深厚的创新环境和创新文化。

硅谷拥有大大小小的电子工业公司达 10 000 家以上,它们所生产的半导体集成电路和电子计算机约占全美国的 1/3 和 1/6。

20世纪80年代后,随着生物、空间、海洋、通信、能源材料等新兴技术的研究机构在该地区纷纷出现,硅谷客观上成为美国高新技术的摇篮,并成为世界各国高科技聚集区的代名词。

硅谷的产业特点包括：

（1）从业人员具有高水平的知识和技能，其中科学家和工程师占较大比例。

（2）增长速度比传统工业快得多，并且处在不断变化之中，产品更新换代的周期较短。

（3）研究开发费用在销售额中占的比例较高。

（4）产品面向世界市场。

硅谷精神：允许失败的创新，崇尚竞争，平等开放。

天然优质的自然因素和社会因素，使得硅谷成为创业者的摇篮，高科技创业一片繁荣。

2006年，硅谷总共有225 300个高技术职位。以高技术从业人员的密度而论，硅谷居美国之首，每1000个在私营企业工作的人里有285.9人从事高科技业，高技术职位的平均年薪亦居美国之首，达到144 800美元。

2008年，硅谷人均国内生产总值达到83 000美元，居全美第一。硅谷的国内生产总值占美国总国内生产总值的5%，而人口却不到全美国的1%。

硅谷是美国高科技人才的集中地，更是美国信息产业人才的集中地。在硅谷，集结着美国各地和世界各国的科技人员达100万以上，美国科学院院士在硅谷任职的有近千人，获诺贝尔奖的科学家达30多人。

硅谷是美国青年心驰神往的圣地，也是世界各国留学生的竞技场和淘金场。在硅谷,一般公司都实行科学研究、技术开发和生产营销三位一体的经营机制,高学历的专业科技人员往往占公司员工的80%以上。硅谷的科技人员大都是来自世界各地的佼佼者,他们不仅母语和肤色不同,文化背景和生活习俗也各有所异,所学专业和特长也不一样。如此一批科技专家聚在一起,必然思维活跃,在互相切磋中很容易迸发出创新的火花。如今,硅谷高新技术公司的创立和资金投入方兴未艾,仍然呈现出发展的趋势,同时也是世界人才最集中的地区。

概括归纳,除了天时地利因素外,硅谷的成功因素还有以下几点:

1. 大学密集、人才资源丰富

硅谷地区集聚了世界一流大学和科研院所,而这些大学、院所也为硅谷地区的发展输送知识和人才,这是硅谷地区发展的基础。硅谷是随着20世纪60年代中期以来,微电子技术高速发展而逐步形成的。其特点是以附近一些具有雄厚科研力量的美国一流大学,如斯坦福大学、加利福尼亚大学伯克利分校等世界知名大学为依托,以高技术的中小公司群为基础,并拥有谷歌、英特尔、苹果公司、思科、特斯拉、甲骨文、英伟达等大公司,融科学、技术、生产为一体。

位于硅谷附近的大学包括斯坦福大学、圣塔克拉拉大学、圣何塞州立大学、卡内基梅隆大学西海岸校区。

以下大学不位于硅谷内,但已成为研究资源和新毕业生的来源。有加利福尼亚大学伯克利分校、加利福尼亚大学戴维斯分校、加利福尼亚大学圣塔克鲁斯分校、东湾州立大学、原黑沃州立大学。

2. 人才多元化和高度的流动性

硅谷吸引了来自全球的追逐理想和梦想的创业者。这些人不仅在硅谷创新创业,同时还与自己的母国在创新链上建立了一种联系。这种高度的人才聚集效应导致的规模效应和区域创新效应,带动了硅谷整个区域人力资本的快速积累与提升。

除了人才的多样化外,人才的高度流动也是硅谷的一大特点。硅谷每年企业间的人才流动保持在20%~30%。也就是说,企业内的员工是不断更新的。实际上,人才的快速流动加大了区域内企业间的知识溢出,提升了区域创新活力。

3. 风险资本和天使投资

从1972年第一家风险资本在紧挨斯坦福的风沙路落户,风险资本极大促进了硅谷的成长。1980年苹果公司的上市吸引了更多风险资本来到硅谷。风沙路在硅谷成为风险资本的代名词。硅谷的成功,还有一点比较重要,就是前期资金投入。多层次的资本市场满足了硅谷创新创业的各类资金需求，美国有完备的、多层次的资本市场体系，不仅是成熟企业能够通过公开市场融资获得资金，早期初创企业也很容易获得私人风险投资基金的支持。也就是说，在创业初期，拥有好的技术就可以找到投资人进行投资，把技术变成产品和服务，最后实现价值。在这一过程中，需要多层次的资本市场，比如天使投资、风险投资，这种投资有很大的风险性，但对科技成果转化起到了至关重要的作用。

实际上，创新源于科技，成功于金融。这就是说，金融对科技创新具有支撑作用。据统计，2015年美国活跃的天使投资人超过30万人，天使投资市场的资金规模占国内生产总值比重超过1%，2018年投资额达到75亿美元，美国天使投资活动最活跃的地区聚集在加利福尼亚州硅谷地区。通俗地讲，资本也在追逐能够实现利益最大化的地方——可以不断产出新的技术、新的产业、新的业态，未来可实现巨额利润的地方。

4. 科技成果高效转化

只有将新技术快速转化为现实生产力，才能产生实实在在的经济效益。硅谷有着独特的嗅觉，能够迅速理解一项发明对于社会可能的颠覆前景。这种嗅觉可能长期存在于一个行业里。比如，一个天使投资人总是投资这几个行业，肯定对这几个行业非常熟悉，知道行业新技术会给社会带来怎样的变化。而这种能力，也就是把新技术快速转化为新产业、新经济的能力是很难学到的，只有通过长期深耕这一领域才能具备。

5. 包容性的创新文化

硅谷的成功还在于包容性的创新文化。硅谷早期的创业没有受传统工业发展的束缚，勇于突破传统的观念和体制，鼓励冒险、善待失败、平等竞争、乐于合作、以人为本、宽容跳槽，这为硅谷铸就了良好的创新发展软环境。这是一个地区能孕育创新的重要的文化土壤。

总的来说，硅谷的成功经验，可以概括为五点：知识创新、人才多元化和流动性、多层次的资本市场、敏锐的科技成果转化能力、宽容的文化。这五点也是硅谷取得成功的重要因素。另外，我们还要注意一点，硅谷地区诞生了很多科技巨头，而这些科技巨头又不断分化出很多初创企业，这样就形成了一个完整的以龙头企业为核心的创新生态。

五、科创园区是社会创新生态系统的依存平台

科创园区全称科技创新创业园区，是社会创新生态系统支撑依存的硬件平台。它划定了有限的物理空间，有利于

提升特殊优惠激励政策、社会创业服务的效能，有利于大学和科研机构这些创新源头与企业更紧密合作甚至有机融合互动，加快新技术新成果的辐射扩散，创建浓厚的创新创业氛围。同时，它更有利于形成特色产业集群和较完备产业链供应链的配套互补，通过聚集形成人才、企业、资本、研发和产业的综合发展优势。科创园区最有希望发展为世界前沿高端科技的创新创业高地，引领着科技和产业发展的方向，对国际人才、资本、技术有着强大的虹吸效应和凝聚力。

无疑，硅谷是世界科创园区的开创者，已发展成为享誉世界的电子产业和计算机业的研发和产业发展的聚集区。此后，类似的高新技术产业开发区、科技园区陆续建立，蓬勃发展。特别是在我国，1988年由党中央、国务院批准实施了旨在推进高新技术商品化产业化的"火炬计划"，同年批准在中关村成立北京市新技术产业发展试验区。1991年批准建立27个国家级高新技术产业开发区（简称高新区），截至目前，国家级高新技术产业开发区已发展为近180个，还有更多地方级的高新技术产业开发区。这些高新技术产业开发区作为中国高新技术产业发展的重要基地，为我国的科技创新事业作出了重要贡献。但是，客观讲，除了少数几个具有一定的社会创新生态功能外，其余大多数新技术产业园区并不是真正意义上的科创园区。其虽有产业聚集功能，是产业集群的基地，并且多数设有"孵化器"，为小企业成长提供了扶持，但是没有形成真正的社会创新生态系统。特别是创新源头薄弱，多数没有具备产生较强原始性、颠覆性创新成果的大学和科研机构，有的毗邻大学但缺乏有效合作和有机融合，支撑创业的前沿先进技术供给不足。更为薄弱的是，缺少包括成熟风险投资在内的资金驱动支撑和政策激励。这正是我们下一步要着力改革、补上短板的关键。在量大面广的产业园区基础上，培育和发展体现科技自立自强、具备培养世界一流水平创新企业的科创园区。

硅谷作为科创园区的先驱者，拥有附近一些具有雄厚科研力量的美国顶尖大学作为依托，如斯坦福大学、加利福尼亚大学伯克利分校、圣塔克拉拉大学、圣何塞州立大学等。特色产业鲜明，聚焦当时国际科技和产业前沿的电子信息和计算机产业。企业结构上，以高新技术中小公司群为基础，同时拥有甲骨文、思科、特斯拉等大公司，融科学、技术、生产为一体。硅谷拥有大大小小电子工业公司达万家以上，其中计算机公司已经发展到大约 1500 家，它们所生产的半导体集成电路和电子计算机约占全美 1/3 和 1/6。一般公司都实行科学研究、技术开发和生产营销"三位一体"的经营机制，高学历的专业科技人员往往占公司员工的 80% 以上。

硅谷的先进运营管理机制、优越的创新和营商环境产生了巨大的吸引凝聚力。硅谷成为美国青年心驰神往的圣地，也是世界各国留学生的竞技场和淘金场，已成为美国高科技人才、信息产业人才的集中地，他们大都是来自世界各地的佼佼者。在硅谷，集结着美国各地和世界各国的科技人员达

100万人以上，美国科学院院士在硅谷任职的有近千人，获诺贝尔奖的科学家达30多人。如此一批科技专家聚在一起，必然思维活跃，在互相切磋中很容易迸发出创新的火花。硅谷也成了风险投资的聚集地，占全美风险投资总额的1/3，成为高技术产业和产业快速发展的强力推进剂。20世纪80年代后，随着生物、空间、海洋、通信、能源材料等新兴技术的研究机构在该地区纷纷出现，硅谷客观上成为美国高新技术的摇篮，并成为世界各国高科技聚集区的代名词。

波士顿新剑桥创新园区被公认为21世纪的科创园区翘楚，是社会创新生态系统实践的创立者。20世纪六七十年代，波士顿地区曾以"128号高速公路科技走廊"而闻名于世，在这条科技走廊两侧拥有麻省理工学院、哈佛大学等几百家大学、科研机构和高技术企业。但是，随着硅谷的崛起，这里很快淡出了公众的视野。正是缺乏创新生态系统的特殊功能，丰富的智力资源没有转化成创业和产业发展优势。美国"东北振兴"的序幕在世纪之交悄然拉开。波士顿肯德尔广场被称为美国的"创新心脏"，是波士顿新剑桥创新中心的核心区。自麻省理工学院加入以来，得益于麻省理工学院自我改革带来的动力，使其成长为新世纪创新创业的动力源和成果源头。重视创新生态系统的建设掀起了高新技术企业的创新潮。当地在世纪之交时建立了孵化器剑桥创新中心，很多创新公司都是从此起步的。波士顿地区创业及新兴支柱企业的培育发展与硅谷错位发展。它主要致力于生物技术产业和人工智能产业的发展，其心脏起搏器主要源自麻省理工学院的几个前沿学科交叉融合的现代研究平台的研究。

2004年麻省理工学院与哈佛大学联合建立的布鲁德研究所，是两所世界一流大学的科学家数十年的研究合作演变而来的。布鲁德研究所拥有一支专业交叉的高水平研究队伍，拥有来自哈佛大学、麻省理工学院和哈佛附属医院的多名核心研究人员及其他研究人员。研究所将科研方向瞄准世界生命科学和生物技术前沿，科研计划包括癌症计划、医学和人口遗传学计划、基因组生物学和细胞环路项目、化学生物学项目、代谢计划、传染病计划、斯坦利布鲁德研究所精神病学研究中心、基因组测序和分析项目、表观基因组学计划等。在此带动和成果扩散溢出影响下，现在波士顿地区拥有大约1000家与生物技术相关的公司。生物技术已经成为一个完整的生态系统，大型制药公司和年轻的初创企业和谐共生。

引领世界潮流的人工智能产业，源自麻省理工学院的计算机和人工智能实验室、媒体实验室等创新源头，该科创园区成长为世界人工智能技术和产业发展的引领者。

波士顿剑桥创新中心因其积极创新的生态系统而闻名于世。该生态系统由创新企业、投资人、高校和研究机构及企业服务提供商等多个组成部分构成。其中，创新企业是该生态系统的核心，大学及科研机构是创新源头，而其他组成部分则是促进企业发展和产业升级的重要推动力量。创新企业可以获得来自各方面的支持，包括科技人才、资金、管理经验等，以便更好地进行创新和发展。波士顿剑桥创新中心拥有诸多孵化器和加速器，这些机构可以为创新企业提供办公场所、资金支持、法律和会计服务等多种支持。

可以说，波士顿剑桥创新中心已成为当今世界科创园区发展的典范。建立完善社会创新生态系统，是在基于原始性、颠覆性创新源头生成发展新质生产力的必由之路，也是我国广大高新技术产业开发区脱胎换骨、改革提升的重要方向。

六、提高公众科技素质是创新生态系统的沃土

当今的创新实质是大众参与的创新创业，公众是创新的参与者和推动者，作为消费者也是市场对创新拉动的力量。特别是青少年一代是未来科技人才、经营人才的后备军，从小强化对其科技素质的培养是提升国家自主创新能力的基石。因此，各科技创新强国都把公众科技素质提高作为创新生态系统建设的重要内容。

以美国为例，金融创新工具的发财梦，驱使许多家庭让孩子学工商管理学等专业，而乐意学理工科的比例大幅度减小。即便在硅谷工作的研究或技术人员，多是来自印度、中国等亚裔的毕业生。美国制造业的萎缩和实体经济的空心化，使政府感到了未来可持续发展和竞争的危机，因此，自20世纪末，特别是21世纪以来，美国在全民特别是中小学

教学中，强化了"STEM"教育，即科学、技术、工程、数学教育，以适应新一轮科技革命和产业变革的趋势，重振美国的工程技术和产业辉煌。把公众与大学、科研机构、企业列在同等重要位置，就是要补齐公民科学素质的短板，厚实创新的社会基础。

而对于中国的科技建设和创新强国事业，短板仍是公民科学素质。据中国科协的调查统计，国民达到国际公认的科学素质标准的人员比例不到13%，远低于创新型国家该指标20%以上的水平。仅从基础教育分析，应试教育仍然发挥着主导性作用，各年龄断、各年级的科学教育相对落后，对青少年创新思维、科学精神的培养质量不高。即便在高等教育方面，学生的科学素质、创造性思维和创新能力的短板仍然明显。劳动者包括干部和管理人员的整体科技素养不高的问题依然存在。这是建设科技强国、高水平创新强国必须加强的薄弱环节。

七、先进的机制和文化是创新生态系统运行的魂

较为完善的公平竞争市场机制和政府协调管理，是社会创新生态有效运行的基础。市场发挥着决定性作用，而政府的作用亦举足轻重。既要减少过多的行政直接干预，又要服务到位。特别是在构筑法律政策体系、营造激励创新的文化环境、引导风险投资等方面，政府有着不可取代的作用。对

创新生态：揭秘创新创业关键

于打破体制藩篱、协调沟通生态系统各主体间的高效运行，政府有着不可推卸的责任。

案例

创业明星：波士顿剑桥创新中心

科技创业孵化一直是全球科技创新和产业变革发展的重要热点之一。无疑，在20世纪下半叶，美国加州的硅谷是电子信息时代的世界创新创业中心。而自世纪之交，波士顿剑桥地区，以其激发张扬个性的制度创新和政策激励，激活了强大教育、科技和人才资源，崛起为世界瞩目活力四射的美国创新创业中心，成为世界生命科学和生物技术及医药、人工智能技术和产业的发展的领头羊。

一、波士顿剑桥创新中心概述

波士顿剑桥创新中心是指位于美国马萨诸塞州大波士顿地区，特别是新剑桥区的一些创新孵化中心，该区域拥有大量的高校、科技企业和风投公司，是全球最重要的科技创新中心之一。该区域内不仅有众多的创新企业和创业者，还有世界一流的高校和科研机构。据统计，波士顿大都会区（包括萨福克县的全部和剑桥、昆西、牛顿、萨默维尔、里维尔和切尔西等小镇）拥有

100多所大学，超过25万名大学生在此接受教育。而在这些大学中，最著名的莫过于与波士顿隔河相望的哈佛大学和麻省理工学院。

坐落于剑桥市的哈佛大学是迄今为止全美历史最悠久的高等学府，拥有北美最古老的校董委员会和全美最古老的图书馆系统，这同时也是全球最具规模的私立及大学图书馆系统。作为常春藤盟校成员，这座"美国政府的思想库"自美国独立战争以来便培养了大量革命先驱，先后培养了8位美国总统、150多位诺贝尔奖得主、30位普利策奖得主、335位罗德学者和60多位富豪企业家。

成立于1861年的麻省理工学院虽然不及哈佛大学历史悠久，但其出现却响应了美国当时与日俱增的一大需求——工业化。这所私立研究型大学采用欧洲理工大学的模式办学，自创办以来一直专注研究各类前沿科技，先后培养了84位诺贝尔奖得主、52位国家科学奖章获奖者、45位罗德学者、38名麦克阿瑟奖得主和2名菲尔兹奖获奖者。如今这里不仅科研气氛依然浓厚，还多了份个性张扬的创业文化。有资料显示，麻省理工校友创造的经济价值，足以让它成为全球第十一大经济体。

波士顿肯德尔广场被称为美国的"创新心脏"，当前，一种新的互补型城市模式正在兴起，那就是"创新区"。"创新区"是指那些汇聚领先的"锚机构"、企业集群以及初创企业、企业孵化器和加速器的地理区域，一般包含三类资产（或要素），即经济资产、有形资产和网络资产。其中，经济资产包括重点产业、大学、创业者和实验室。大学的存在，促进了某些创新区的爆发式成长，比如麻省理工学院所邻的肯德尔广场。

肯德尔科技广场得益于麻省理工学院的加入。美国内战后，东部剑桥便是工业中心，生产从望远镜到肥皂的各种商品。到20世纪40年代中期，由于工厂主追求更加廉价的劳动力，陆续关闭了当地的工厂。1959年，当地最大的雇主莱沃兄弟肥皂厂"抛弃"了剑桥，市长只好向麻省理工学院校长詹姆斯·基利安（James Killian）寻求帮助。第二年，基利安宣布麻省理工学院将接收肥皂厂的原址和厂房，将其变为与工业结合的办公楼。人们称之为"科技广场"。1963年起，IBM、格鲁门飞机和宝丽来等企业开始在这里落户，就连美国国家航空航天局（NASA）都曾将这里作为新科技园区的选址，用来研究载人航天的电子程序系统。

很多创新公司都是从当地1999年建立的孵化器剑桥创新中心（CIC）起步的，创业者能够获得负担得起工作空间，还能互相激发和鼓励。波士顿剑桥创新中心孵化出来的企业也非常有名，如微软、谷歌、波士顿动力等都是从这里走出去的。这些企业的崛起推动了该区域的科技创新和经济发展。

几个成功要素：

1. 创新社会生态系统

波士顿剑桥创新中心因其积极创新的生态系统而闻名于世。该生态系统由创新企业、投资人、高校和研究机构及企业服务提供商等多个部分构成。其中，创新企业是该生态系统的核心，大学及科研机构是创新源头，而其他组成部分则是促进企业发展和产业升级的重要推动力量。

创新企业可以获得来自各方面的支持，包括科技人才、资金、管理经验等，以便更好地进行创新和发展。波士顿剑桥创新中心拥有诸多孵化器和加速器，这些机构可以为创新企业提供办公场所、资金支持、法律和会计服务等多种支持。

高校和研究机构是创新生态系统中另一个关键组成部分。波士顿剑桥创新中心拥有世界一流的高校和研究机构，这些机构为企业提供了人才、技术和翻译服务等多种支持。同时，创新企业为高校提供就业和实习机会，帮助学生们更好地了解市场需求和行业趋势。

风险投资无疑是催生壮大创新企业的推进剂。各类风险投资公司纷至沓来落户剑桥创新中心。与硅谷不同的是，剑桥创新中心创立了风险投资、社会资金、政府投资的多元化资助模式，常常形成投资的组合拳，为创新社会生态系统注入新的活力。正如研究创业的夏普教授所言："任何私营板块都是动态的，如果没有变化，如果不成长，如果没有差异化，它就会死亡。"恰恰是波士顿剑桥创新中心所形成的社会创新生态链为创新创业和企业发展壮大提供了强大的内生动力。

2. 产学研互动交流

社会创新生态系统激励着产学研的互动交流。该地区在此方面有着良好传统。早在"二战"期间，美国政府委托麻省理工学院进行重大技术研发，并将成果授权予企业开发应用，于是麻省理工学院在1948年成立了一个全球产业联盟项目（MIT Industrial Liaison Program，ILP），这是全世界第一家高校与产业界开展全面合作的战略联盟。直到今天，它仍是麻省理工学院与全球企业对接、将科研力量转化为企业生产力的门户。

"麻省理工学院的产业化做得非常前端。当它们有一个创意，马上就会考虑如何将其产业化，这是一种理念。学者们需要认识到，一个创意的价值并非仅存在于学术研究，当知识实现产业化后，能对国家和社会产生更大的影响力。"美国国家工程院院士、麻省理工学院行政副校长凯伦·格里森（Karen Gleason）指出，这是麻省理工学院从创办开始就形成的与大多数高校不同的理念，产业化一直是麻省理工学院的优先目标。

麻省理工学院 ILP 执行总裁卡尔·F. 科斯特（Karl F. Koster）指出，麻省理工学院所有科研项目都需要教授自行筹集研究资金，这些资金要么来自政府，要么来自企业。比如美国国家科学基金每年会公布一系列科研项目，面向全美的高校征集方案，从中挑出最好的研究和解决方案来投资。为了获得这些资金，麻省理工学院会将更多研究精力投入到解决水污染、空气污染、可再生能源、医疗健康等关乎国家和社会重大问题的研究中。

另外，麻省理工学院有 20% 的研究中心是由企业出资创立的。企业每年向麻省理工学院投入 3.5 亿美元，资助学校在工程学、科学、管理学等领域的研究。因此麻省理工学院也一直致力于为这些领域提供行业问题的解决方案，为其提供核心的学术支撑。卡尔认为，科研资金是影响产业化动力的重要因素，设立一些行业投资学术研究的机制，可以将科研力量引到解决行业问题和社会问题中。

除了资金层面，卡尔认为更重要的是激发起研究学者对于学术改造世界的动力。"学术可以与产业融合，从而更好地改造世界。麻省理工学院今天能在全世界具有影响力，就是因为我们的研究本身是立足于现实社会的核心问题，从而为人类美好的未来寻求解决之道。"

波士顿剑桥创新中心致力于建立一个开放、协作的创新环境。在该环境下，企业、高校和研究机构之间可以进行广泛的互动交流。名牌大学的资金实力雄厚，其资金主要来自企业和社会捐赠。2015年，哈佛大学获得的捐赠基金的价值较前一年增加了5.6亿美元，达到了364.4亿美元。换个角度来看，根据国际货币基金组织2014年的数据，哈佛大学获得的捐赠基金比近100个国家的国内生产总值（GDP）还要高。麻省理工学院获得的捐赠基金则增加了10.4亿美元，达到134.7亿美元。

波士顿剑桥创新中心的高校和研究机构为企业提供技术和人才等支持的同时，也可以借助企业的反馈和市场反应来不断改进自己的研究方向和科技成果。投资机构也会与企业、高校和研究机构进行广泛交流，以便找到最有前途的项目和企业。

3. 新研发机构的创新源效应

特别强调的是，麻省理工学院近几十年来的教育科研结构的创新性改革，建立发展了一批引领世界科技创新前沿的研究机构，就其创新活力和催化产业的能力而言，远超哈佛大学。如麻省理工学院的计算机和人工智能实验室、媒体实验室，已成为世界人工智能技术和产业发展的引领者；麻省理工学院与哈佛大学联合建立的布鲁德生物研究所、先进生物创新和制造中心——新型基因和细胞治疗机构 Landmark Bio 等，成为世界生命科学研究和生物技术创新的先行者。创新并转移了大量前沿颠覆性创新技术，孵化了大批创新型企业。

这里特别强调麻省理工学院锐意改革的政策效应。除了美国拜杜法激励外，麻省理工学院大胆提出一项激励与产业合作、加速研究成果转化和创业的政策，即：允许教授、研究人员兼职创办企业，只要本人不亲自担任企业法人即可。这其中的实质是对原来在岗为企业、社会提供服务政策的进一步放宽。该政策大大激发了教授、研究人员的创业积极性。无疑，加大了麻省理工学院作为创新创业发动机的更强劲动力。

4. 人才校企联合培养

波士顿剑桥创新中心正在为未来的创新者和创业者提供有力支持。在该区域，有很多科技人才通过接受高等教育和积累实践经验，成为可为科技创业作出贡献的专业人士。

为进一步培养人才，波士顿剑桥创新中心还提供了各种教育培训和实践机会，并邀请各领域的专业人士为学生和创业者提供指导和支持。在这个过程中，人才有机会学习、实践和发展，同时也能与其他人才进行交流和合作。麻省理工学院在联合培养方面的模式尤为创新、务实有效。

麻省理工学院采用"交叉共享+全员参与"的人才联合培养方式，提倡学科交叉和共享研究。如苏世民计算学院与麻省理工学院其他学院的教师通过联合任命和开发共享计算资源的方式将不同学科组织和单元联系起来，实现学科交叉和共享研究的目的。在交叉共享的基础上，麻省理工学院为实现全员参与，成立专门的"计算的社会意义和责任工作组"，吸纳人文、社会科学等学院参与其中，实现全员参与面向未来的新工程人才培养。除了推进校内各学院共同参与人才培养外，麻省理工学院还倡导大学、企业和政府协同育人，集聚多元主体的优势资源，逐步建立起以高校为主导的高校—政府—行业企业"三螺旋"育人共同体，实现了科学研究、学科教学、应用转化和工程人才培养共赢。其协同培养路径主要包括短期导向的项目协同和长期导向的产业服务，其中短期导向的项目协同是指麻省理工学院通过接受政府、企业行业的资助，并与其签订合作协议来建立更加紧密的互动关系。麻省理工学院充分利用自身的优势，通过校级层面的产业联络计划、技术许可办公室、企业论坛、技术创新中心等组织来整合政府、企业行业的优质资源，面向社会培养卓越领导型工程人才提供长效服务。

合作培养的课程结构设计突出"以项目为中心"。2018年以来，麻省理工学院实施的"以项目为中心"的课程结构设计是以项目作为课程开展的依据和核心，真正实现了"纵向贯通、横向交叉、问题导向"。纵向贯通就是将项目学习由浅入深地贯穿于本科与研究生教育的全阶段，横向交叉强调跨学科交叉融合以促进校企合作和科教协调，注重以问题为导向，基于现实世界的探究活动来培养学生的能力。

在课程设计上，波士顿剑桥中心以项目为中心设置课程体系，将知识的学习和应用紧密联合起来，培养学生解决复杂工程问题的能力。如2008年启动的Gordon工程领导力计划，就是在各专业教学计划之外设计一套完整的工程实践活动，以领导力为导向，以学科为基础，以工程实践为背景，通过高校与产业界的合作教育、合作研究，增强工程专业本科生对工程创新、工程发明、工程实施的理解，为工程类专业优秀本科生提供真实的工程项目环境和工程组织的机会，使其成为能够领导工程领域改革、担当工程建设的领袖人才。学生除学习关于工程领导力方面的理论知识以外，还要进入"工程领导力实验室"，参加工程实践项目（包括跨学科的项目和国际化项目），接受工业界导师的指导，完成额外的企业实习任务。

麻省理工学院注重打造工程人才培养载体的全产业链协同的实践平台。以实验室、实践基地结合为主体，互为补充。如媒体实验室是典型的实体性产学实验平台，得到80多个企业的资金支持，下设30多个新兴跨学科领域研究小组，每年的研究计划超过400个，以项目为导向快速对接市场与企业，及时将成果落地转化成产品。实践平台从校内向校外、域外乃至全球拓展。如麻省理工学院化工系建立了面向产业实践的"应用化学研究实验室"及实习基地。分布地域拓展到欧洲、亚洲、南美洲、澳大利亚，范围拓展到制药、食品、能源、化学品和材料等多个工业领域。麻省理工学院在培养方式上实施高度情景化、体验式、沉浸式培养。麻省理工学院创造性地实施了国家科技计划，提供给学生超过25个国家或地区的实习机会。此外，麻省理工学院还在多个国家建立了全球教学实验室和创业实验室，向当地高中生宣传麻省理工学院工程教育模式和向当地年轻企业家传授创新创业技术。

采用"双师模式"的产教融合师资结构，实施终身教职"双轨制"，畅通工业界优秀人才引进渠道，专门设立了实践教授和兼职教授，以吸引行业内优秀人才参与工程人才培养。引入工业界人员进入人才培养全过程，加强与企业互动育人。麻省理工学院创业中心还邀请许多在创业理论与实践上具有丰富经验的教授、企业家、风险投资专家参与到课程的教学活动中。鼓励工业界专家带领学生开展应用研究，进行"真枪实弹"研习，专家带领学生进行短期的边缘性专题研究，研究内容包括但不限于技术发展如何更好地适应市场机遇、产品开发风险如何与公司能力相结合、客户偏好如何转变为技术规范等。

5. 本地新经济的发动机

波士顿剑桥创新中心的成功鼓舞了不少城市、地区和国家，它们也在积极投入资源建设自己的创新中心。除了在科技创新领域的影响以外，波士顿剑桥创新中心对本地经济也产生了巨大影响。

波士顿剑桥创新中心培养出了很多成功企业家和科技领袖，这些人为当地的经济发展和就业创造了大量价值。同时，这些企业家、投资人和领袖也会不断把他们的经验和资金投入到波士顿剑桥创新中心的下一批创新企业中，推动整个生态系统不断发展和壮大。波士顿剑桥创新中心在科技创新领域的成功，不仅是该区域广泛、开放的创新生态系统所带来的，也是诸多组成部分相互协作和互动交流的结果。在这个生态系统中，创新企业、高校和研究机构、投资人和企业服务提供商等不同组成部分之间形成了各种协作和互动模式，以便更好地支持科技创新和经济发展。

与此同时，波士顿剑桥创新中心也为未来的创新者和创业者提供了广泛的培养和实践机会，助力他们不断精进技能，增长经验，成长为可为社会作出贡献的专业人士。

二、生命健康产业——再创"马萨诸塞奇迹"

波士顿—剑桥地区在发展之初便积累了深厚的科研资源，吸引了全球大型医药企业涌入，并逐渐形成了完善的生命健康产业生态。在20世纪末波士顿地区信息技术产业"大衰退"背景下，生命健康产业集群崛起，创造了新的"马萨诸塞奇迹"，并引领全球生命健康产业发展。

1. 回溯17世纪，埋下生命健康的"种子"

波士顿是马萨诸塞州的首府和最大的城市，于1630年建市，教育和医疗资源沉淀深厚。在教育上，1636年哈佛大学成立，1861年麻省理工学院成立，现如今二者已成为全球生命健康领域的顶尖高校，在该领域分别位列QS世界大学排名第一位与第四位。以这两个世界著名高等院校为引领，波士顿—剑桥地区集聚了一大批生命健康领域教育和科研机构，如麻省药科与健康科学大学、达纳-法伯癌症研究所、威斯生物工程研究所等。在医疗资源上，马萨诸塞州自工业革命起，便是美国制造业中心，强有力的经济基础和较为庞大的民众需求，促使波士顿地区诞生了一批高水平医疗机构，如贝斯以色列女执事医疗中心、麻省总医院、布莱根妇女医院等医疗机构均拥有悠久历史，并连续多年被《美国新闻与世界报道》评选为"美国最顶尖医院"。几个世纪以来，波士顿地区逐渐积累形成了雄厚的科研实力与丰富的临床资源，如占地面积仅为0.86平方千米的长木医疗区，聚集了哈佛医学院等24家世界一流科研和医疗机构，被誉为"全球医疗资源最密集的一平方千米"。

2. 生命健康产业启航

20世纪70—80年代，马萨诸塞州曾凭借其信息技术产业，创造了"马萨诸塞奇迹"。20世纪70年代末，仅王安电脑、数字设备公司、通用数据三家企业的计算机销量就占据全美约42%。然而随着龙头企业的战略布局失误以及硅谷的崛起，蜚声世界"128号公路"科技走廊暗淡失色，马萨诸塞州逐渐走向衰退。但与此同时，波士顿生命健康产业正蓄势待发，吸引了全球企业目光。

1977年，剑桥市议会通过听证会做出了允许开展

DNA 实验的决定，并颁布了规范重组 DNA 研究的法案，吸引了众多科学家赴波士顿—剑桥地区开展相关研究，同时陆续成立了百健等世界知名企业。由此，波士顿—剑桥地区生命健康产业开始起步。21 世纪初，国际上许多重量级专利药陆续面临专利保护到期的问题，到 2010 年左右失去专利保护的药品品种数达到阶段性峰值，众多药企巨头在全球范围内寻找技术研发的新力量，以保障产品线可持续发展。波士顿—剑桥地区依托强大的医疗创新资源备受青睐，广泛吸引了全球生物制药企业落户。2001—2010 年，诺华、武田制药、安进、辉瑞等一大批知名企业涌入波士顿—剑桥地区。例如，辉瑞虽在纽约成立，但在波士顿地区设立了全球研发中心，并把原有分散的研发中心均迁至波士顿，将波士顿作为其研发核心。这一时期，药企巨头们"不在波士顿，就在去波士顿的路上"。

3. 新"马萨诸塞奇迹"

丰富的科研与医疗资源沉淀，以及药企巨头的持续涌入，让波士顿—剑桥生命健康产业集群崛起在即。马萨诸塞州政府与波士顿市政府紧紧抓住这一契机，大力推动生命健康产业发展。2008 年，州政府颁布了《马萨诸塞州生命科学法案》，提出了推动生命科学领域研发创新、为企业提供税收优惠、促进相关就业等一系列政策举措，2018年到期后又继续延长五年。波士顿重建局实施了"波士顿生命技术计划"，致力于扩大现有企业的规模，进一步吸引国内外企业入驻波士顿。在政府的支持之下，波士顿地区依托科研优势进一步快速聚拢行业资源，并形成了全球生命健康产业高地。

这里被称为全球最具创新力的1平方英里；这里是全球生物医学研究最高度集中的地区。这里的成员有八成是小型新创公司，很多人在此拥有机会。

近年来，这里迅速蜕变成国际级生物科技重镇，从全球知名大药厂到员工仅三人的新创事业，方圆1平方英里之内集结了几百家大大小小的生物科技公司。这其中，临近麻省理工学院的瓦萨街（Vassar Street）与主街（Main Street）交叉口附近更是重中之重，汇集了诺华、辉瑞、百健、健赞等多家知名企业。今天波士顿地区拥有大约1000家与生物技术相关的公司。生物技术已经成为一个完整的生态系统，大型制药公司和年轻的初创企业之间的共生。

目前，全球顶尖20生物医药企业均在波士顿地区设有据点，其中19家建立了研发中心，如生物医药公司诺华在新剑桥的研发中心比其在总部瑞士巴塞尔的实验室要大得多，各类新型研发企业更是星罗棋布，并且诸多企业仍在加大投资、布局扩建。集群内生命健康领域从业人员占比超过15%，连续8年保持全行业首位，并且呈现持续增长态势。区域内投资机构数量在全美位居第二，仅次于旧金山地区。美国GEN杂志评选的"美国十大生物制药产业集群"中，波士顿—剑桥集群在2015—2022年间稳居榜首，生物技术实验室面积、美国国立卫生研究院（简称"NIH"）资助资金等指标均位居全美榜首。波士顿生命健康产业集群正在创造21世纪的"马萨诸塞奇迹"。

波士顿产业集群的蓬勃发展，关键在于科研单位、企业、医疗机构、行业服务组织等紧密合作，教育、科研、生产各环节各主体"各司其职"、衔接通畅，加之政府高度关注、大力支持，打造了完善的分工体系，在全球生命健康集群建设中形成了"波士顿模板"。

4. 顶级高校提供"原动力"

顶尖水平的科研创新是波士顿—剑桥集群最鲜明的底色，为整个集群发展提供创新"原动力"。一方面，集群内诸多科研主体，除了具备全球一流的科研能力外，还致力于促进产学研融合，推动其基础研究成果向应用研究与终端产品转化。以两所顶级高校为例，哈佛大学、麻省理工学院均是推动美国高校成果向企业转移的重要"探路者"与"践行者"，如2006年哈佛大学与其他11个美国机构共同制定的《大学技术许可的九个要点》，已被全球 110 多所大学采纳；哈佛大学的科技发展处、麻省理工学院的"工业联络计划"等均为科研成果走出实验室搭建了桥梁。此外，二者还联合成立了"麻省理工—哈佛医学院医疗保健创新训练营"，为学生提供创新创业指导。另一方面，密集的高校资源为集群源源不断地输送专业人才。波士顿地区生物及健康专业学士学位毕业生占比达到 15.8%，硕士及博士研究生学位毕业生人数占比则超过 20%，为企业、医疗机构提供了高质量人才支撑。同时，高校间也保持了人才培养合作，如创建于 1970 年的"哈佛大学—麻省理工健康科学与技术项目"，致力于培养医学与工程交叉学科优质人才。

世界级前沿研究机构的领军作用。这里，特别强调新型科研机构创新创业动力源的作用。布鲁德（Broad）研究所，是麻省理工学院和哈佛大学共同的研究所，它是两所世界一流大学的科学家数十年的研究合作演变而来的。麻省理工学院怀特黑德（Whitehead）研究所的基因组研究中心成立于 1982 年，现已成为基因组学和人类基因组计划的主要中心。早在 1995 年，怀特黑德的科学家开始了基因组医学的试点项目，形成了一个对癌症和人类遗传学基因组方法感兴趣的青年科学家之间的非官方协作网络。另一个具有里程碑意义的研究所是哈佛医学院于1998年建立的化学与细胞生物学研究所，致力于将化学遗传学作为一门学科。其筛选设施是学术界首次开通的高通量资源之一，它为全球80多个研究小组提供了小分子筛选项目。

为了创建一个开放、协作、跨学科，并能够组织各种项目的新组织，2002—2003年期间，慈善家伊莱（Eli）和埃迪斯·布罗德（Edythe Broad）、麻省理工学院、怀特黑德研究所、哈佛大学和哈佛附属医院进行了规划（特别是贝斯以色列女执事医疗中心、布里格姆妇女医院、波士顿儿童医院、达纳法伯癌症研究所和马萨诸塞州总医院），成立了布鲁德研究所。该研究所由一个非公益性研究机构独立管理和支持，名称为布鲁德研究所公司，与哈佛大学麻省理工学院合作，其中包括哈佛大学的五所教学医院。布鲁德研究所于2004年5月正式成立。布鲁德研究所在的马萨诸塞州剑桥查尔斯街的320号，是世界上最大的基因组测序中心之一，也是人类基因组计划中序列信息的最大贡献者。2006年2月，布鲁德研究所毗邻怀特黑德生物医学研究所扩建到2万多平方米，2014年又在曼哈顿肯德尔广场正式开设了一座面积为3.57万平方英尺的研究楼。

布鲁德研究所酝酿成立之初，美国亿万富翁慈善家布鲁德夫妇给了1亿美元的捐助，于2005年又向研究所捐赠了另外1亿美元，取得冠名权。2008年，布鲁德夫妇宣布捐赠4亿美元，使布鲁德研究所成为常设机构。2013年，布鲁德夫妇还投资了额外的1亿美元资助布鲁德研究所的第二个十年的研究。

布鲁德研究所拥有一支专业交叉的高水平研究队伍，成员来自哈佛、麻省理工学院和哈佛附属医院的11名核心研究人员和其他195名研究员。它由3个组织单位组成：核心成员实验室、研究计划和平台。

该研究所瞄准世界生命科学和生物技术前沿，科研计划包括：癌症计划、医学和人口遗传学计划、基因组生物学和细胞环路项目、化学生物学项目、代谢计划、传染病计划、斯坦利布鲁德研究所精神病学研究中心、基因组测序和分析项目、表观基因组学计划等。

布鲁德研究所专注于用于研究的技术工具的发现、开发和优化。实质上，布鲁德研究所的平台是前沿研究转化成技术并产业化的纽带，包括基因组学平台、成像平台、代谢物分析平台、蛋白质组学平台、遗传干扰平台、治疗平台、布鲁德技术实验室平台、治疗项目组平台。除此之外，研究所还支持由研究所创意总监领导的数据可视化计划，旨在开发数据可视化来探索和交流研究成果。

研究所的教职员工包括医生、遗传学家以及分子化学和计算生物学家。该研究所目前包括十几名核心成员，多是世界生命科学和生物技术前沿的尖子人才，他们的实验室主要位于研究所总部。另外，200名成员的主要实验室位于大学或医院中。

该研究所的强大创新能力和研究与应用结合的运行机制，使其获得了政府、企业和社会的大力支持，日渐雄厚的财力支撑起它在世界生物领域的领先地位。资料显示，在2009年至2012年间，该研究所的营业收入约为2亿美元，其中55%来自联邦拨款。布鲁德基金会于2014年又向布鲁德研究所提供了7亿美元的资金。其他基金会也向布鲁德研究所提供了上亿美元的资助。2014年，随着关于精神分裂症遗传学新研究著作的出版，布鲁德研究所收到了史丹利家庭基金会的6.5亿美元的捐赠，这是迄今为止最大的科学研究私人捐赠之一。

这些年来，布鲁德研究所取得了享誉世界生物界的创新成就。自2010年以来，布鲁德研究所已被列入"波士顿环球报"的顶尖生物工作场所。2014年某权威媒体评选的17个"最热门"科学研究人员中，有12人来自基因组学，前5名中有4名来自布鲁德研究所。另外，来自研究所的多名研究人员已被ISI的Highly Cited认可，成为这一知名个数据库显示的最多的被引用学者之一。还有多个科学家获得了美国国家科学院和卫生研究院、国家科学基金会的褒奖。在生物化学、遗传学和分子生物学领域，该研究所在"卓越绘图"报告中排名第一，这是一项评估高影响力刊物的调查报告。

布鲁德研究所之所以成为世界生命科学和生物技术创新的领军机构，得益于其价值观和运行机制，具体如下。

确立推动疾病的理解和治疗的重大使命：布鲁德研究所正在赋能生物医学革命以及加速世界征服疾病的步伐；

坚持深入合作：布鲁德研究所是一个任务驱动的研究所，与麻省理工学院、哈佛大学和哈佛附属医院的医学、生物学、化学、计算学、工程学和数学研究人员以及世界各地的合作者汇聚在一起；

业务覆盖全球：研究所致力于应对全球的医疗挑战，包括与科学家和公共卫生专家合作，以解决发展中国家的紧迫需求；

赋予科学家充分自主权权力：布鲁德研究所培养了一个环境，使科学家们可以去做高风险的科研项目；

建立多元伙伴关系：研究所致力于建立和维持国际联盟，以加速发现在精神病学、传染病、心血管疾病和癌症等领域的研究；

注重数据和知识共享：研究所致力于生成的广泛的

数据、方法和技术，推动全球生物医学进步；

建立包容的生态环境：布鲁德研究所认为，生物医学研究的进展要求在性别、种族、民族、性取向、年龄和性别认同之间建立一个完全包容的社区。

5. 政府鼎力支持

政府在波士顿—剑桥集群的发展中扮演了至关重要的角色，对于生命健康产业给予了全方位的支持和服务。一是"真金白银"给补贴。《马萨诸塞州生命科学法案》中对于生命健康产业的财政支持可谓力度空前，州政府在10年内对生命科学产业投入10亿美元，其中包括了对研究人员2.5亿美元的拨款、5亿美元的基础设施投入，以及对生命科学公司2.5亿美元的税收补贴。而2018年该法案到期后，州政府又追加了5亿美元支持资金。此外，自1995年以来，波士顿政府帮助了6家医院申请到NIH资助，2022年波士顿—剑桥地区NIH资金支持总额达到54.1亿美元，连续19年位居全美第一。二是多维服务促发展。2007年，州政府成立了马萨诸塞州生命科学中心，以企业化的运作方式，为区域生命健康产业提供投资、教育、研发和培训等系统性服务与管理。波士顿政府高度重视知识产权保护，极大发展了"VIC模式"，即VC（风险投资）、IP（知识产权）、CRO（医药研发合同外包服务机构）相结合的研发模式，为产业可持续发展提供了有力保障。

6. 多元化大学企业通力合作

人们能在这片小小的肯德尔广场感知生物技术公司的生命全周期。创意来自麻省理工学院的生物实验室，随后租用当地的实验室进行验证假设，再从驻守肯德尔广场的众多风险投资公司中选择一家进行种子投资，然后就是"招兵买马"、投入研发生产，以及"拯救人类"。

1974年，萨尔瓦多·卢里亚（Salvador Luria）教授创立麻省理工学院癌症研究中心，组建了包含5名诺贝尔奖得主的分子生物学家"梦之队"。当其中的飞利浦·夏普（Phillip Sharp）教授决定将他研究的重组DNA技术应用于商业时，他希望公司能尽量靠近自己的实验室。"所有的研究都在大学里进行，"夏普说，"但我们想雇用的人是学校以外的。"他很快将公司搬到了肯德尔广场附近。其他分子生物公司也追随他的步伐，在20世纪90年代，肯德尔广场已经变成逐渐向外扩张的生物技术公司集散地。

肯德尔广场未来可能是生物科技的代名词，就像我们所熟悉的硅谷。制药行业、大公司迫切需要新药，所以它们来到肯德尔广场。因为麻省理工学院周围的小型创业公司都在从事最前沿的工作，如基因治疗或微生物研究。现在制药行业外部比内部在进行更多的研究，而且它们正在寄希望于优秀的小型生物技术公司来真正丰富研发产品线。

在生命健康领域，新药研发周期长、投入大、风险高，企业间协同合作的重要性远大于传统行业。波士顿—剑桥集群中，大型综合药企与初创生物技术公司、CRO之间真正实现了优势互补、合作共赢。一方面，大型综合医药企业往往通过与初创型生物技术企业合作研发或并购的方式，拓展新的研发产品线，凭借丰富的制药经验和临床经验承接初创企业研发成果，最终完成新产品研制。波士顿—剑桥地区的众多高校、科研院所孵化或衍生出了一大批生物技术初创团队，为这一合作模式提供了得天独厚的土壤，这也是大型跨国药企纷至沓来的重要原因。另一方面，波士顿是CRO的发源地，拥有一批成熟且实力强劲的研发机构，如成立70余年的查尔斯河实验室现已成为全球最大的药物安全测评CRO公司。大型制药公司通过将部分研发服务外包给CRO来降低研发成本、分散失败风险，而专业的CRO可以助力制药企业提升研发效率、加快新药上市速度。

7. 行业服务组织"串珠成链"

波士顿—剑桥集群已经形成了专业的行业服务组织网络，包括行业协会、企业联盟、科技服务中介、共享实验室等众多机构，为生命健康领域企业提供了从研究开发、成果转化、专利申请、风险投资、商业化和市场开拓甚至出口援助等涵盖整个产业链的市场化服务，对集群产业生态繁荣起到了关键性作用。例如，马萨诸塞州生物科技委员会由波士顿地区6家世界一流的生物技术企业共同成立，目前已有超过1600家会员单位，为企业提供教育、培训、产业信息等中介服务，并建立了B2B电商平台，有效地促进了产品、技术和服务行业等不同环节的企业交易或合作。此外，该委员会作为行业组织还直接促进了美国食品和药物管理局（FDA）在波士顿设立办事处、推动政府制定更加合理的税收减免措施等，为波士顿地区生命健康产业发展作出了重要贡献。

肯德尔广场甚至连退路都为生物科技公司的创业者准备好了：将小有成就的初创公司卖给辉瑞或诺华等制药巨头（它们在肯德尔广场都有分公司），然后拿着大笔资金，到牙买加的海滩享受日光浴。活跃的中介组织发挥重要的桥梁纽带作用。

8. 继续领跑新一轮生物技术革命和产业变革

创业研究专家夏普教授表示，生物技术行业正在发生深刻变化，他对波士顿的生存能力更为乐观，认为"未来20年的变革将会来自医药和生物技术，其实剑桥创新中心已经超前了"。

2020年7月8日，来自美国哈佛大学与麻省理工学院布鲁德研究所的戴维·R.刘（David R. Liu）实验室与华盛顿大学医学院的约瑟夫·D.穆古斯（Joseph D. Mougous）实验室合作，开发了一种可在线粒体中进行精准单碱基编辑的新工具——DdCBEs，相关研究结果发表在《自然》期刊上。DdCBEs由可介导双链DNA胞苷脱氨基化的菌间毒素DddA改造而来，研究者利用该工具成功构建出携mtDNA致病点突变的人源细胞模型。合成生物学改写生命密码，能推动"第三次生物科技革命"。

布鲁德研究所坚持科技创新与管理创新并重，不到10年，即迈入世界一流生命科学研究机构行列，成为生命科学前沿创新的"领头羊""风向标"。研究表明，聚焦重大疾病诊治需求牵引科研攻关，打通从基础研究到转化应用的通路，构建跨学科、多层次整合研究模式，发挥战略科学家的领航作用，集聚小而精的杰出科学家团队，实施高度灵活的项目组织管理，以及打造背靠一流、辐射全美、拓展全球的创新网络，有效支撑了布鲁德研究所高质量创新发展。

进入21世纪以来，生命科学成为前沿交叉科学技术的重要枢纽，是孕育原创性科学发现、催生颠覆性技术、对人类社会具有深远影响的重大创新领域。生命组学、再生医学、合成生物学、脑科学等前沿学科的迅猛发展,不断催生突破性进展和里程碑式成果,并正在加速向健康、食品、能源、环境等应用领域转化渗透,成为新一轮科技革命的制高点和产业革命的新引擎。

三、人工智能产业崛起奇迹

从20世纪后半叶,波士顿128号公路科技园区就已成为电子信息技术和产业发展的启明星。互联网时代的黎明已经显现,计算机工程领域的主流从需要大量硬件和空间的大型企业,转变为只需要有限空间、几台电脑和编码器就能运转的小型初创企业。企业家们纷纷把目光投向距离麻省理工学院只有一步之遥的肯德尔广场。之后,波士顿剑桥创新中心孵化出来的企业也非常有名,如微软、谷歌等,但好景不长,硅谷的机制和文化创新,抢了波士顿128号公路的风头,其启明星的光芒逐渐暗淡下来。自20世纪90年代起,紧跟生物产业发展步伐,机器人和人工智能产业日益发展起来,波士顿科技园又重新成为世界的龙头。

1. 人工智能技术和企业的创新摇篮

波士顿—剑桥人工智能创业和产业的发展,麻省理工学院无疑是创新的龙头,连续多年位于QS世界大学排行前列,被称为全球高科技的集散地。大学的产业化的先进理念，催生了管理制度和政策的重大变革，凝聚了世界大批优秀科学家，成长出大批科技创业家，激发了科技人才创新创业激情。1955年，"人工智能之父"约翰·麦卡锡（John McCarthy）与马文·李·闵斯基（Marvin Lee Minsky）在达特茅斯会议上首次提出"人工智能"概念，波士顿便成为"人工智能"的诞生地。

尤其是改革中组建的麻省理工学院计算机和人工智能实验室、媒体实验室，成为剑桥创新中心人工智能产业创业发展的强劲发动机和孵化器。

麻省理工学院计算机和人工智能实验室（CSAIL）作为世界上第一座人工智能实验室，在二十世纪六七十年代就成为前沿计算机科学的世界级中心之一。这是美国麻省理工学院建立的跨院系研究的实验室之一。该实验室的研究领域涉及电气工程、计算机科学、数学、航空航天、脑和认知科学、机械工程、媒体艺术与科学、地球大气和行星科学部门，以及哈佛—麻省理工学院卫生科学与技术。擅长于把计算机科学、生物学、心理学、医学结合起来进行研究，如用计算机模拟来研究人眼产生立体感等视觉机理。如今，该实验室在人工智能研究领域依然排名世界第一。在涉及人工智能的诸多领域，它都作出了开创性的贡献，比如深度学习与机器学习、计算机视觉、自然语言处理、机器人学等。该实验室在计算机科学与人工智能实验室领域,以及计算机科学、数学、工程学界都享受极高地位。

实验室拥有一支高水平的教师和研究人才队伍,拥有近三分之一的美国国家科学院成员,包括60多位专业学会的院士、6位麦克阿瑟研究员、3位图灵奖获得者、2位奈望林纳奖得主和千年科技奖得主。现在包括研究生在内的研究者共2000多人。

CSAIL是麻省理工学院最大的实验室,约有50个研究组在数百个不同的项目上工作,研究人员都集中在寻找创新办法,使系统和设备运行更快、更好、更安全、更方便、更有效地造福人类。研究项目主要集中三个领域,人工智能——寻求理解和发展,使人与机器都能便于理解的推理,感知和行为的人工系统,神经网络和人形机器人等;系统——从软硬件两方面寻求拥有新的原则、模型、指标的电脑系统;理论——寻求对数学在计算中的广泛性和实时性。

2. 打造人工智能产业集群

两个实验室被称为最富有创新激情的研究基地,最有效率商业合作、创业孵化基地。它们广泛与企业、机构及其他研究小组合作,为其提供理论支持以转化为经济效益。每个实验室产生的公司有上百家,足以证明其研究产生了极高的价值和辐射能力。

优渥的教育资源、强大的师资力量、优秀的人才储备注定波士顿一定会走在时代的前沿,近年的热门话题——人工智能,发源于此、腾飞于此不无道理。现在,人们迎来人工智能时代。眼下,全球科技巨头都在开始提速人工智能技术研发,抢占这一制高点。

不仅如此,麻省理工学院人工智能实验室和媒体实验室,这两个全球最具创新活力的校园实验室创造出了无数的颠覆性创新的技术,在前沿领域几乎是顶尖技术孵化器的代名词。如人工智能实验室的主要创新包括3D打印心脏,可以爬楼梯、开门甚至驾车的机器人,癌症预测工具等。媒体实验室研制的电子油墨、可编程催化剂,以及纳米级的催化剂材料,这种可编程催化剂的发明可能引发生物工程、化学工业、制药工业新的革命。

超通信,新型点对点通信方式将有可能使市内无线电话直接通话而无须通过无线运营商的基站;穿戴计算机;智能家居,超小型廉价无线传感器智能控制室内温度、光照、保安、电器及通信;笔头大小的便携式激光投影仪;玩具式学习工具等。

其成员创立了超过几百家知名公司,一批科技企业家成为国际新星,比如机器人之父科林·安格尔,iRobot公司的创始人之一海伦·格雷纳,波士顿动力公司的创始人马克·雷伯特，还有卡内基·梅隆大学机器人研究所的负责人马特·梅森等。

3. 占领未来人工智能产业创新竞争制高点

2016年，波士顿动力发布新型阿特拉斯（Atlas）机器人，把人工智能推到舆论的风口浪尖，让波士顿这座低调内敛的城市重新回到了舆论关注的焦点。人形机器人集机电、材料、计算机、传感器、控制技术等多门学科于一体，是一个国家高科技实力和发展水平的重要标志，因此，世界发达国家都不惜投入巨资进行开发研究。日、美、英等国的科学家都在研制仿人形机器人方面做了大量的工作，并已取得突破性的进展。他们研制出了一种有着像人一样眼睛的新型机器人，它能与人类进行交流，能对周围的环境做出回应，并能协助人类完成许多工作。

除了机器人，不可忽视的另一大趋势是人工智能与生命科学的结合。伯格公司就是这个研究领域中的一员。最近有报道称该公司耗时6年，完善并测试了一个人工智能平台，该平台有望在短期内解开癌症的密码，同时为治疗包括帕金森症在内的部分严重疾病提供有价值的信息。

同是2016年，通用电气宣布将总部迁往波士顿。通用电气此次总部搬迁，从马萨诸塞州政府获得多达

1.2亿美元的补助,从波士顿政府获得2500万美元的地产税优惠、100万美元的劳工培训补助、500万美元的用于与研究机构及大学间培养关系的补助等"奖励"。这表明,这个电气及高端装备的制造巨人将自己融入最具创新活力的沃土,加入发展人工智能技术的行列,开始打造自己的新优势。

第四章

人才发展生态

人才发展生态是英才脱颖而出的沃土。人才在创新创业中的决定性作用毋庸置疑。科研学术环境、创新创业生态固然重要，但起到决定性作用的还是人才发展环境。教育对人才的成长、品德和气质的塑造有着深刻的影响，而人才创新创业激情迸发多是在青春的黄金年华，因此人才发展环境直接影响着人才科研创新的成就。

一、把握人才的特点

人才特别是科技人才，从事着创新性的智力劳动。其所具备的个人特质和工作特点，与一般劳动者特别是机关干部职员不尽相同，人才管理体制和工作环境应适应其发展特点，有利于使其感到如鱼得水，激发助推其聪明才智得以充分施展，创造更多奇迹。以本人一孔之见，人才主要有以下特点：

鲜明的个性。首先，人才的性格具有多元性，差异较大。有的内向，有的外露；有的沉稳，有的急躁；有的热情、喜欢社交，有的则沉默寡言、看似孤傲，甚至让人感到有些怪癖；有的爱好广泛，有的专注执着，貌似"书呆子"；

有的称为全才，有的是偏才……人才的个性恰似一个丰富多彩的世界，而多元多彩下蕴藏着人才的特长，这些特长往往体现了异乎寻常的才智，这才智编织着缤纷的世界，创造着人间奇迹。即便是性格的缺点，从科技创新的需求看都算不得缺陷，反而是所需的有用特长，而创新正需要各种特长。因此，良好的人才成长环境最基本的就是要尊重个性、包容差异，鼓励其张扬个性特长，引导其特长互补互鉴，碰撞交织，创造奇迹。

可贵的共性。个性的差异多元不影响其共同的特性，这些特性是创新的必备特质。

兴趣和好奇心。他们对获取知识充满兴趣，对探索未知、探求真理、创造未来充满好奇心，恰恰是兴趣和好奇心成为他们追求甚至执着探索创新的不竭动力，甚至沉浸在研究等事业中如饥似渴、如痴如醉。这种追求事业的热情，永远是行政命令和其他外界强迫所不能达到的效果。

自由的趋向。无论是科学探索还是技术发明、创新创业，往往都是标新立异的探求，都是突破现有模式、路径的尝试，需要各学科人才自由大胆的畅想，自由选择科学研究重点，自由选择探索的路径。因此，应该授予人才更多的自由选择权和自主决策支配权。

自信与进取。无论人才们是何种性格，甚至看起来不显山露水，但是他们都对取得科技突破和事业成功充满自信与渴望。科技创新要求在新领域产生新作为，这激励着科技人才的不断进取。科研与创新如逆水行舟，不进则退，因此进取构成了科技人才的鲜明特质。

潜能的激发。创新能力主要体现在潜能的激发，从潜能中爆发灵感，萌生新思想，产生新方案。往往有"山重水复疑无路，柳暗花明又一村""踏破铁鞋无觅处，得来全不费工夫"的境界。潜能是靠长期学习实践的知识积累，但怎么才能激发潜能？靠激情迸发！这需要具有自由宽松的环境，更依靠尊重和信任，还需要智慧的启迪、碰撞来触发激情，激发智慧的火花。

坚韧和毅力。激情和灵感只是成功的开始，各种形式的创新绝非一帆风顺，而是一个充满艰辛坎坷的过程，会经历试错、挫折、失败、失落、泄气等，面对各种挑战，经受各种磨难，历尽千辛万苦才能达到成功的彼岸。因此，这必须要求科技人才具有坚韧的毅力，百折不挠的精神，锲而不舍的执着，愈挫愈奋的勇气。所以人才成长环境更应具备包容失误、宽容失败、激励奋进的特征。

环境的效应。要充分认识到创新环境对人才成长和创新的关键作用。为什么一些富有成效的科技大师和成就非凡的英才，往往在某些地方平凡无闻，而转移到另一环境后则脱颖而出呢？科研和学术环境对人才成长，特别是英才脱颖而出的影响是巨大的，其中就包括减少行政的直接干预，营造宽松自由的工作氛围，激励创新的能动性和激情，学术自由研讨和民主氛围，机会的公平均等，学术领军人才的率先示范，先进的科研条件和便利的服务，竞相创新创业的浓厚氛围等。

教育的影响。从小学到博士的各阶段教育方式方法，给人才的思维方式、性格特征、行为模式等产生着潜移默化的影响，甚至打下了影响其一生的烙印。有位卓有成就的优秀科学家的一段话，常在我脑海中激荡，令我心灵震撼："虽然我在国际知名大学学习工作多年，但当我想在现有科学成就基础上再突破时就会受到应试教育的无形桎梏。中国人的智商和勤奋绝对不逊于任何种族，但传统文化中的糟粕和应试教育模式的制约，影响了中国人聪明才智的发挥，加快向素质教育转轨，关注创新能力培养已刻不容缓。"

流动性倾向。人才流动是普遍规律，人往高处走，人才往往希望使自己的知识和能力在流动中得到充实和提升，让人才的聪明才智得到更大的施展，价值得到充分体现。因此，留住人才的法宝在于优化工作环境，使其才尽其用。只有在人才流动中吐故纳新，丰富人才专业和特点，优化人才结构，增强良性竞争，增添人才活力才是正解。

领军人才的能量和雁阵效应。俗话说，"千军易得，一将难求"。科技领军帅才发挥着定方向、谋大局、出良策、统筹组织队伍的核心关键作用。但是，科研开发、创新创业都必须依靠团队的团结协作、优势互补、齐心协力，发挥整体综合效能，形成雁阵效应。这要求领军人才不但要率先示范，还必须知人善任，搭建好务实的创业平台，营造良好环境，提升团队的凝聚力，调动每个人的积极性，实现人尽其才，增强创新活力和团队战斗力。

精神力量。精神是人才创新的动力，创造性劳动更需要精神的激励。炙热的爱国情怀，造福人民的思想境界，拼搏奉献的品格，对事业的挚爱执着，不畏艰难的毅力，不到长城非好汉的气魄……这些精神层面的修养，决定了人才的素质和高度，是成才的必备条件，也是成功的动力和保证。

二、建立人尽其才的管理体制

对于创造性劳动的人才管理，必须遵守"少管理、善服务"的原则，充分调动人才创新积极性，善于激发人才创新热情。

（1）向人才主体充分授权。这里强调的人才主体是指基础科研团队，特别是对科技领军人才要在人、财、物等方面授予充分自主权，包括研究课题的确定、团队成员的聘任与辞退、任务的分配、绩效收入的决定等方面的自主权。当然，科技领军人才不是"工头"，要善于发挥学术民主，业务和品德率先示范，知人善任，公开公正，以德服人，提升团队的凝聚力和创新力。

（2）赋予人才工作上的更多选择权。要尊重人才的建议和选择，遵循人才流动的规律，以事业待遇和情感留住人才，以"青出于蓝而胜于蓝"的胸怀放手使用人才，激励人才创新的能动积极性，形成鼓励人才流出和吸引人才的良性循环，营造使优秀人才可以脱颖而出的良性机制。

（3）给人才松绑减负。时刻警惕以管理党政干部的方式管理科技人才，坚持"法无禁止即可为"原则，把产出更高质量科技成果和实现高水平科技自立自强作为最基本的要求，以保障人才全身心投入科研和创新创业为职责，减少过多社会活动、会议等干扰，把人才从官僚主义和形式主义的束缚中解放出来。

（4）创造让才能充分施展的优良条件。"少管理"，主要是把管理的重心放在营造优化科研创新环境上来，以良好的生态环境吸引人、凝聚人、激发人才的创新激情，凝心聚力搞创新、出成果。要使其个性得到充分尊重，在张扬中开启灵感、创造奇迹；在宽容失败的氛围中鼓励敢为人先、勇于探索、颠覆性创新；在公平公共的竞争环境中让人才脱颖而出、担当大任。

三、优化人才结构和工作协同机制

我国人才的总量、科技人员的数量、全时制研究开发人员的数量、高等学校在校人数、年毕业人数等数据都位于世界前列，但从几个方面分析，结构欠合理的问题仍然较突出，主要是国际重要学科和领域的领军人才、世界级的科学家占比较小，高水平的科技创新团队相对较少。在化学、农学、工程科学等传统的学科领域，我国在国际上有影响的人才数量排在前列，而在生命科学和医学、天文学、粒子物理、材料科学等新兴前沿学科领域，我国的国际领军型人才数量明显少于欧美国家。再者，在人工智能、计算机科技等领域，我国发表论文的数量与美国的数量相差不大，但在算法等底层技术研究创新方面，我国的原创成果明显少于他们。在集成电路的设计和制造方面，我们追赶得较快，但在底层架构、核心软件等方面仍是美国等国家处于垄断地位，日本在集成电路相关先进材料方面的领先地位依然对包括我国在内的集成电路生产和使用大国形成技术垄断。

要实现人才队伍从大到强的质变，就必须根据"四个面向"的要求，优化我国的人才结构，引领支撑我国高水平科技自立自强、推进中国式现代化。优化不同层次人才的结构，使国家战略科技力量成为以卓越工程师为领军的产业科技队伍，使创新创业人才、科技服务人才等人才结构更加合理。优化不同科技领域的科研人才结构，支撑我国在基础研究，特别是前沿和交叉领域、主导和支柱产业创新领域、可持续发展等公益科技领域的人才队伍均衡发展。优化人才年龄结构，鼓励年轻一代科学家，特别是领军人才和尖子人才脱颖而出，成为栋梁。

必须坚定自主培养自信，造就一流科技领军人才和创新团队。以国家战略科技力量为龙头，建设高水平的人才梯队。战略科学家和领军人才的引领和骨干作用，标志着科研开发的整体实力和水平。所以应着力在科技创新实战中造就战略科学家的帅才群体、科研与创新的领军将才团队、业务尖子的骨干队伍，带动国家重大基础研究、战略高科技研究、国家安全和发展的重大先导任务研究跃升，带动国家战略科技研发创新能力的整体提升，带动各层次、各方面人才队伍整体水平的提高。

打造高素质的优秀人才团队。当今的创新已经成为系统过程，创新传递的作用至关重要。创新领军人才也需要优秀的创新团队的协作配合，这主要是由当今技术创新的特点所决定的。当今技术的系统性增强涉及多学科、多领域，研究开发覆盖了从基础研究、应用研究、技术开发、产品设计、工业工艺设计、产品测试和售后服务等复杂过程。在激烈的市场竞争中，研发的速度、效率成为制胜关键。因此需要有相关学科专业和不同技术层次人员组成的创新团队起整合的效果。团队的组合是有层次的，有的是金字塔式的结构，有的是扁平网络结构，有助于创新人才的特长和功能互补。团队除了帅才的组织领导才能外，负责各个部分的将才也十分关键，除此之外还需要大量实际动手操作的力量，以及有想象力、专业能力强的各种技术人才，包括高水平的技师、试验员、程序员等。团队的引进组建，要充分对领军人才授权，发挥其主观能动性，同时必须建立凝聚团队的创新文化，既要形成百花齐放的学术氛围，又要保持清晰的结构和分工，形成优势互补的集成效应。充分发挥系统的整体最优功能。因此人才的团队意识、团结合作精神、交流沟通的技巧等都是应具备的基本素质。当前科技发展的主要趋势是学科交叉综合、跨界融合，大科学工程逐步增多，网络化的合作研究成为常态，研究团队的建设与管理十分重要。要加强团队平台建设和科学高效管理，把研究开发尤其是用人的自主权更多赋予团队，提高整体创新效能。

提升大学科技人才队伍建设的质量和水平。加大深化教育科研和人才培养使用体制机制改革，在"双一流"大学中优先一批进行试点，将其作为改革特区，深化以科教融合为重点的体制改革，赋予更多人才发展综合改革和管理创新探索自主权，特别是在去行政化方面鼓励大胆探索新路子、新管理模式。要在一些政策上给予倾斜支持，大幅增加试点单位的科研编制，赋予其准予科技领军人才牵头建立研发平台、实行扁平化管理的自主权，增加其引进海内外尖子人才，招收博士、博士后的自主权和指标。在建立"四个机制"（人才培养、使用、激励、评价机制）上赋予更大的改革探索自主权，鼓励解放思想先行先试。加大对国家实验室和重大项目的倾斜支持。

提升科研机构人才队伍整体研究的创新能力。中科院在基础研究、战略高技术研究、重大社会公益研究、技术研发和转化等方面，有着较为完整系统的布局，科研设备相对先进，大科学装置等设施世界一流，是国家战略科技力量的密集地。

加强培养产业领军工程技术人才和高素质实用技术人

才。具备产业门类齐全、产业链完整、产业技术创新体系完善的实体经济，是我国实现独立自主、建立发展新格局的基本依托。以卓越工程师为代表的产业工程技术人才是支撑现代工业强国的重要力量，在推动先进科技融入经济、驱动产业升级和竞争力的提高中发挥着承上启下的关键作用。广大技术研发创新人才、工程师、技术工匠等都是工程技术人才的重要组成部分。既要培养使用好工程技术领军人才，壮大工程技术领域的国家战略力量，更要使各层次、各行业的工程技术人才各尽其能，才尽其用。我国中央管理的大型国有科技型企业是行业科技创新和进步的龙头，更是承担国家战略科技创新的主要力量。特别是在航天、航空、船舶、电子、兵器等领域的中央企业，战略领军人才云集，中青年科技人才在一线担当重任。结合企业的发展需求，突出科技人才管理特色，突出科技创新的特点，建立创新和人才的考评体系。从事科研人员与一线的工程师要有体现工作特点的考评体系。科技创新要以国家目标和任务为导向，但也要鼓励少数科学家静心埋头从事基础研究探索工作。既要注重发挥拔尖和领军人才作用，张扬特长和个性，更要发挥团队作用，形成创新合力。各种企业的情况不同，要赋予它们在人才使用、培养、评价、报酬、奖励方面更多的自主权，把优秀人才留住，让更多拔尖和领军人才脱颖而出，发挥人才引领国家战略任务高质量发展的作用，提高国家战略领域的国际竞争力。

第四章
人才发展生态

新科技组织，包括非企业创新研发机构、以自主研发为基础的科技企业、大型民营企业的研发机构、大学和科研机构新机制运营的科研组织等，全国已超过万个。它们多是以海外归来的科技精英或体制内科研机构的领军人才牵头或参与创办，没有传统体制的条条框框禁锢束缚，自主性强，机制灵活，创新活力强，在前沿、高端科技领域集聚大批优秀中青年研发人才，成为自立自强的有生力量，是"专精特新"企业的主力。不少新科技组织承担着国家战略科技创新任务，往往是某些前沿和高端领域的翘楚，代表着我国在前沿高端技术领域跻身世界先进行列、打破西方封锁垄断的希望，是自立自强科技创新的有生力量。同时，这些组织也是吸引聚集国际一流科技人才创新创业的平台，应充分重视并积极发挥其重要作用。此外，应鼓励支持海外归国留学人员、体制内科技人才创办新兴科技机构，赋予其更大自主权、业务自由度。

培养具有国际一流水平的青年科技人才后备军。科技创新思想活跃、重大成果产出的黄金年代在青年时期。目前培育造就青年科技尖子人才、领军人才已成为十分紧迫的任务。培养人才的前提是放手用好、用活青年人才，敢于大胆使用青年人才，放开视野选人才、不拘一格用人才，激发他们的创新活力和激情，让他们扛大梁、挑重担。老一代科学家既要善作伯乐、甘当人梯，更要默默关心指导，施加信任，放手让青年人才担责。在攻坚攀高峰的实战中锤炼青年人才，在坎坷挫折摔打中成就人才。

四、完善有利创新的激励机制

能动积极性和激情是人才创新的内在动力，人才管理的核心就是调动人才的积极性，激发其创新激情。

首先，追求事业成功是促进创新的最重要条件。要搭建好务实的创新创业舞台，使人才一心扑在事业上，让他们有更多的自主权、自由度和兴趣从事自己喜欢的研究探索，志趣昂然、心情舒畅有助于滋生灵感和热情，使人才专注于钻研创新。

其次，反对名利导向，但要注重用好利益驱动的政策激励。不能把"要面子"简单误认为爱慕虚荣。科学家崇尚荣誉，各种评价、奖励是对他们成就和价值的充分肯定。因此，要公正评价他们的工作和成就，赏罚分明，对取得的重大成就该奖励的就要大张旗鼓地表彰，对他们的贡献既要给予物质奖励，又要做好宣传，提高其社会地位，为广大人才特别是青年人才树立楷模，激励大家竞相创新争先。要用好知识分配政策，依法加大转化收益的个人提成比例，树立创新创立致富的价值导向。

最后，心灵的沟通和感情的信任是激励人才工作热情的妙方，历史上"士为知己者死"的佳话就佐证了这点。要善于做人才的思想工作，少点说教，多知心交心，了解人才的思想动态，特别是他们的忧愁烦恼，及时主动为他们排忧解难。作为一个合格的管理者要少管理、多服务，当好勤务员、知心人。情感交融、心灵相通，做志同道合的朋友要比任何名利激励的效果好得多。

五、改革创新人才培养的体制

从小学到大学直至研究生教育都是培养人才的关键时期，在人才成长的青少年黄金年华，学校要做的不只是知识的传授，更需要培养学生的观察思考和自学能力，扩大其视野，培育其创新思维和科学精神，塑造人才的优秀品德和高尚情操。因此教育各阶段的立德树人基础、品格与方法的培养与传知授业同样重要。

加快从应试教育向素质教育转型。目前多数学校的基础教育阶段基本被应试教育主导。应试教育的显著特点是"应试型、填鸭式、反复练"。应试型，就是以笔试为导向，以多得点分数为目的。填鸭式，就是为分数而机械地讲授，甚至要求学生死记硬背，包括各类题型的例题及技巧。反复练，就是为少错题、少扣分而进行海量的练习。这样的结果就是培养了大批高分低能的学生。现代信息化社会的知识爆炸现状，需要引导学生们睁大眼睛看世界，拓宽视野，增加好奇心和求知欲望。科技驱动的发展呈日新月异之势，知识更新加快，要引导学生善于利用现代手段，掌握有效学习方法，把感知转化为知识积累。创新社会更需要培养学生的创新思维和创新精神，激励他们富有想象力，启迪创造力。现代社会既丰富多彩又纷繁复杂，更需要塑造好学生的品德，筑牢其世界观、人生观、价值观，提高他们辨别是非真伪的能力，奠定育人的基础。

综上，使我们清醒地认识到，应试教育存在许多弊端。令人欣喜的是，很多地方的学校在从应试教育向素质教育转型方面已取得显著成就，探索并总结出众多好模式和经验。如山东多数城市采取了中小学以科学教育为主的素质教育，将其与教学大纲的主题课教学有机融合、相得益彰。如物理、化学、自然课程等，师生互动实验及VR、AR技术的应用，有趣的演示既有利于学生对基础知识的理解，又提高了学生的学习兴趣和动手能力。机器人的组装、编程和竞赛，可以提高学生对机器、信息化和人工智能知识的了解，也可及早助力学生插上科学的翅膀，从小培养学生的创新精神。

对教育的此次改革转型，大可不必杞人忧天。笔者这一代的亲身经历也旁证了这一点。我们这代人虽然不少曾是各岗位的栋梁，但是我们是在玩中成长的一代，也是在风雨坎坷中砥砺成长的一代。这种特殊的成长经历，埋下了我们求知的欲望和激发了自学能力。高考制度恢复后，我们如饥似渴地学习，在工作实践中因事业发展的压力迫使我们拼命求知、提升业务水平。这种效果远比现在从小就在繁重的作业压迫下的学习效果好得多。

当然，应试教育转型难，许多人都认识到必须转变，可现实却事与愿违，适得其反，甚至陷入恶性循环。看似是因为中考、高考压力越来越重，而实则在繁杂交错的众多原因中，主要因素在于招生制度不合理带来的错误导向。

加快招生制度改革势在必行。应试教育归咎于考试这个独木桥，中考、高考都是如此。单一的标准引导着教育的扭曲，导致了学生内部不良的竞争，耽误优秀人才的培养和公平优选。

现在的考试仍然延续着古代科举制度的基因，这一看似公平公正的方法，往往导致一考定终身。分数不能真正客观反映考生的才华，往往有着较大的片面性。

中国的高等教育毛入学率已从1978年高考制度恢复时的1.55%，上升到现在的60%以上，达到了发达国家高等教育普及的标准。每年的高等学校新生入学和毕业生人数都超过了千万人。然而，数据掩盖不住实质，教育资源的不均衡，占比较小的一流大学的优秀师资，先进教学科研装备远远优于其他院校。而决定着毕业生命运的择业就业，高等学校间的差距更为凸显，不少毕业生就业难的问题更倒逼今后的考生为能上好一些的学校而拼命应试苦读。众多学子拥挤过独木桥的难题，形成了不良循环。高素质人才，特别是创新型人才的培养选拔客观上存在较大的体制弊端。而这些问题只能靠高等教育在发展中缩小差距，以及毕业生就业的多渠道而逐步缓解。

导致招生制度不合理的另一问题，是学校缺乏招生自主权。自主招生在不少国家的做法成熟，我国也有些较好的案例，比如西湖大学，近两年自主招收本科生取得很好效果。一是它们降低了入学分数门槛，只要过了一本线就有报名资格。二是其组织专家面试注重科研潜力和实际素养，以此来选拔人才。实践证明，不少分数没达到双一流大学录取线的学生，在该校学习和研究中展露出不同凡响的才华和潜质。虽然这只是一个亮点，却展示了星火燎原的改革希望。

加大高等教育结构和人才培养模式改革力度。党的二十届三中全会通过的关于全面深化改革的决定，对深化教育综合改革提出明确方向和要求，强调加快建设高质量教育体系，统筹推进育人方式、办学模式、管理体制、保障机制改革。把改革优化高等教育布局作为教育综合改革的切入点。中国拥有世界上规模最庞大的高等教育体系，应加快建设中国特色、世界一流的大学和优势学科。分类推进高校改革，建立科技发展、国家战略需求牵引的学科设置调整机制和人才培养模式，超常布局急需学科专业，加强基础学科、新兴学科、交叉学科建设和拔尖人才培养，着力加强创新能力培养。强化科技教育和人文教育协同。加快构建职普融通、产教融合的职业教育体系。

加快高等教育结构调整迫在眉睫。截至 2024 年上半年，中国普通高等学校共有 2800 多所，其中本科学校有 1300 多所，高职（专科）学校 1560 所，还有成人高等学校近 250

所。这些高校办学质量和水平差异大，结构失衡问题更加突出。首先是同质化问题突出。前些年，以建设综合大学为导向，盲目搞不同类型的学校合并。之后，又导致不同类型高校追求"双一流"大学的不切实际的导向，实际效果则是高校的专业特点弱化，工科院校理科化，专业类高校综合化。实际上应用类学科与生产实践脱节，重理论轻实习，毕业生供需脱节。进入信息化智能化社会后，对应人才结构和育人模式发生了很大变化，迫切需要高等教育结构和育人模式进行与时俱进的改革。

调研发现，当前我国高等教育供需矛盾依然突出，人才培养结构亟待优化。有些高校一味追求"创一流"，在缺少需求预测与规划、忽视办学定位与特色的情况下一味贪大求全，既造成教育资源配置的不合理和低效率，又造成学科布局的结构性失衡。此外，重点产业急需紧缺人才却供给不足。据有关部门测算，预计到2028年，我国工业互联网领域人才缺口将达294万人，智能制造领域人才缺口将达370万人。职业类高素质技能人才培养相对滞后。传统静态化的学科发展模式和学科产业匹配模式已无法满足产业发展对技术创新和高层次多元化人才的需求。

优化高教体系结构是优化中国式现代化所需人才结构的必要前提。

第一是改革高校功能类型。逐步形成以世界一流研究性大学为引领、现代应用型院校和高等职业院校为主体的功能类型结构。世界一流大学主要以培养跻身科技前沿的高水平科研领军人才和尖子人才为主，数量应少而精，配备国际一流的科研装置和条件，与国家实验室有机融合。高素质现代职业人才培养是世界科技教育强国的主体功能，包括卓越工程师、高水平管理人才（MBA/MPA）、研究临床一体的医生、法律专家、数字设计师、分析师、咨询师、创新创业领军人才等。新工科瞄准世界技术前沿，融应用导向科研、技术集成、工程管理为一体，是国家战略科技力量培养的摇篮。大批地方应用类院校应因地制宜培养地方发展特色的技术开发、服务实用型人才。要能力打破普通高校和职业院校边界，通过职普融通渐续并轨，建立培养现代高素质职业人才的新体制机制。

第二是提升研究生高学历人才比例。真正的现代高素质职业人才，不同于工业化初中期的技能人才，需要掌握丰富的现代知识，具备破解实际技术难题的研究能力，技术集成及服务能力。教育科技发达国家的研究生在高校毕业生中的占比，以及在劳动者中的占比都高于我国，我们要后来居上，尽快缩小与发达国家高水平职业人才的差距，建立国际一流、规模宏大的现代制造业服务业高端职业人才队伍。

第三是优化专业设置和教材结构。分类推进高校改革，建立科技发展、国家战略需求牵引的学科设置调整机制和人才培养模式，超常布局急需学科专业，加强基础学科、新兴学科、交叉学科建设和拔尖人才培养。建立教材及时调整机制，与时俱进地把世界科技前沿成就和人类文明优秀成果、国家发展亟须的学习内容编入教材，让教学内容与时代发展同步。

善于运用人工智能技术转变育人模式。用新技术驱动改进课堂教学方式，强化教与学互动，提高学生学习知识的兴趣和学习能动性，拓展知识面。从学生学习角度，利用人工智能可以更好地培养学生的创意能力、审美能力、想象力等超越机器的核心竞争能力，形成人才能力培养的比较优势，推动从传统填鸭式知识能力培养向未来创造力培养的模式转变。提升教师运用人工智能提升教学技巧和成效，促进他们从知识的传授者向学习的引导者、能力激发者、情景创设者的高阶育人角色转变。人工智能在教育上的应用将有助于将千人一面的传统培养范式转变为千人千面的个性培养范式，促使学生的个性进一步突出，创新潜力更得以充分发挥，助力其求知兴趣和知识面的拓展，使创新思维和能力进一步提升。

因此，要统筹设计，强化学校的基础算力、行业数据和大模型资源的支撑能力，打造集智慧教育应用、科教实训的大模型创新平台，支撑学生综合素质和能力提升。利用人工智能打破学校封闭的育人环境，建设以学生为中心的科创沉浸体验式、资源自主利用式、在线学伴式的人才培养数字生态。运用人工智能推动教材和课程的改革，构建基础课程、前沿拓展、综合素养、实验实训为一体的人工智能通识课程体系，提升学生在智能环境中的适应力和创造力。并以此为切入点，加快从传统应试教育向现代素质教育、创新能力培养转变，强化在前沿领域、交叉学科、发展实践中培养人才。

创新生态：揭秘创新创业关键

案例

西湖大学营造"人才特区"

研究型大学是高水平创新型人才队伍建设的主体。西湖大学作为一个政府与社会合力支持的新型研究型大学，创立5年多来，发挥改革开放"试验田"作用，坚持以人为本，围绕全方位培养、引进、用好人才的全过程，构建引得进、留得住、用得好的人才发展最优生态，建立起"高含金量"的人才方阵，聚焦发展新质生产力，将人才链与创新链一体部署，塑造核心竞争力，通过政府有为、学校有成、市场有效的有机结合，更好地链接基础与应用，链接创新力与生产力，最大限度促进人才创新活力绽放。其经验可概括为"六个坚持"。

坚持全球视野，面向海外做强增量。主动走出去、引进来，用好我国庞大的海外人才库，"以才引才""以才荐才"，与各学科领域全球知名学者、实验室建立友好联系，依托《自然》(Nature)、《科学》(Science)等顶级学术杂志定向发布岗位需求，定期赴海外顶尖高校现场宣讲，向世界展示中国、展示浙江聚天下英才而用之的胸襟与态度。2023年，海外引才步伐明显加快，年度新引进46人、增速提高40%，今年以来已新引进22人，在岗学术人才共237位，其中85%以上从海外直接引进，成员来自15个国家和地区70余所高校研究机构，很大一批是我国培养和输送出去的优秀人才，也有一批对中国充满友好与信任的非华裔学者，西湖大学正在成为海外人才"外引""回流"的优选地。

坚持唯才是用，面向塔尖加速冲击。以学术能力作为引才的唯一考量，大力招揽具有国际影响力的顶尖人才，有36位在世界知名高校长期担任讲席教授或系主任的顶尖科学家加盟，获得国家级人才项目支持的达146人，占比60%以上，25人入选省"鲲鹏行动"计划，有的科学家获得2023未来科学大奖，一批教授先后入选新基石研究员。注重学术生命力与学术潜力，不以头衔、"帽子"、资历论英雄，大力引进集聚青年人才，鼓励支持青年人才脱颖而出，学术人才中年龄在40岁及以下的占比近60%，大多具有世界顶尖高校教育、科研经历，连续6年有13人上榜"35岁以下科技创新35人"，开始在国际学术界崭露头角。同时，设立"西湖卓越学者"计划，由诺贝尔生理学奖获得者兰迪·谢克曼（Randy Schekman）教授牵头组建咨询委员会，面向全球遴选表现卓越的青年学者，支持尽早开展独立的科学研究。

坚持为国育才，培养拔尖创新人才。围绕"培养什么人、怎样培养人、为谁培养人"这一根本问题，加快构建"本博贯通"的特色育人体系。深化博士生"申

创新生态：揭秘创新创业关键

请—考核"制和本科生"创新班"招生试点，共计招收博士生2000余人，本科生250余人，打造不唯分数、科学选才的标杆。深入践行"寓教于研""兴趣先导""学科交叉"的培养理念，借助独立实验室制度，为学生提供严谨的学术训练和丰富的科研实践，让学生有充分的机会参与前沿课题研究。博士生在不同实验室轮转学习后确定导师，本科生在大一、大二时进行大类培养后确定专业，确保方向的选择是基于自身的兴趣和专长。同时，建立博士生双导师制、本科生书院制，并与加州大学伯克利分校等20余所海外知名高校签订学生交换、访学协议，举办面向本科生和高中生的国际暑期学校，提供跨学科、跨文化的学习成长环境。与国家重大改革同频共振，牵头承担国家"101计划"生物科学改革试点任务，积极参与国家自然基金青年学生项目试点。博士生累计以第一作者发表CNS论文10余篇，本科生在全国周培源力学竞赛、2023年国际基因工程机器大赛中取得佳绩，为国家储备基础学科后备力量。

坚持制度驱动，释放创新创造活力。着力深化人才发展体制机制改革，培育适宜基础研究的丰厚土壤。首先是给予人才足够的信任和支持，作为独立实验室负责人可以自主组建研究团队，自主决定研究方向和技术路线，有充分的科研经费使用权，能够在充足的空间里自由探索。其次是彻底实践"破五唯",建立创新导向的科技评价标准,论文数量、影响因子、引用率以及人才头衔、奖项、专利等都不作为学术评价的主要内容,只注重其研究成果是否在该领域独一无二、不可或缺。并遵循基础研究规律,设置6—7年的长周期考核,让人才能够在相对长的时间尺度上充分发挥自我驱动力,静下心来、长期专注地深耕基础前沿领域重大科学问题,做真正有长远意义的研究。最后,通过专门的制度设计,引导良好的科研风气:一是坚持全职引进,二是全面实行年薪制,三是不设任何科研绩效奖励,确保人才能够集中精力进行教学科研,从容安心地坐住坐稳"冷板凳",在学术道路上走得更长更远。何睿华团队经过长达数年的专注深耕,成功发现了世界首例具有本征相干性的光阴极量子材料,为光阴极基础理论发展及研发、应用打开了新天地,正是这一系列改革措施的生动注脚。

坚持平台支撑,推动原创成果产出。紧紧围绕科技发展趋势和国家重大需求,由顶尖科学家领衔构建一流的基础研究平台体系,为人才提供干事创业的广阔舞台,助力人才更好地发挥作用、实现价值。目前已取得重大标志性原创成果达30余项,包括研究相变及临界现象的新方法,完全组装的次要剪接体高分辨率三维结构等。建有1个国家级创新平台——未来产业研究中心,是我国首家及目前唯一一家围绕"前瞻谋划未来产业"的战略部署,努力为未来产业发展提供原理支撑和技术储备的研究中心。建有11家省级创新平台,其中牵头承担浙江生命健康科创高地主平台建设任务,由于洪涛领衔建设首批省实验室之一的西湖实验室。瞄准碳达峰、碳中和战略目标,由孙立成领衔建设白马湖实验室太阳能转化与催化方向基地。同时,高水平建设应急医学研究中心及P3实验室,与地方合作落地光电研究院,与企业合作建设西湖牧原合成生物研究院,加强重大科学问题凝练和未来技术趋势预判,部署了一批战略性、前瞻性科研攻关课题,形成承载重大科研任务的卓越实力。

坚持产研融合,促进成果转化落地。秉持"让专业的人做专业的事"的理念,积极搭建成果转移转化平台,通过综合服务、金融服务和产业赋能,促进科技创新与产业重新深度融合。依托未来产业研究中心设置云谷教授岗位,支持掌握关键核心技术的创新创业人才,开展面向未来产业的研发应用和项目孵化,探索加快形成新质生产力的新机制。在校园周边规划了"一基地三区"的成果转化基地,并创建了杭州市生物医药概念验证中心,一批关键核心技术正在水到渠成地落地转化,培育出46家掌握自主知识产权的高科技企业,其中8

家达到准"独角兽"规模。通过"弯道超车""换道竞争"方式为相关细胞治疗、疾病诊断、分子药物、高端制造、人工智能等产业赋能,研发的超高精度3D打印技术有效助力电子制造产业升级,开发的世界最高效率的氨基酸菌种大大降低生猪饲料中豆粕用量、年产3万吨项目已正式落地,有效产生良好的经济社会效益,为加快发展新质生产力做出积极尝试。❶

案例

英国卡文迪许实验室

卡文迪许实验室曾在一个时期内把众多国际物理界的顶尖科学家吸引到这里,以其善于培养造就世界一流科技精英而闻名于世,该实验室曾有30多人获得诺贝尔奖等世界科技大奖。西方主流媒体曾评价,在第二次世界大战之前,可以说对人类文明贡献最大的实验室就是英国剑桥大学的卡文迪许实验室。它相当于英国剑桥大学物理系,创建于1874年,由当时剑桥大学校长W.卡文迪许(William Cavendish)私人捐款兴建,后来扩大为包括整个物理系在内的科研与教育中心,并以整

---

❶ 根据西湖大学相关资料整理。——编者注

个卡文迪许家族命名。

它被称为近代世界物理学"发源地"。作为近代科学史上第一个社会化和专业化的科学实验室，自1874年成立以来，卡文迪许实验室一直身处物理学发现的最前沿。它又被誉为"诺贝尔奖的摇篮"，自1895年诺贝尔奖创立以来到2017年，该实验室共有30多位成员获奖，为物理学的发展创造了丰功伟绩。

卡文迪许实验室创始人之一的詹姆斯·克拉克·麦克斯韦是第一任主任，他提出的电磁理论及麦克斯韦方程组，在物理学上具有划时代的意义。

在研究方向上，卡文迪许实验室总是瞄准物理学发展前沿，在每个时期都高瞻远瞩地选择了正确的主攻方向，提出具有原创性的思想和课题，从而保持了实验室学术理念的超前性和研究成果的突破性。在卡文迪许实验室的历史上，学科是相对的，而学科交叉壁垒的突破、学科的相互渗透又诱发了许多新的领域和新学科，使实验室成果迭出，从而奠定了电磁理论、物质电结构理论、射电天文学等一系列学科理论的基础。

第三任主任约瑟夫·约翰·汤姆逊发现了电子，终结了20年的原子物理大讨论，导致了19世纪20年代量子力学的出现。在汤姆逊担任主任期间，威尔逊发明了云室——最早的带电粒子径迹探测器，促进了正电子、缪子等的发现；欧内斯特·卢瑟福发现了人造核裂变，证实了原子的中心存在着原子核。这些非凡的进步开创了现代物理学。在卢瑟福的任期内，弗朗西斯·阿斯顿发现了化学元素的同位素；帕特里克·布莱克特首先拍摄了人工核相互作用；詹姆斯·查德威克发现了中子；约翰·考克罗夫特和欧内斯特·沃尔顿实现了第一个由加速高能粒子诱导的受控核解体，以及首次通过实验证明了 $E=mc^2$。在汤姆逊和卢瑟福这对师徒的带领下，卡文迪许实验室铸造了物理学的半壁江山，被称为"世界物理学的发源地"。此后，卡文迪许实验室在计算机断层扫描（CT）、X射线晶体学、DNA结构的测定、血红蛋白结构的标定、脉冲星探索等领域，都作出了巨大贡献。

从电磁到原子，从微小的DNA到广袤的天体物理，诸多具有划时代意义的新发现使卡文迪许实验室的科学家30次登上诺贝尔奖领奖台。其中第一位获奖者是实验室第二代"掌门人"瑞利勋爵，他因测定了氩气的密度和性质而获得1904年诺贝尔物理学奖，而最新获奖者则是2019年诺贝尔物理学奖获得者迪迪埃·奎洛兹，因为他"发现了围绕其他类太阳恒星运行的系外行星"。

卡文迪许实验室在科学史上以善于选择、培养和造就世界一流科学人才而闻名于世。在第三任实验室主任汤姆逊的建议下，1895年，卡文迪许实验室首次面向世界实行从国外招收研究生的制度，允许其他大学的研究生来卡文迪许实验室研究，并率先实行对女学生的开放制度。这些做法吸引了一批批优秀的年轻学者陆续来到剑桥，许多研究人员后来成了著名科学家，多人获得了诺贝尔奖。

麦克斯韦创立了有系统的教学与科研相结合的制度。实验室固守这样的信念：只有让研究生投入前沿研究，只有让他们奇思异想地自制实验仪器设备，才能培养出优秀的科学家。这些对卡文迪许实验室来说是一笔难得的财富，对后人产生了重大影响。

实验室注重科研精神传承和人才培养，把对学生的培养放在第一位。最典型的例子是卢瑟福。卢瑟福不但自己获得了诺贝尔化学奖，其学生中更有多达11人获得了诺贝尔奖。其中，1915年，25岁的劳伦斯·布拉格因为用X射线分析晶体结构的研究的重大成果获得诺贝尔物理学奖，成为历史上最年轻的诺贝尔奖获得者。作为人才培养的主渠道，重视教学一直是卡文迪许实验室的优良传统。此前，物理学意味着理论物理学，被认为是数学家的领域。而在麦克斯韦的主持下，卡文迪许实验室建立物理理论，再通过实验检验理论。在他的课程上，不仅讲理论，还会用实验予以辅助，要求学生在上课的过程中，自己动手制造仪器，进行实验研究，以此加深对理论的印象和理解。这些方式方法激发了学生们的科学探索激情，锻炼了他们的动手能力，也潜移默化地培养了他们的科学精神。

该实验室另一特点是注重营造非常自由的学术氛围。这里鼓励奇思妙想，鼓励他们"想入非非，胡思乱想"，总是给研究人员很大的自主权，让他们自由发展。给予他们充分的自由去探索他们感兴趣的问题，学生也可以自由选择导师。在不少教授的课上，只要学生有好想法，可以和任何人分享、交流和探讨。实验室不同课题之间、同事之间的讨论相对开放，大部分时间学术讨论是自由的，学生可以直接指出老师观点的错误。这种良好的自由学术的氛围，使实验室碰撞出了各种各样不同形式的思想火花。

实验室鼓励学科之间的交叉，最有名的例子就是DNA分子螺旋结构的发现。作为物理学实验室，卡文迪许实验室何以涌现出许多"跨界明星"，将诺贝尔化学奖和诺贝尔生理学或医学奖收入囊中？

纵观百多年的发展历程，尽管不同"掌门人"的领导风格不同，但对于一个伟大的实验室来说，能让其在时代的变迁中永远熠熠生辉的，是激励身处其中的人殚精竭虑探索科学奥秘、追求科学真理的热情，是严谨求实的科研作风和自由开放的学术氛围。

这个"百年老字号",是世界顶尖科学实验室中的巨擘,这里多次点燃现代科学革命的导火索,培养了大批科学家,不仅是"物理学家的圣地",还堪称"科学重大发现和技术重要发明的大户"。在这里,发现了电子、中子、正电子、脉冲星、DNA双螺旋结构、非晶体半导体和有机聚合物半导体材料等,还发明了云室、质谱仪、加速器、X射线摄谱仪和射电望远镜等科学仪器。它多年形成的优秀传统、良好学风以及弥足珍贵的科技体制和实验室管理经验对世界科学界产生了巨大影响。

在卡文迪许实验室做研究的人,都能发挥自己的作用,只要是有感兴趣的研究方向,都会受到鼓励。在确保主要研究领域的前提下,坚定地支持一些非共识的奇思妙想,鼓励自主创新、倡导学风民主。在这种良好的氛围下,新的思想和原创性的成果频频涌出,这正是卡文迪许实验室能够成为世界闻名的实验室,并造就出许多诺贝尔奖获得者的原因吧。

然而,近四十年来,卡文迪许实验室的获奖数大幅下降,究其原因,主要是世界科学中心已经转移到美国。再加之其管理机制、科研和人才成长生态环境缺少创新,所以失去了以往的活力。

卡文迪许实验室的人才成长环境,是当时国际精英荟萃、科研成就迸发的决定性因素,虽时过境迁,但永远值得借鉴。

附:来自卡文迪许实验室的诺贝尔奖获得者及主要成就

约翰·威廉·斯特拉特,第三代瑞利男爵(物理,1904)研究气体密度,并从中发现氩。

约瑟夫·汤姆孙(物理,1906)发现电子,认识到电子是亚原子粒子(其子后来亦获物理学奖)。

欧内斯特·卢瑟福(化学,1908)发现了放射性的半衰期,并将放射性物质命名为 α 射线和 β 射线。

威廉·劳伦斯·布拉格(物理,1915)开展用 X 射线分析晶体结构的研究(25 岁获奖,为最年轻得主)。

查尔斯·格洛弗·巴克拉(物理,1917)发现 X 射线的散射现象。

弗朗西斯·阿斯顿(化学,1922)借助质谱仪发现了大量非放射性元素的同位素,并阐明了整数法则。

查尔斯·威耳逊(物理,1927)发明云室,用以观察 α 粒子与电子的轨迹。

阿瑟·康普顿(物理,1927)发现康普顿效应。

欧文·理查森(物理,1928)发现理查森定律。

詹姆斯·查德威克(物理,1935)发现中子。

乔治·佩吉特·汤姆孙(物理,1937)发现电子具有波的性质(约瑟夫·汤姆孙之子)。

爱德华·维克多·阿普尔顿（物理，1947）发现高度约为 150 英里的电离层，即阿普尔顿层。

帕特里克·布莱克特（物理，1948）使用反控制云室观察宇宙射线。

约翰·考克饶夫（物理，1951）使用粒子加速器研究原子核。

欧内斯特·沃尔顿（物理，1951）历史上第一位人为分裂原子核的人，证明了原子结构理论。

弗朗西斯·克里克（生理学或医学，1962）与詹姆斯·杜威·沃森共同发现了脱氧核糖核酸（DNA）的双螺旋结构。

詹姆斯·杜威·沃森（生理学或医学，1962）与弗朗西斯·克里克共同发现了脱氧核糖核苷酸（DNA）的双螺旋结构。

马克斯·佩鲁茨（化学，1962）与约翰·肯德鲁共同确定了血红素和球蛋白的分子结构。

约翰·肯德鲁（化学，1962）与马克斯·佩鲁茨共同确定了血红素和球蛋白的分子结构。

多萝西·克劳福特·霍奇金（化学，1964）确定了青霉素和维生素 B_{12} 的结构。

布赖恩·戴维·约瑟夫森（物理，1973）预言并发现约瑟夫森结效应。

马丁·赖尔（物理，1974）首位获得诺贝尔奖的天文学家。

安东尼·休伊什（物理，1974）发现脉冲星。

内维尔·弗朗西斯·莫特（物理，1977）同菲利普·沃伦·安德森发展出磁性和无序体系电子结构的基础性理论。

菲利普·沃伦·安德森（物理，1977）同内维尔·弗朗西斯·莫特发展出磁性和无序体系电子结构的基础性理论。

彼得·卡皮查（物理，1978）发现超流体。

阿兰·麦克莱德·科马克（生理学或医学，1979）成功进行X射线成像分析。

亚伦·克拉格（化学，1982）使用晶体电子显微镜研究病毒及类似物质的结构。

诺曼·拉姆齐（物理，1989）研发超精密铯原子钟和氢微波激射器。

迈克尔·科斯特利茨（物理，2016），主要成果是凝聚态理论，一维／二维物理研究。于1969年从英国牛津大学获得博士学位，时任美国布朗大学物理学教授。

迪迪埃·奎洛兹（物理，2019），发现了围绕其他类太阳恒星运行的系外行星。

案例

上海新纪元教育集团差异化教育育人实践

上海新纪元教育集团成立于1996年，是一家专业从事基础教育的大型集团。近30年来，集团秉承"尊重差异、提供选择、开发潜能、多元发展"的办学理念，构建了以"差异化教育"为特色的教育教学与管理体系，覆盖旗下37所学校65 000余名学生，每年培养出一大批优秀学生，深受国内外大学青睐。

一、差异化教育缘起

差异化教育的缘起，可以追溯到古代教育思想和现代科学理论的丰富理论中。它源于对个体差异和个性化需求的深刻洞察与尊重，旨在通过因材施教，满足每个学生的多元智能发展需求。

1. 孔子因材施教的教育思想

两千多年前，孔子认为人的智力有智、中、愚之分，人的性格有温与鲁之异，人的心理状态有勇进与退缩之别，而且每个人的才能有不同的发展趋势。于是，他提出了"因材施教""有教无类"的教育思想，从学生的资质、兴趣、性格等个别差异出发，有的放矢进行有差别的教学，充分发掘学生的特长和潜能，培养出了三千弟子。

2. 加德纳的多元智能教育理论

美国哈佛大学霍华德·加德纳教授在对超常儿童、特殊儿童、正常儿童及正常成人的研究基础上，总结出每个人相对独立存在的、与特定的认知领域和知识领域相联系的八种智能：语言智能、数理逻辑智能、音乐节奏智能、视觉空间智能、身体运动智能、人际交往智能、自我认知智能、自然观察智能等多元智能。这些智能在每个人身上以不同的方式、不同的程度组合存在，因而每个人的整体智能各具特色。从教育视角而言，每个学生都是独特的、出色的，教师要善于寻找、发现学生身上的闪光点，发掘其潜能，同时也要关注学生个体间的发展差异性和个体智能发展的不均衡性，从而促使不同学生都得到发展。

3. 对差异化教育的思考与探索

在追寻教育理想、探索理想教育的道路上，上海新纪元教育集团提出要选择"适合学生的教育"，而非"适合教育的学生"，进而思索并审视什么才是优质教育。

教育的第一个层次是以学科知识为主要内容，根据国家课程标准进行概念性、知识性的学习，是为"智育";第二个层次是以日常生活为主要内容,培养学生的正确价值观、社会责任感和奉献意识,提升学生的社会性素养,是为"德育";第三个层次是遵循每一个学生不同的个性天赋,进行个性化的培养,优化其智力结构、知识结构、能力结构、情感结构等四个方面,让每位学生获得不同于他人的成就和发展。这才是适合学生的优质教育。

二、差异化教育理念

差异化教育是以学生为中心,树立"只有差异、没有差生"的学生观,秉承"尊重差异、提供选择、开发潜能、多元发展"的教育理念,培养学生"学习自觉、行为自律、生活自理、个性自主"的习惯品质,逐步使学生形成"崇高追求、创新能力、诚信品德、国际视野、规则意识、领导气质、健康体魄、信息素养、理性思维、终身学习"等核心素养,让每个学生都得到充分发展,做最好的自己。

尊重差异: 充分承认学生在学习潜能、发展基础和个性倾向等方面的差异,充分认识未来社会对人才资源的多元需求,为培养个性化发展与社会化发展相统一的现代化人才奠定基础。

提供选择: 研究和甄别学生的群体和个体差异,发展适应学生差异的多元课程服务体系，建设优质的拓展型课程、特色课程、多元发展课程和综合实践创新课程，创造充满文化意蕴、激励奋发进取的学校文化隐性课程。

开发潜能： 营造充满人文关怀的育人文化，形成有利于学生健康成长的物质设施环境、精神舆论环境、人际关系环境和政策制度环境，以此浸润学生的心灵，开启每一个学生的心智，激发每一个学生的潜能，优化每一个学生的智能结构。

多元发展： 学校致力于培养有崇高的使命追求、良好的学习习惯、自主的学习能力、高效的学习方法、丰富的学习体验的学生，为学生的多元智能发展和多渠道升学奠定基础，为学生未来的终身学习、职业生涯和生活幸福奠定基础。

在多年的办学实践中，集团对差异化教育进行了较为深入的研究，丰富并构建了一套综合性的差异化教育体系，涵盖六大教学工具、六类分析数据、四条实施路径以及两个教育类别，具有教育思想人文化、教育目标个性化、教育主体专业化、教育过程精细化、教育资源数字化的特征（见图 4-1）。

创新生态：揭秘创新创业关键

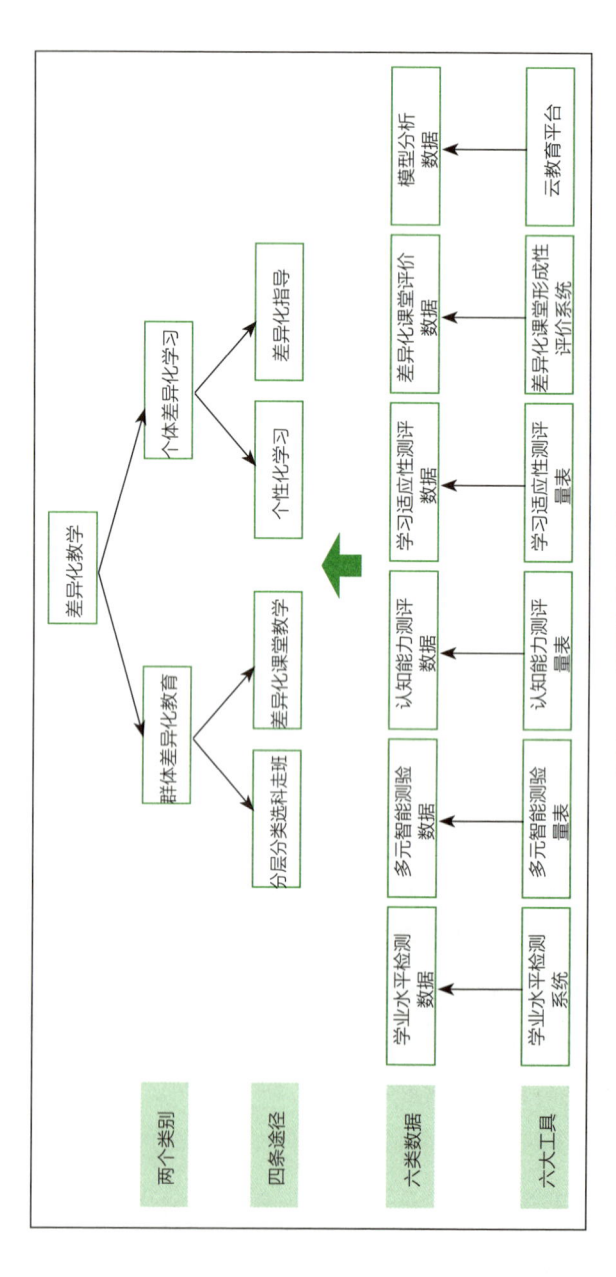

图 4-1 差异化教育体系

三、差异化教育实践

差异化教育实践包括差异化诊断测试、差异化目标设定、差异化课程建构、差异化教学实施、差异化质量保障、差异化教育评价等方面。

1. 差异化诊断测试

差异化诊断测试包括认知能力测试、学习适应性测试、多元智能测试、学业水平测试、心理健康测试五个方面，利用信息平台快速采集数据、统计分析，并形成差异化诊断报告，为教师实施差异化教育提供精准的数据资源，也为家长深入了解自己的孩子提供科学的依据。这是差异化教育实践的起点。

2. 差异化目标设定

根据差异化诊断结果，深入发掘每位学生所独有的优势智能，将这些优势智能与学生本人的兴趣和需求紧密结合，并考虑其家庭背景、生活环境等影响个人成长的多重因素，充分承认并尊重学生在学习潜能、发展基础和个性倾向等方面的差异。并基于此，为每一位学生配备导师，为学生量身定制个性化成长目标和多元化发展路径，制定个人生涯规划。这一过程有助于引导学生全面地认识自我，唤醒内在学习动力，最大程度地发掘并发挥每个学生的个人潜能，助力他们奔赴美好未来，成为最好的自己。这是差异化教育实践的基础。

3. 差异化课程建构

基于对学生群体和个体差异的研究和甄别，聚焦差异化的育人目标，构建以学生发展为中心、以开发多元智能为目标的差异化课程体系，系统性地设置包含五个领域、三个层级、两大类型的课程体系，其中五个领域为品格与社会、语言与文化、科技与思维、运动与健康、艺术与审美；三个层级为指向学生基础发展的国家课程、具有当地特色的地方课程、学校自主研发的校本课程。各领域、各层级之间的课程相互联系、有机融合，形成了满足学生个体差异、指向学生多元发展的课程体系，给学生提供更广阔的发展空间和更自主的选择机会，让学生获得更生动的发展和更具价值的成长。这是差异化教育实践的关键（见图 4-2）。

此外，为凸显学校的育人特色和价值追求，最大限度满足学生个性发展需求，差异化课程还设置中西融合的素养课程群，包括批判性思维、STEAM 课程、青少年领导力、模拟联合国、大英百科、中西文化比较、戏剧、辩论等创新教育课程，旨在培养优秀学生的高级思维能力和全球视野。为基础较为薄弱的学生量身打造 6+1 特色课程，包含励志课程、学习方法指导、潜能开发、衔接课程、心灵滋养、生涯规划以及家校共育等

办学理念： 尊重差异、提供选择、开发潜能、多元发展

培养目标：
近期：学习自觉、行为自律、生活自理、个性自主
远期：国际视野、人文情怀、科学精神、领袖气质

领域		品格与社会			语言与文化			科技与思维			运动与健康			艺术与审美		
层级	学段	高中	初中	小学	高中	初中	小学	高中	初中	小学	高中	初中	小学	高中	初中	小学
国家课程（必修）		道德与法治（政治；思品；品生、品社），综合实践活动		—	语文、英语			数学、物理、化学、生物，信息技术、通用技术（高中）			体育与健康	体育		音乐、美术、书法		
地方课程（必修）		历史、地理		—	传统文化			—			心理健康			—		
	生涯规划	生涯规划、生安、环境教育	安全教育、环境教育												
校本课程	特色必修	青少年领导力合国、主题德育实践	模拟联合国、主题德育、社会实践		中西文化比较、多元素质英语			批判性思维、STEAM课程（航模、3D打印）、大英百科、海洋课程			食育教育、体操			—		
	多元选修	差异化学科拓展课程	差异化学科拓展课程		差异化学科拓展课程、演讲与读者、英语社团、英语西方经典诵读、朗诵、文学创作、课本剧……			差异化学科拓展课程、MOOCAP课程、机器人、无人机、数学探秘、科技创新、电脑动画、校园吉尼斯、棋艺……			体育社团：武术、足球、篮球、乒乓球、棒球……			音乐、美术社团：舞蹈、合唱、形体训练、器乐、戏剧、沙画、时尚漫画、书法……		

相互联系、有机整合，整体育人

图 4-2 差异化课程结构

七大模块的课程,以提升学生的学习动力,改善学习策略,并加强心理和情感支持。

4. 差异化教学实施

在实际教学过程中,为确保差异化教育落在实处,采取分类编班、分层施教、选课走班的策略,打造"345"高效课堂教学范式,施行全员育人导师制,对特优生采取道尔顿教育计划,激励每个人的生涯规划目标达成,真正实现开发学生潜能,促进多元发展。这是差异化教育实践的核心。

(1) 分层分类,选课走班

在开学前进行分班时,根据学生的多元智能测试结果、家长和学生的意见以及学生的高考意向分类编班,组建文科班、理科班、艺术班、体育班等特色班和专业班,实行选课走班制。同时实施学习能力分层、教学目标分层、教学过程分层、教学方法分层、辅导分层和作业分层等策略,培优补弱,组织分层教学。

(2) 全员育人导师制

差异化教育的重要特色之一是全员育人导师制,为所有学生配备导师,构建全员参与、全员育人的教育工作体系。导师根据学生的智能特点和学科成绩状况,通过家访联络、谈心谈话、书面反馈等多种形式,通过一对一、一对多、多对一等多种沟通方式,对学生进行思想引导、学业辅导、心理疏导、生活指导和成长向导，为学生提供全面、个性化的发展指导。

（3）"345"高效课堂

以优化课堂教学为目标，形成了"345"高效课堂教学模式，即课堂教学要渗透差异化、信息化、批判性思维三元素，面向知识结构、能力结构、智力结构、情感结构四维目标，实施"导、学、议、练、悟"五环节（见图4-3）。

（4）道尔顿实验班

为更好地探索未来教育的路径，激发孩子的内在潜能，培育精英人才，设立道尔顿实验班，对加速制、充实制、自主学习、导师制这四种方式进行融合性创新，以学科课程为载体，设计"三轨道加速学习，线上、线下交互式深度学习"的培养方案。通过任务系统和反馈系统，教师为学生的自主学习提供支持、引导，使其构建与主题相关的完整知识体系，并激发其学习动机和学习热情，帮助学生掌握教学内容，培养学生深度学习和独立思考的能力，促进拔尖创新人才健康成长。

5. 差异化质量保障

为落实差异化教育理念，全面提升办学质量，在总结治校育人经验的基础上，集团提出并建构"育人质量

创新生态：揭秘创新创业关键

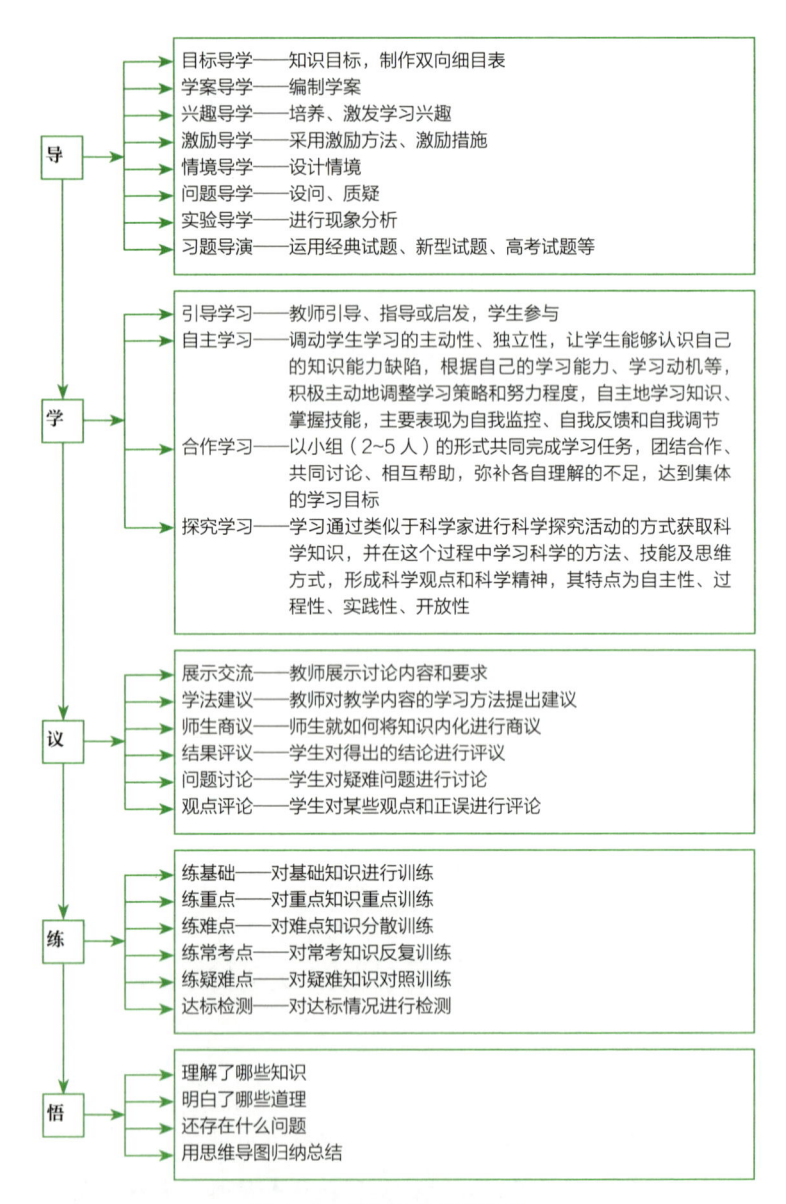

环节	内容
导	目标导学——知识目标，制作双向细目表 学案导学——编制学案 兴趣导学——培养、激发学习兴趣 激励导学——采用激励方法、激励措施 情境导学——设计情境 问题导学——设问、质疑 实验导学——进行现象分析 习题导演——运用经典试题、新型试题、高考试题等
学	引导学习——教师引导、指导或启发，学生参与 自主学习——调动学生学习的主动性、独立性，让学生能够认识自己的知识能力缺陷，根据自己的学习能力、学习动机等，积极主动地调整学习策略和努力程度，自主地学习知识、掌握技能，主要表现为自我监控、自我反馈和自我调节 合作学习——以小组（2~5人）的形式共同完成学习任务，团结合作、共同讨论、相互帮助，弥补各自理解的不足，达到集体的学习目标 探究学习——学习通过类似于科学家进行科学探究活动的方式获取科学知识，并在这个过程中学习科学的方法、技能及思维方式，形成科学观点和科学精神，其特点为自主性、过程性、实践性、开放性
议	展示交流——教师展示讨论内容和要求 学法建议——教师对教学内容的学习方法提出建议 师生商议——师生就如何将知识内化进行商议 结果评议——学生对得出的结论进行评议 问题讨论——学生对疑难问题进行讨论 观点评论——学生对某些观点和正误进行评论
练	练基础——对基础知识进行训练 练重点——对重点知识重点训练 练难点——对难点知识分散训练 练常考点——对常考知识反复训练 练疑难点——对疑难知识对照训练 达标检测——对达标情况进行检测
悟	理解了哪些知识 明白了哪些道理 还存在什么问题 用思维导图归纳总结

图 4-3 差异化教学五环节

管理十项制度"。"育人质量管理十项制度"作为一套现代学校制度体系，精准指向育人目标，系统优化教学过程，高效利用教育资源，全面激发办学活力，真正推动学校育人高质量发展。这是差异化教育实践的遵循（见图4-4）。

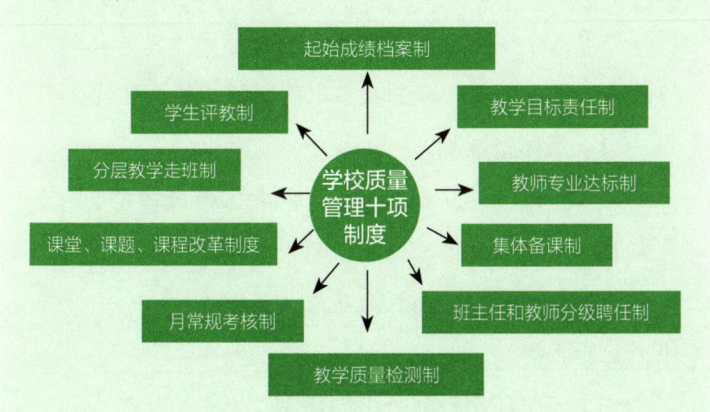

图 4-4　育人质量管理十项制度

（1）起始成绩档案制

学生起始成绩档案是对学生实施差异化教学的重要依据。每年8月底或9月初，对新生入学成绩（或中考）进行收集、整理和排序，建立学生起始成绩档案，用于制定教学质量目标、统考质量分析（含教师工作评价和学生发展性评价）。

（2）教学目标责任制

依据学生起始成绩档案，规定质量目标责任制的责任主体、责任范围、责任要素及权重，制定学期（学年度）《质量目标责任书》。

（3）教师专业达标制

组织教师专业达标测评工作。测评内容分为教育知识、学科知识、课程标准、教材分析与处理、教学设计与评价五个部分，重点考查教师对学科专业知识的理解、掌握程度以及在课堂教学中的实际应用达标情况。

（4）集体备课制

集体备课一般流程：主备人初备（形成初案）→全员完善（形成修改案）→集体研讨（形成共案）→个性化设计（形成个案）→教后反思（修改个案）→二次备课（完善共案）。

（5）班主任和教师分级聘任制

分级聘任一般流程：学校行政颁布聘任文件→学校行政公布班主任遴选结果、任命年级组长→年级组长公布年级质量目标→年级组长与具有班主任资格的人员开展双向选择→年级组长聘任班主任→班主任与科任教师开展双向选择→班主任聘任科任教师→各层签订《目标责任书》。

（6）教学质量检测制

每次考试过后一周内，以年级为单位召开考试质量分析会，年级所有任课教师参加会议。教师进行试卷分析，要求双向采集信息，既有教师"教"情的分析，也应有学生"学"情的分析。

（7）月常规考核制

科任教师工作目标量化考核结果与当月考核津贴直接挂钩。

（8）课堂、课题、课程改革制度

课堂教学改革以深刻领会新课程标准的精髓和吃透教材为前提，贯彻"先学后教、以学定教、精讲多练、单元达标"的原则，全程体现学生的主体地位。课题研究是由教师围绕实际教学中的某一具体问题，进行持续性的深入探究，包括制订研究方案、开题论证、实施课题和课题总结等。

（9）分层教学走班制

根据学校的实际情况，将所有行政班划分成若干单元，每单元根据学生的选课情况组成不同的分层教学班和分类教学班。不同教师教不同的层次、不同学科或模块。实行行政班和教学班双轨管理制度，在保持行政班不变的前提下，实行走班上课，课程结束后返回行政班继续其他课程的学习，参与行政班的各项活动。

（10）学生评教制

每学期开展三次学生评教活动，分别为学期开学后第一个月末、期中考试结束、期末放假前，旨在了解学生对教师的评价和师生关系，获取教学反馈信息，为对教师评价提供依据。

6. 差异化教育评价

建立以学生发展水平、教师专业水平和学校办学水平为核心的综合评价体系，包括评价主体、评价对象、评价方法、评价内容，整合标准性评价、相对性评价及发展性评价，形成一个多维度的差异化教育评价模型。通过起点性评价、过程性评价以及终结性评价，全方位地诊断学生个性发展水平、教师专业发展水平、学校教学质量水平，为改善教育教学管理提供科学依据，为差异化教育实践保驾护航。这是差异化教育实践的保证。

四、差异化教育成果

在差异化教育理念引领下，上海新纪元教育集团多年来致力于差异化教育实践研究，助力旗下学校教育质量取得丰硕的成果。

浙江平阳新纪元学校积极实施差异化教学，成绩显著。奥数竞赛连续八年获平阳县团体第一，科学竞赛连续十年获平阳县团体第一，中考平均分、优秀率、重点高中升学率均在全县名列第一，荣获平阳县教学质量优秀奖。学校的差异化课题荣获浙江省二等奖。

四川广元外国语学校通过践行差异化教育理念，办学成绩在本地遥遥领先，考取C9、985、211、双一流大学的绝对人数及比率连续八年居全市第一，2023年被四川省教育厅批准为省一级示范性普通高中，荣获广元市教学质量优秀奖。学校承担的"差异化教育实践研究"获得广元市和四川省教育科研优秀成果一等奖。

差异化教育在山东潍坊新纪元学校的十年实践耕耘，更是硕果累累。学校地处偏远的盐碱荒滩，在差异化教育理念的引领下，短短几年学校便从一所发展到三区六校（幼儿园、小学、初中、高中），在校学生从418人发展到7860人，教职工从45人发展到972人。在生源基础较差的情况下，实现低进高出，本科上线率从2017年首届高考55%，2018年61%，2019年71%，2020年74%，2021年81.43%，2022年的85.36%，一直攀升到2023年的86.7%。学校发展为教育部新课改示范校、中国STEM教育创新行动计划领航学校、全国航空特色学校、全国青少年校园足球特色学校、全国青少年信息学奥林匹克联赛金牌学校、山东省创新教育示范校、山东省科普示范学校等。数千人次获得国际、国家、省、市、区的各级各类奖项，一大批学子通过差异化教育实现了人生梦想，如：卞亚楠（考取清华美院）、李昌瀚（以全国面试第一名的成绩考入东南大学吴健雄少年班）、李铭泽（奥数省一等奖、中南大学自主招生全国第二名、联合国纽约总部实习生)、刘芳鸣(中央电视台希望之星英语大赛全国总决赛第一名,被香港教育大学录取并获全额奖学金)、路融堃(考入海军航空大学,潍坊滨海区第一个飞行员)、王月慈(全国中职院校数智化企业经营沙盘大赛一等奖,获国家奖学金),等等。同时,由周远生总校长主导的差异化教育成果荣获基础教育国家级教学成果二等奖、山东省省级教学成果奖一等奖、潍坊市基础教育教学成果奖特等奖。

差异化教育,不仅是一种教育理念的转变,更是对每个独立个体生命的尊重与欣赏。在未来的差异化教育实践中,我们期待更多教育者、家长以及社会各界人士的支持和参与,共同为孩子们营造一个充满包容、尊重、公平和优质的学习环境,让每个孩子都能在人生的舞台上自信地绽放自己的独特才华。

第五章

创新文化生态

第三章

日據時代民俗

第五章
创新文化生态

　　文化是人类在长期实践中创造的精神生产能力和精神产品的总和，包括知识、信仰、艺术、道德、法律、习俗等。创新活动的核心是创新精神，具体来讲，创新精神是创新的主要动力。创新文化氛围对创新人才成长、创新激情的迸发、创新的效率和成果质量有着极其重要的影响。这种影响往往是潜移默化的，但一旦激发出创新精神，研究探索、创造发明的动机激励着科技人才不懈追求、勇敢拼搏，汇聚成工作的强大力量。正因为文化在精神层面的关键作用，其"双刃剑"的作用也显现了出来。先进的创新文化能激励人，而庸俗文化的能侵蚀人，往往诱导人才背离初衷，功利主义膨胀，违背科学道德和伦理，更重要的是习以为常的世俗观念，往往与创新背道而驰，束缚和遏制创新，扼杀人才。因此，除了一些基本物质条件、制度环境，必须高度重视创新文化"软环境""软实力"的影响。

一、扬弃陈旧文化，形成人才脱颖而出的生态

　　儒家文化是中华文化的重要组成部分，是人类文明宝库中的精华。如《大学》中的"苟日新，日日新，又日新"常

被学者称道，但我们也要看到中国传统文化中特别是封建思想糟粕对创新扼杀的弊端，对创新人才培养和使用的负面影响。在我国的人才培养过程中，存在四个抹杀个性和创新的典型现象。

一是培育人中的"乖孩子"现象。从家庭到幼儿园，到小学、中学、大学，家长和老师总是期待和教育孩子听话，做规规矩矩的乖孩子。往往造成个性特长、创新精神从小遭到扼制。

二是选才时的"木水桶短板"现象。创新人才往往某方面突出，而其他方面短处明显，大才往往出自偏才、怪才。大学录取、就业录用不是择其长，而是关注其缺点弱项，往往求全责备，其结果将一些创新人才拒之门外。

三是用才时的"球磨机"现象。个性、棱角往往是创新人才必备的特质，对于一些与众不同的行为，不是积极引导，而是倍加指责。充满各种"清规戒律"的用人导向，把人才的个性和创新精神一起磨损了，像"鹅卵石"一样圆滑的性格，四平八稳的处事之道，难以成为创新人才。

四是对待人才的"出头椽子先烂"现象。一旦取得成果甚至刚刚崭露头角，或冷嘲热讽，或横加挑剔，左右刁难，或以各种荣誉和频繁的社会活动加以捧杀，从此使之再难以静心做学问，更难以再出创新成果。

观念上的偏差往往是好心办坏事，太重道德约束实质是旧的观念束缚，而忽视创新精神的培育和鼓励。培养和使用人才完全按照单一标准过分强调共性和一致性，就像工厂依照统一模式和标准生产产品一样，忽视了对人才的个性和独立性的培养与发挥，恰恰是缺乏个性和独立精神的人格往往成就不了创新人才。

二、破除"官本位"观念，形成公平竞争环境

官本位源于中国封建社会的科举制度，如"学而优则仕""万般皆下品唯有读书高"等观念。官本位思想不仅残存于行政单位，对科技教育单位的渗透尤其严重，是阻碍创新和优秀人才脱颖而出的陈规旧习。其主要表现为，用人主体以"官"为贵，往往领导和管理人员官僚主义作怪，不是把为科研、育人和人才服务作为主责，不是为人才排忧解难，而是高高在上，滥用职权，以管为主，甚至颐指气使，乱干预，瞎指挥，不能具体情况具体分析。此外，人才使用、选拔论资排辈，各种条条框框束缚科技人员才华的发挥，埋没青年优秀才俊，甚至扼杀创新创造性思维。

有时政府部门虽然出于好心，但按照旧的思维、不正确实行科技人员激励政策，往往参照享受××级干部待遇。如院士享受副部级生活待遇，教授享受××级干部待遇。各地为引进人才也提出享受××级干部待遇的诱人政策，评定技术职称也往往与行政干部的级别挂钩。大学甚至中小学、科研机构也与政府的级别挂钩。这些做法虽然在提高人才社会地位初期会起到积极的作用，但短期行为难以持续，负面

效应的弊端日益显现。在许多科技发达的国家，科学家、教授的社会地位，公众对科技教育职业的羡慕程度，远远高于政府官员。可是在我们这个受几千年封建观念影响的国家不同，官本位意识在学术界仍有较大的影响。官本位其实就是等级观念，它与平等、公平竞争的创新文化格格不入，往往成为创新思想的障碍和创新激情的阻碍。因此，必须下决心消除官本位意识对人才成长的侵蚀，按照科技创新内在规律正确有效激励人才。

　　破除官本位，就要改变以选官员的方式选拔创新人才。对人才，特别是领军人才，不能要求像干部那样的全面，要重其特长，在其他方面不能要求太严。不宜用考试、海推的办法选用，那样鉴别不出真正的创新人才，科研人才特别是学术往往埋头自己业务，不善交往和平衡关系，靠群众投票测评则会埋没人才。坚决破除论资排辈、求全责备等传统人才观念，以更广阔的视野选拔人才，不拘一格使用人才，创造人尽其才、才尽其用、优秀人才脱颖而出的人才成长环境。

　　破除官本位，还要改变以学术权威主导模式选拔人才。不少开明的大科学家确实是识才荐才的伯乐，但这并非普遍真理，应该重视听取一些老专家的意见。不能靠学术权威来主导选拔创新人才，特别是优秀青年拔尖人才。包括用所谓专家委员会、学术委员会的方式来决定晋升选拔人才的方式值得商榷，比如有的专家曾取得优秀的学术成果，但科技创新速度、知识更新频度很快，他们对科学前沿的新知识、新动向、新观点并不十分了解，在评判创新人才的学术水平方面并不权威，有的专家甚至嫉贤妒能，有的以自己所属学派的观点为准，发表意见亲疏有别，造成选人失去客观、公平。优化人才特别是青年人才的成长环境，鼓励青年科技工作者平等开展学术讨论和争鸣，发表新观点、新学说。一批有真才实学、成就突出的青年科研人才脱颖而出。重视发挥青年人才在科研工作中的生力军作用，支持更多年轻科学家担任项目负责人，组建团队承担重点课题，成长为学术带头人，要为"雏凤清于老凤声"而欣慰。

破除官本位，领导和管理部门要率先垂范，大幅减少错误的政策导向，决不能按照管理行政人员那样管理科技人才，更不能按照评价行政人员的标准评价科技人才。少用权力影响、干扰正常的学术活动，把科技创新、人才评价、使用的自主权更多地下放到用人主体。

三、摒弃人情文化，营造公正诚信文化生态

中国文化的一个显著特点是讲人情。古往今来，中国社会讲究人情为上，注重礼尚往来，重视人际关系。这种文化的正面效应是促进了社会和谐和团结友爱风尚的形成。然而，在市场经济和法治社会的条件下，以"关系"代替"契约"，"熟人"的"情感"代替了规则，很容易使社会正义和公平的天平在"人情"中发生倾斜，公平竞争的机制受到挑

战。在科技评价中，人情和人际关系破坏了公正客观的评价和学术诚信，甚至导致不正之风和学术腐败。为什么几十年来我国多次学术评价体制改革却积弊难除？为何现在的"四唯"导致错误评价导向？国际上成功实施的同行业评价机制在中国多数失灵，甚至由于没有评价和识别人才的科学机制，导致人才发展和科技创新遭受严重阻碍。

究其根源，人情社会的庸俗文化是造成科技评价扭曲的主要祸根。大家都见过这种情形，无论是申报科研项目，还是课题验收、职称评审、奖励评审、院士评审，申报人和相关单位常常先找关系，打通环节，跑部门沟通关系，找评审专家沟通感情，甚至请客送礼。尽管明文规定评审专家保密，但实际是总能顺藤摸瓜找到人。国外评审管理制度建立了评审专家和申报人背对背的机制，采用匿名审评制度，确保"盲评"以客观公正，一旦发现违规，科研诚信制度将其计入失信黑名单，评审专家将自毁前程，付出终生代价。而我国的同行评价开展的不理想，主要原因是人情和关系文化作祟，失去客观公正性；另一原因是没有建立权威的学术诚信制度，特别是失信惩戒制度，违规的成本低，没有震慑性。

我国人才评价体系的改革，主要方向是提高评价的客观公正性，必须摈弃人情世俗的干扰，强化评价诚信建设，严格执行违规惩戒，形成不敢、不能舞弊作假的刚性约束机制，一旦违规，终身追责。此外，要研究运用机器智能评价机制，设计好相关指标体系作为评价的技术辅助系统。通过制度约束和技术保障，堵死人情关系后门，筑牢营私舞弊的防火墙，严防和纠正学术和人才评价的种种弊端，维护学术和人才评价机制的清明。

四、纠正"唯帽子"乱象，浓厚"专安迷"氛围

荣誉是激励创新创造、褒奖学术成就的有效手段，但一旦滥用，则事与愿违，造成学术界的乱象丛生，贻误人才，干扰创新，甚至滋生浮躁、投机行为。帽子满天飞、为挣帽子和面子弄虚作假等弊病，是我国人才发展道路上必须整治的问题。

当前学术界存在的一些不正之风，应当从多方面着手根治。

受功利主义影响而产生的自身浮躁现象。科技创新需要专心致志、专业专注、悉心探索，应该耐得起寂寞、受得起清苦，踏踏实实做学问。一项科技创新成果的取得，需经历大量的演算、观察、试验，需要经历无数次的挫折失败，有时需要一年甚至更长的时间都难以取得突破。因此，科技创新必须具备默默耕耘、百折不挠、锲而不舍的精神，要有板凳甘坐十年冷的心态。然而近年来社会上的浮躁之风也严重影响了科技界，名利思想作怪，追求短平快，一人多头申请课题，一个成果拆分几块发表论文，在期刊上花钱雇人代写发表论文，不惜重金求的不当商业行为的期刊发表等；评价

结论中充斥浮夸的不实之词；片面追求成果数量而高水平创新成果少等现象比比皆是。

目前科技人员中存在一些违背科学道德的行为，破坏了创新的文化氛围，必须要标本兼治。究其原因，是一些人名利熏心，投机取巧，通常表现为剽窃别人的成果。利用自己的地位和头衔，滥挂名甚至盗名，引用数据不实甚至造假；成果变相造假，有些成果被改头换面后重复申报；利用假成果、伪科学招摇撞骗等。这些违背科学诚信的行为时有发生，这表明存在着有助其发生、泛滥的社会土壤。虽是个别现象，但会严重影响良好的创新氛围和社会形象。

这些问题有科技人员自身道德修养问题，也有外部因素推波助澜、引诱误导。如，政府部门的政策误导，申报项目、奖励、基地挂名等都设置前提条件，迫使申报单位和个人想方设法去捞帽子、争荣誉。此外，相关部门为了自身利益和权威，设置了各种不同的名堂和帽子，造成帽子有增无减。各地政府重视科技和人才本是好事，但为了政绩滥挖人才，甚至搞挖取人才的不当竞争。挖人并非看真才实学，主要看帽子，用来装门面、粉饰政绩。有的戴着院士、杰出青年等帽子的人，几个地方挂名，拿薪水而不作为。由于政府行为导致各类人才参与社会活动过多，干扰影响着科技人员，使之难以专心从事科研。

五、尊重个性，形成竞相创新的文化氛围

创新文化是创新成功的土壤和气候。创新文化本质是个性文化、民主文化和诚信文化。创新出自超凡脱俗的气质、离经叛道的勇气、学术上标新立异的思维、学术批评的氛围、锲而不舍的执着，这需要与之适应的创新文化环境。

要营造创新文化环境，就要配合制度创新革除那些弊端。大力弘扬尊重个性、张扬特长、激励探索、提倡冒尖、宽容失败、敢为人先的创新文化。大力倡导学术民主，坚持学术面前人人平等、公平竞争。倡导尊重有真才实学的创新人才，不盲目推崇迷信权威。鼓励各类青年创新人才大胆探索、独辟蹊径。同时注重加强科技道德和诚信建设，净化学术风气，力戒浮躁，清除学术腐败。努力形成尊重知识、尊重人才、崇尚创新、激励创新的社会氛围。

创新精神是创新文化的核心，要摒弃急功近利的浮躁心态，树立锲而不舍的拼搏精神。摒弃技不如人的自卑心态，树立敢于超越的民族自信；摒弃拿来主义的依附心态，树立自立自强的创新精神。要重视关心青年人才等"小人物"，热情鼓励他们的奇思妙想，给他们搭建平台，赋予平等机会，帮助他们脱颖而出。要大力推崇包容失误、容忍失败的文化氛围，在挫折中探索突破，甘心寂寞清苦，不惜付出代价，创造颠覆性创新成果，开辟新的学术领域，攀登科学高峰，直逼科学前沿。

创新生态：揭秘创新创业关键

案例

加拿大西蒙菲沙大学（SFU）创新生态系统

在加拿大的高等教育领域，有一所西蒙菲沙大学。它在创新和工业应用方面的卓越表现，使其荣膺加拿大顶尖大学的美誉。

2016年，西蒙菲沙大学开启了名为"SFU Innovates"的大学创新战略，从此踏上了一段精彩的创新之旅。这个战略就像一把神奇的钥匙，打开了创新生态系统的大门，促进了合作伙伴关系的建立，创造出有利于创新的良好环境，还提供了多种多样把握创新机会的途径。

它的衍生公司 Ionomr Innovations 就是一个成功的范例。这是一家专注于清洁技术和先进材料的公司，在2022年成功吸引了超过1500万美元的资金，犹如一颗新星在行业中崛起。而西蒙菲沙大学的核心设施 4D LABS 更是一处神奇的所在，它是满足材料科学和工程需求的一站式设施。这里的团队与各界合作伙伴携手共进，帮助客户开发产品、解决难题，将科学知识巧妙地转化为创新的解决方案。还有大数据中心，如同一个智慧的纽带，在大数据时代，将行业、政府和学术合作伙伴与西蒙菲莎大学的专业知识紧密联系起来。

第五章
创新文化生态

西蒙菲沙大学的比迪商学院也声名远扬，以开展全球一流的知识经济研究而备受瞩目。

西蒙菲沙大学的创新生态系统，就像是一个充满活力和多元化的奇妙世界。

在跨学科研究与合作方面，西蒙菲沙大学宛如一个勇敢的开拓者。它鼓励不同学科领域的师生勇敢地交流与合作，打破了传统学科的界限，让知识相互融合、碰撞出创新的火花。比如在环境科学、工程学与社会学等多学科交叉的领域，师生们共同开展关于可持续发展的研究项目，为解决复杂的现实问题精心打造出综合方案。学校还设立了专门的跨学科研究中心和项目，像健康科学跨学科研究中心，为跨学科研究搭建起广阔的平台，提供了丰富的资源支持。

4D 实验室作为这个创新世界核心设施之一，它为学术和行业客户在材料科学和工程方面提供了一站式服务。在这里，大家齐心协力，帮助客户开发产品，攻克难题，把科学知识变成一个个创新的解决方案。

大数据中心在时代的浪潮中顺势而为。它将行业、政府和学术合作伙伴与西蒙菲莎大学的专业知识无缝连接，填补了人才的短缺，创造出新的知识，为创新经济贡献着力量。它贴心地提供服务，全力支持内部和外部合作伙伴的大数据需求。

创新生态：揭秘创新创业关键

　　产学研合作方面，西蒙菲莎大学与众多企业如同亲密的伙伴。它们建立了紧密的合作关系，开展了一个个产学研项目。企业为学校带来实践机会、资金支持和行业最新动态，学校则回馈给企业科研成果、人才支持和创新思路。就像西蒙菲莎大学与当地的一些科技企业联手，共同研发新技术、新产品。学校还邀请企业专家参与课程设计和教学，让教学内容与实际行业需求完美贴合。同时，企业也为学生敞开实习和就业的大门，助力学生的职业发展。

　　在创新文化与氛围营造上，西蒙菲莎大学像是一个温暖的大家庭。校园里充满了鼓励创新、包容失败的温馨气息，让师生们敢于大胆尝试新的想法和方法。学校举办了各种各样的创新比赛、活动和展览，如科技创新大赛、文化创意展览等，激发了师生们的创新热情。学校还建立了创新奖励机制，对在创新方面表现出色的师生进行表彰和奖励，树立起一个个榜样，激励了更多人投身创新的浪潮。

　　西蒙菲沙大学的创新生态系统，对加拿大经济产生了多方面的深远影响。

　　它推动了科技创新与产业升级。在新兴产业发展方面，表现得尤为出色。比如在清洁技术、先进材料等领域，像西蒙菲莎大学孵化出的 Ionomr Innovations 公司，

第五章
创新文化生态

凭借其领先的清洁能源技术，在全球清洁能源技术领域崭露头角，有力地推动了加拿大相关新兴产业的蓬勃发展，为经济增长注入了强大的新动力。同时，在提升传统产业竞争力方面也功不可没。通过创新生态系统中的跨学科研究和技术创新，帮助传统产业如制造业、农业等实现升级改造，提高了生产效率、产品质量和附加值，让加拿大的传统产业在国际市场上更具竞争力。

在培养创新人才与促进就业方面，西蒙菲莎大学更是成绩斐然。它提供了高质量的创新人才，大学独特的创新教育模式和丰富的科研资源，培养出了大批具备创新思维和实践能力的毕业生。他们步入职场后，为企业带来了新的理念和技术，满足了加拿大经济发展对各类创新人才的迫切需求。而且，创新生态系统中衍生的创业公司和企业不断发展壮大，直接创造了大量的就业岗位，不仅吸纳了西蒙菲莎大学的毕业生，也为社会人员提供了就业机会，为降低失业率、稳定社会经济发挥了重要作用。

在吸引投资与促进区域经济发展方面，西蒙菲沙大学同样表现出众。它凭借创新生态系统的良好声誉和创新成果，吸引了国内外企业的投资以及与大学的合作。这些投资不仅为创新项目提供了资金保障，还带动了相关产业和区域的经济发展。比如加拿大政府对西蒙菲莎

创新生态：揭秘创新创业关键

大学在创新方面的资助项目，为西蒙菲莎大学的研究环境优化和研究成果提升提供了有力支持。以大学为核心的创新生态系统，吸引了各类人才、企业和机构聚集在周边地区，促进了当地商业、服务业的繁荣，提升了区域的经济活力和发展水平。像西蒙菲莎大学的温哥华校区所在的市中心区域，就因学校的创新活动而焕发出新的生机，经济实现了进一步发展。

在增强国家创新实力与国际竞争力方面，西蒙菲沙大学更是贡献巨大。它提升了加拿大的整体创新水平，作为加拿大的重要高校，其创新生态系统的成功运作，为加拿大其他高校和科研机构树立了榜样，推动了整个国家在教育、科研和创新领域的改革与发展，进而提升了加拿大的整体创新实力。同时，在全球经济竞争的舞台上，西蒙菲莎大学创新生态系统培养的创新人才以及产生的创新成果，增强了加拿大在国际科技、经济领域的影响力和竞争力，为加拿大在国际贸易、科技合作等方面赢得了更有利的地位，促进了国家经济的可持续发展。

西蒙菲沙大学的创新生态系统为加拿大的经济发展和社会进步书写了精彩的篇章。[1]

---

[1] 资料来源：新浪财经、西安工程大学官网等。——编者注

六、浓厚宽容失败文化，鼓励敢于试错的勇气

科研、创新、创业都是探索、试错的过程。大家都熟悉爱迪生的故事，他在成功发明电灯泡之前，曾经做过数百次试验，但都以失败告终。然而，爱迪生并没有灰心丧气，反而乐观地说:"我没有失败，只是找到了一千种行不通的方法。"他反而更加坚定了自己的信念。科学研究、技术发明创新往往都像在黑暗中探路，屡受挫折失败。重大科学理论、学派的创立，不光要有敢为人先的勇气，还必须具有锲而不舍、越挫越奋的韧性。颠覆性创新成果往往诞生于无数次重大失败的痛苦经历。创业失败更是家常便饭，失败时常会伴随倾家荡产的困境。因此，创新文化必然要求要有宽容失败的环境，决不能一有失误甚至失败就歧视、责难、冷落。事实证明，哪里创新活跃，哪里重大成果和优秀人才频出。风险投资就为宽容失败而诞生。有一个真实故事令我印象深刻，美国一家初创公司为得到风险投资公司的一笔不小投资而意外惊喜，风投老板告诉他，我们评估你的申请时，注意到你们已失败两次了，这说明你们离成功很近了。容忍失误、宽容失败的文化，浸透在科研团队、管理机构、企业、政府部门、社会各个层面。要成为一个科技上自立自强的人才强国，宽容失败是必需的文化生态。

七、坚持正确价值导向，大力弘扬科学家精神

创新需要宽松的学术环境，更需要正确的价值导向。科技创新不是名利场，而是拼搏奉献的崇高事业，科学精神、科学家精神是求索创新的不竭动力，是甘心寂寞、百折不挠、锲而不舍的心灵慰藉。要有胸怀祖国、服务人民的爱国精神，勇攀高峰、敢为人先的创新精神，追求真理、严谨治学的求实精神，集智攻关、团结协作的协同精神。中国科学家精神，是优秀人才共同拥有的精神财富，必须在新时代发扬光大。它树立了科学家的崇高志向和神圣使命，更是最高的职业追求和人生境界；科学家必须具有过人的胆识和勇气，不畏艰险、探索未知、勇往直前、坚韧不拔的毅力和锲而不舍的韧劲，具有高尚的道德修养、职业素养，具有博大胸襟和高尚风格。古今中外成功的科学专家大多是道德修养和精神风范的楷模。要弘扬造福人民、热爱祖国并报效祖国的宏伟抱负和为科技事业献身的崇高精神，而不是追求名利、自私自利、丧失人格。要有勇于创新的精神，正如恩格斯所说，在科学上没有平坦的大道。只有不畏劳苦，沿着陡峭山路攀登的人，才有希望达到光辉的顶点。在我国的科技人才中不缺乏创新的能力，而是缺乏创新的勇气和魄力。要不怕权威，不怕暂时落后，不怕挫折失败，要有攻坚克难、勇于超越、敢于胜利的雄心壮志。要有会当凌绝顶，一览众山小的气概。要有锲而不舍的毅力，虽然有时创新思维灵光

一现，但实质上这是厚积薄发，因此创新必须专心致志，潜心研究，艰难探索，而不是唾手而得。研究开发要讲究效率，要脚踏实地，刻苦认真，而不能心浮气躁，怕苦怕难，投机取巧，要有诚信求实的道德，尊重客观实际，不弄虚作假，敢于坦诚直言，尊重别人的创造和知识产权。要有团结合作、奖掖后人的博大胸襟和高风亮节。

案例

哈佛大学的创新文化点滴

始建于 1636 年的哈佛大学，在近 400 年的发展历史中，办学质量一直处于世界前列。截至 2022 年，哈佛大学共产生了 160 多位诺贝尔奖得主（世界第一）、18 位菲尔兹奖得主（世界第一）、14 位图灵奖得主（世界第四），还诞生了 8 位总统，培养出无数的科学巨匠、政要高官、商业明星。哈佛大学培养出大量创新人才与其独到的人才培养战略和教育理念息息相关。究其奥秘，积淀百年才形成的创新文化，是其办学的灵魂。这里简要列举几点。

一、鼓励学生张扬个性、敢于超越

哈佛的校训可简要概括为"追求真理"。其创新文化的根基是鼓励学生张扬个性、发挥其特长、勇于追求

> 创新生态：揭秘创新创业关键

真理、创造卓越。人才个性不能被狭隘地误解为个人主义，个性强调的是人格的独立、善于独立思考、敢于独辟蹊径、鼓励独创学说。科学研究探索本身要求突出个性，创新求异。激发学生的创造性、独立性和想象力，尊重个性、尊重差异，鼓励他们开展原创性的大胆探索，这既是对学生的锻造，也是对导师的考验。

在哈佛大学研究生院还有一个规定，博士生独立后申请做助理教授，研究课题不能再做导师的原有方向，必须选择新的方向。这也相当于鼓励青年人才敢于做大问题、安于坐冷板凳，激励学生独辟蹊径，成为科技的颠覆创新者。课题的立项评估，都有明确要求。要有新奇观点、新颖思路，鼓励研究者标新立异，提出新学说，成立新学派。他们坚守一个信念，年轻人是创新的未来，资深科学家不应以权威自居，而应以做伯乐为乐，要敬畏科学，敬畏后生，放手让年轻人挑大梁，让他们站在前人的肩膀上，心无旁骛地勇攀科学高峰，启航星辰大海。

在哈佛大学担任多年教授后回国工作的谢晓亮谈了他亲身的感受，他在科研起步期缺乏研究经验，导师通过言传身教给他了大量细致的指导。在导师身上，他学到了解决复杂问题成竹在胸的自信，这是作为一名实验物理化学家应当具备的素质。后来他主动向导师建议博士论文方向，导师热情鼓励他大胆去做，后来果然取得了很好的成果。谢教授常用沃森、克里克发现DNA双螺旋结构的例子激励学生。沃森当时只有25岁，他们当时的两个"竞争对手"，一位后来与他们分享了诺贝尔奖，另一位则是大名鼎鼎的化学家、两度诺贝尔奖得主鲍林。他们无视鲍林的权威，率先解出了正确的DNA结构，开启了分子生物学的辉煌时代。这种创新的基因在他做了教授后得以发扬光大，他的课题组迄今已走出了30多位博士生、80多位博士后，其中不少人被人看作"刺头"，但很多人做出卓越成就，已在国际知名学府担任教授。

鼓励超越必须有包容失误的文化氛围，科学研究的本质就是试错，探索的道路坎坷崎岖，无数次的挫折失败孕育着成功。没有冒险的勇气、百折不挠的韧性、锲而不舍的毅力，难以取得科学突破。对于同行、师长、管理者要有胸怀、多包容，不急功近利，鼓励试错，在探险中攀登科学高峰。

二、提倡学术自由民主，鼓励学生自由探索

哈佛大学前校长埃里奥特将德国大学的学术自由精神引入哈佛大学，此后鼓励学术自由探索和注重科研导向一直是哈佛大学的基本办学理念。哈佛大学把学术自

由视为促进科学研究繁荣和人才成长的必备条件。在自由探究精神指导下的不预设目标、不与职业相挂钩的教育，是哈佛大学一直坚持并且不断付诸实践的理想。

科学研究有很大的不确定性，探索未知、突破常规、颠覆式创新，都需要赋予研究者更大的学术自由空间，才能使其思维更加活跃、新奇。鼓励研究者，包括鼓励年轻研究者自由畅想，自由选择感兴趣的课题、研究路径，更加自由支配工作时间，减少各类外来干预和事务性干扰，使研究者静心、专心聚焦于研究探索。在高水平大学、研究机构，学术研讨会是研究和人才培养的重要方式。这种自由民主的学术氛围，成为众多国际学生、学者趋之若鹜到美国求学的原因，更激励很多学者做出了众多世界级的科技突破性成果、颠覆性创新。

美国的教育往往从小学和中学时代就把研讨会作为启发式教育的重要形式，到了大学研讨式互动教学更加普遍。譬如，老师讲课一般都安排提问、讨论时间，甚至鼓励插话提问，从几人到几十人大小规模的研讨更是家常便饭。

三、注重问题导向，培养学生解决实际问题的能力

案例教学法是哈佛大学的课程教学方法改革的重点，它始于医学院和法学院，成于商学院。哈佛大学把

它作为主要教学方法,广泛应用于全校各学院的专业课程教学。案例教学具有启发性的特征,老师通过案例分析,启迪学生思维,促使学生深入思考,找出更好更贴近实际的解决问题的方法。案例教学强调思考的多向性、空间的多维性和结论的多元性,不是要求教条式地掌握知识。哈佛大学的教育模式非常注重训练学生的问题推导能力,而非寻求问题的标准答案。被广泛采用和推广的案例教学法,培养了学生扎实深厚的专业功底、严谨缜密的逻辑思维能力、深刻敏锐的市场洞察能力和坚韧超群的心理素质。通过启发人的思维、发掘人的智慧,培养学生的创新思维,从而助其成长为创新人才。

哈佛大学的案例教学法是一种启发式、讨论式、互动式的教学形式,它的主要特点是把现实中的问题带到课堂,把教学双方带到矛盾冲突之中,把枯燥单调的理论章节变成解决真实问题的公开讨论,把教师的单向教授变成师生之间的教学相长,把个人的思路变为集体的智慧,把一个战略性的束之高阁的理论框架变为解决公共管理现实问题的可操作实践。哈佛商学院指出,案例教学没有正确的答案,只有不同的解决问题的方案。他们通过案例教学,训练学生系统思考问题的方法和采取行动的勇气与决心。也许学生来学习时只有一个问题,学习后会变成十个问题。这样,学生能够开阔思路,增强处理问题的自信,提高决策和管理能力,收获解决问题的不同方法。

四、实施通识教育,注重拓宽学生的知识面

通识教育是哈佛大学创新文化的显著特点。哈佛大学培养出大量杰出人才,与其独到的人才培养战略和通识教育理念休戚相关。正是基于对人才培养目标的科学认识,哈佛大学才有了由最初的自由选修制到注重通识教育的核心课程改革。新的通识教育改革计划把培养学生独立的判断鉴别能力作为重要目标,而不是沿革过去的核心课程过多,它偏向于推动学生掌握如何分析问题和解决问题的方法论训练。为实现这一人才培养战略目标,哈佛大学更为注重建立一个有利于滋养批判精神和独立思考的制度。新的通识教育计划加大了逻辑推理类课程的比重,强调教学中资料数据收集和逻辑推理能力的训练,因为这种饱含科学精神的理智训练是培养批判性思维的基础。哈佛大学人才培养战略定位不仅在于将哈佛大学的学生培养成高素质人才,更是要通过各种教育途径积极促进学生的全面发展,使得学生的智力水平、认知能力等都达到高水准,进而对精神世界、物质世界、社会现实有着非同寻常的鉴别能力。

创新人才具有创造性思维和良好的认知结构的特

质。通识教育有助于培养学生独立思考以及价值判断的能力，有助于培养富有社会责任感的合格公民。它强调深厚的基础知识和宽广的知识面，特别强调人文与科学的融合，有利于培养创新人才。

很多人可能会误以为通识课就是选修课，其实不然。在哈佛大学，从某种意义上来看，通识课才是强制性的，才是必需的。哈佛大学还要求学生必须在文理学院、工程与应用科学，每个学院中完成一门课程。通识教育能培养学生独立的判断鉴别能力。学生选择课程的过程也是思考自己未来发展的过程。哈佛大学要求学生选修不同角度的通识课程。学生不对自己设限，不局限某一方面的课程学习。通识教育能让学生了解各学科的多样性，为学生建立有意义的跨学科联系提供了广泛的基础。

哈佛大学通识教育下的知识建构会提升学生的自我认知能力，有助于他们深化对自身优势与弱势的理解，并明确努力的方向。高度的自我认知是一个人成长为创新人才所必需的基本品质之一，而这种自我认知必须建立在知识体系相对完整的构建之上。哈佛大学同时也为所有学生提供机会，以适应他们在追求自身完善的过程中对自我定位与目标实现的重估。通识教育能够将学生的最大潜能逐步激发出来。

五、务实多样的培养模式

1. 学术研究导向

  哈佛大学人才培养模式的层次和途径很多，以世界一流的学术研究带动教学和人才培养是其模式重要特点，而高质量科研论文的发表及其被引情况作为一个重要指标，可以从核心层面折射出一所大学的学术影响力。哈佛大学坚持通过世界一流的学术研究培养创新人才。学术研究的意义是不断拓展人类知识的边界。这个过程的本质就是创新，学术研究的成果可能是提出新思想、新方案，也可能是丰富既有的理论和解决方案。哈佛大学重视学生的学术研究能力对培养创新人才大有裨益。哈佛大学还为本科生提供了多种项目选择和资金支持，鼓励本科生进行研究。哈佛大学的研究项目为与导师合作进行独立研究的学生提供学期和暑期助学金。在为获得批准的教职员工担任研究助理工作时，教职助手项目可以提供一半工资给学生。

2. 培养模式务实

  哈佛大学的人才培养体系改革始终围绕着加强学生思考问题和应用知识的能力训练来进行变革，让学生学会对以前陈陈相因的观念、价值、理论、假定进行质疑和深入思考，从而培养其批判性思维和创新性人才。通识教育改革的目标在于培养学生更好地适应形势变化，给学生更多自由选择的空间，提升哈佛学生学以致用的素质和能力。

3. 注重多元教育方式

哈佛大学注重学科交叉，与邻居大学麻省理工学院实行学分共享，鼓励学生选修理工科的课程，增加前沿科技知识。举办各种讲座和论坛是哈佛大学培养人才的重要途径。哈佛大学每周都安排多场讲座和论坛活动，邀请国内外政要、企业家、学术带头人、知名校友、智库研究者去学校演讲、讨论交流。这种讲座论坛往往形式灵活，不少采用午餐会形式，学生自愿报名参加，气氛轻松活泼，大家在互动中拓宽视野和增加知识。

第六章

开放的国际合作生态

第六章
开放的国际合作生态

　　科技创新的本质，决定了其在全球的交流扩散。它可惠及各国人民，并且善于利用全球优势资源。但是，随着其在发展竞争中的关键地位和决定性作用的增强，它成为西方科技强国垄断遏制的工具。他们拼命对中国等发展中国家打压围堵，破坏了正常的国际科技和人才国际合作交流的秩序，严重阻碍了创新资源和成果在全球的正常的流动。在世界大变局的背景下，我们必须坚持以独立自主并扩大对外开放，以高超的智慧和强大实力构建新型世界创新合作生态，推进国际合作交流正常开展。

一、国际创新合作交流的历史必然

　　科技国际合作交流自古源远流长。特别是自第一次科学和技术革命后，知识传播和新技术扩散的进程加快了。

　　14世纪初，意大利开展文艺复兴运动，为近代科学兴起创造了文化和制度的有益环境。达·芬奇精深的艺术创作与广博的科学研究密切结合，在许多学科领域都有重大发现，在解剖学、生理学、地质学、植物学、应用技术和机械设计方面建树尤多，因而，达·芬奇被誉为许多现代发明的先驱。之后，文艺复兴从意大利逐步向西欧各国扩散，人文精神得到广泛传播和高度发展，打破了宗教思想桎梏，为科学发展带来了良好社会文化氛围和精神动力。哥白尼作为波兰人，1496—1506年在意大利留学十年，深受文艺复兴运动的影响。他回到波兰做过医生，但作为业余天文学爱好者，于40岁时提出了"日心说"，20多年后其著作《天体运行论》出版，真正开启了近代科学之门，故以"哥白尼革命"彪炳史册。哥白尼去世20多年后，伽利略在意大利比萨出生，他对动力学有过深入研究，首先提出了匀速运动、匀加速运动，重力和自由落体，惯性体系等概念，在1634年出版的《两门新科学》中系统论述了相关动力学理论，颠覆了古希腊亚里士多德的运动理论。在同时代的其他国家，一些科学家也为科学革命作出了积极贡献，如法国数学学、物理学家、哲学家笛卡尔于1637年提出了数学基础工具——坐标系，创立了解析几何，在力学等物理学方面也有开创性建树。德国天文学家开普勒于1596年出版以哥白尼思想为基础框架的第一本专著《神秘的宇宙》，提出了行星运动三定律。意大利物理学家托里拆利，法国数学家和物理学家帕斯卡，德国物理学家盖里克，英国物理学家、化学家波义耳等，通过大气压、真空测定等实验，把流体力学研究提高到与固体力学同等水平。被誉为最伟大科学家之一的牛顿，将伽利略以来一个世纪的物理学研究成果综合集成发展，形成了近代科学体系的架构。如微积分、牛顿力学三定律、万有引力定

第六章
开放的国际合作生态

律等，开辟了全新的宇宙体系，确立了新的科学范式，创立了新的自然观，把第一次科学革命推向高潮，加快了科学思想和知识的交流，并传播到整个欧洲大陆。

18世纪中叶，第一次技术革命在英国兴起，以动力革命为标志。瓦特制成的改良型蒸汽机的投入使用，得到迅速推广，大大推动了机器的普及和发展，人类社会由此进入了"蒸汽动力时代"，英国成为世界上第一个工业国家。第一次技术革命加速了先进技术的发明和全球扩散转移。19世纪起，法国工业革命的进程加快；到19世纪中期，法国工业革命基本上已经完成，成为当时仅次于英国的工业国家。19世纪中叶，德国成为第二次工业革命的开启者。德国其实是第一次机械化和第二次电气化、内燃动力工业革命交叉重叠推进，在第二次工业革命中出现的新兴工业如电力工业、化学工业、石油工业和汽车工业等都领先世界。美国成为第一次、第二次工业革命的最大受益者，通过学习、引进，后来居上。第二次工业革命时期，美国几乎与欧洲同步。美国敏捷地运用科学革命产生的电磁学、化学、热力学知识，学习欧洲的技术发明成果，呈现出创新的比较优势，如发明家兼企业家的爱迪生十分崇拜法拉第，发明了白炽灯及照明系统、留声机、电影等。1885年，不到40岁的他就有500多项专利，一生达1100多项专利。亨利和摩尔斯发明的电报机、贝尔发明的电话等，都带来了大众生活的变革。1903年莱特兄弟发明飞机。这让美国的钢铁生产、煤炭开采、化工等领域生产技术水平跃入世界先进行列。1890年，美国的专利授权量和钢铁产量、煤产量都领先于世界。20世纪20年代，以福特为代表的汽车制造业成为美国第一大产业。

第二次科学革命在20世纪初的欧洲兴起，这不但加快了知识的全球传播，也加快了科学家的聚集和交流。被称为当代最伟大的科学天才的爱因斯坦，无疑是第二次科学革命的旗手。1905年，爱因斯坦获苏黎世大学物理学博士学位，并提出光子假设，成功解释了光电效应（因此获得1921年诺贝尔物理学奖）。同年，创立狭义相对论，1915年创立广义相对论，1933年移居美国，在普林斯顿大学高等研究院任职。截至1933年，德国共有32名诺贝尔奖获得者，而当时的美国只有5名。丹麦科学大师玻尔是与爱因斯坦齐名的新的物理学家，对量子力学的创立作出突出贡献。丹麦哥本哈根大学理论研究所由物理教授玻尔于1921年成立，曾在量子理论尤其是量子力学方面的研究中作出杰出的贡献。该研究所很快成为当时国际物理学的三大研究中心之一，被许多物理学家誉为"物理学界的圣地"和"量子力学的诞生地"。曾在这里做过研究的有22岁当讲师、27岁当教授的量子力学先驱海森堡，还有作为"上帝的鞭子"的泡利，也有开玩笑不讲分寸的朗道（苏联物理学家，诺贝尔物理学奖获得者）。以玻尔为代表的哥本哈根学派成为一个时期量子力学发展的主力军和科研高地。它积极提倡科学上的国际合作，一些世界著名的物理学家都曾在这里工作、学习或讲学、访问。几

第六章
开放的国际合作生态

十年来，哥本哈根大学理论物理研究所培养了600多名外国学者，其中很多人成为世界著名的科学家，获得诺贝尔奖的就有10人以上。英国剑桥大学的卡文迪许实验室曾在一个时期内把众多国际物理界的顶尖科学家吸引聚集到这里，以其善于培养造就世界一流科技精英而闻名于世，曾有30多人获得诺贝尔奖等世界科技大奖。麦克斯韦、汤姆森、卢瑟福、克拉克、沃森、克里克等世界科学大师都在这里工作过。

第二次世界大战后，美国通过多种方式网罗世界科技英才，取代欧洲成为世界科技和人才中心。在第一次世界大战结束后，美国就敞开国门吸收了包括著名物理学家爱因斯坦、爱德华·特勒以及核物理学家恩里科·费米在内的多名犹太裔科学家。在二战即将结束之时，美国动用100多架次飞机，派遣数千名随军科技专家组成一支特殊部队，奔赴战败国物色科技精英，使2000多名科学家流向或移居美国。之后，美国利用经济繁荣的优势，想方设法吸引世界高级人才，对世界级水准人才给予特惠政策。如美国的博士后研究人员中，外籍人比例从1982年的38%上升到2002年的59%。在美国就业的所有博士学位获得者中，50%出生在国外。在1998—2005年获得诺贝尔奖的美国人中，1/3以上是在外国出生的。截至2024年，美国已经有400人次获得了诺贝尔奖，约占世界获诺奖总数的70%。菲尔兹奖、沃尔夫奖等世界数学最高奖中，美国的数学家（包括在美学校学习工作过的）居70%以上。计算机图灵奖获得者中，美国的科学家（包括在美学校学习工作过的）也超过70%。美国被引科学家的数量和比例长期居世界之首，最高时的比例约占全球的50%。这表明，美国连续几十年占据世界科技创新发展的领先和霸主地位。美国得益于利用全球热门资源，包括早期的资源攫取，以及向世界扩大开放、优惠政策和优良人才发展生态环境。

20世纪中叶后，随着第二次世界大战结束和第三次技术革命的兴起，经济全球化进入快速发展期，这也带动了大规模的科技全球化浪潮。跨国公司作为主要推动者，把价值链延伸至世界，产业链全球布局，中低端产业大量向发展中国家转移，先进成熟的技术随着现代装备生产线转移推广，促进了国际间的技术交流与合作，使得科技资源能够在全球范围内配置。这种配置打破了传统的地理和区域界限，极大地促进了科技人员的交流和互动，使得科学研究和技术开发活动更加便捷。同时，一批国际科技大计划，如人类基因组计划、热核聚变（ITER）计划、重点基础研究大工程、可持续发展议程等成为国际科技合作的重要平台。跨国公司能够充分利用分布在全球的人力资源和科研成果，服务于自身的发展战略。这为参与国，尤其是发展中国家，提供了提升经济和科技水平的机会。日本作为早期受益者，自20世纪60年代就把"引进、消化、吸收、创新"作为主战略，工业技术升级取得突飞猛进的成果，甚至在20世纪八九十年代，经济发展速度直追美国，特别是电子、家电、汽车等产业对美国构成了挑战。韩国也在20世纪70年代借引进消化吸收西方先进技术创造了经济跨越式发展的汉江奇迹。

20世纪80年代初，随着改革开放广泛而深入地开展，中国广阔的市场、丰富的廉价劳动力和资源的比较优势，吸引着大量制造业伴随着先进的实用技术向中国转移。中国政府审时度势，把实施科教兴国摆在国家发展全局的突出地位，庞大的科技队伍，在消化吸收基础上再创新的强大能力，在国家一系列科技计划的引导下，促进中国科技创新进入快车道。特别是2005年，国家强调自主创新重大战略，制定发布了《国家中长期科学技术发展规划纲要（2006—2020）》，提出了到2020年建成创新型国家的宏伟目标，组织实施了16个科技重大专项，扩大国际科技合作交流。这不仅加速了中国科技创新能力的跨越式跃升，也推进了中国大量先进技术的全球性转移，特别是发展中国家受益良多。在人才交流方面，从改革开放后，截至2022年年底，中国留学生数量近千万人，大多数留学生学成回国工作。21世纪以来，每年有几十万人赴海外留学，遍布世界160多个国家，同时，每年外国来华的留学生数量也有几十万人。至今，中国科协及其所属学会共加入370多个国际科技组织。中国也是大多数国际科技合作计划的主要成员。应该说，国际科技合作交流是各国互相学习借鉴、共同发展的多赢之举，惠及全人类，是历史必然趋势。

二、西方国家霸权带来的挑战

以美国为代表的西方是国际创新合作交流的最大受益者，但当美国看到其他国家尤其是中国创新能力快速崛起、感到其霸权受到极大威胁后，开始通过"制度设计"和完善"立法"确保其在科技上的领先地位，严重破坏了国际创新合作生态。西方国家把科技作为霸权工具，作为制裁打压别国的手段。比如，美国利用其国内法如 301 特别条款和各种技术合作禁令，以侵犯其知识产权为由对中国进行百般限制。

特别是全球新冠疫情以来，美国对中国科技创新的遏制打压变本加厉，企图通过脱钩断链封锁扼杀。2021 年 5 月，美国参议院正式在其官网公布了《2021 美国创新与竞争法案》，这项代表了美国两党"前所未有"的合作的法案，也是美国历史上又一罕见地针对某一特定国家——中国的指向性法案。该法案在参议院的外交委员会高票通过，主要内容为在外交上继续推进"印太战略"。该法案提出，未来五年提供数亿美元的资助，用以建立数字链接和网络安全伙伴关系，帮助各国扩展数字基础设施并加强网络安全。该法案还提出芯片和开放式无线电接入网（O-RAN）5G 紧急拨款。此项内容涉及 500 多亿美元的投资，包括设立三个基金："美国半导体生产激励基金""美国半导体生产激励国防基金""美国半导体生产激励国际技术安全与创新基金"。出台这些措施的根源在于，中国的 5G 技术领先美国率先占领国际市场，让美国不乐意了。

美国之后的打压制裁措施还包括美国国家安全与政府事务委员会的规定、《2021迎接中国挑战法案》等。它限制先进技术及产品出口，甚至扩大到禁止用包含美国技术的装备生产的产品出口。它将华为公司等上百家中国的自主创新企业、大学、研究机构等列入政府制裁黑名单，全方位围堵、限制科学家的正常学术交流，通过使用一些不正当手段进行干扰破坏。它通过全面"卡脖子"企图遏制中国的科技发展。2022年8月，美国总统拜登在白宫签署《芯片和科学法案》。该法案将为美国半导体研发、制造以及劳动力发展提供527亿美元。其中390亿美元将用于刺激半导体制造业，20亿美元用于汽车和国防系统使用的传统芯片。此外，在美国建立芯片工厂的企业将获得25%的减税。这项法案将为美国整个半导体供应链提供资金，促进芯片产业用于研究和开发的关键投入。该法案特别要求，任何接受美国政府资金的芯片企业必须在美国本土使用它们研发的技术。这意味着芯片企业要"在美国投资，在美国研发，在美国制造"。除了对美国芯片产业以及制造业的直接支持，该法案规定多项措施加大对美国科学和工程领域的投入，专注强化其半导体和先进计算、先进通信技术、先进能源技术、量子信息技术和生物技术等领域的发展。同时，该法案还授权将100亿美元用于投资美国各地的区域创新和技术中心，以加强地方政府、高校以及企业在技术创新和制造方面的合作。显而易见，美国这一法案意图从研究开发、核心技术及装备上游卡住中国芯片产业的"脖子"。

此时，欧洲一些国家也想趁机靠科技整合提高竞争力。欧盟把相关成员国的科研开发整合起来以提高其在国际竞争中的话语权。然而，结果却并不如意，如《欧洲芯片法案》正式公布，其目标是2030年芯片产能占全球20%。一些欧洲国家也加入了对华科技围堵制裁的行列，撕毁合同，限制半导体装备对中国出口，制裁华为等中国企业，限制科技的正常交流合作，甚至一些国际科技组织，也限制了与中国科学家的交流。

这种科技打压制裁，严重违背了科技发展规律和道德，破坏了科技创新的供给生态，给中国科技发展带来严峻挑战，也给世界的科技进步带来恶劣影响。

三、以自强和实力打破创新封锁

要建成世界科技和人才强国，成为世界重要的人才中心，我们必须营造开放的国际创新生态。目前，我们面临的关键问题是如何破解西方国家打压封锁的危局，要增强"四个自信"，保持定力，提振信心，"以我为主"在大变局中开新局，构建全球科技创新合作和人才交流的新国际秩序。我们要在"强""优""活"上下功夫、打好"组合拳"。

"强"就是首先使中国科技真正强盛起来，加快实现中国高水平科技自立自强，占据世界科技创新的战略制高点。历史经验证明，全球优秀人才及其他优势创新资源总是向创新能力最强、学术和技术水平最高的区域聚集，而技术和产业总是从高端向中低端转移扩散。竞争的优势不是靠霸王条款赢得霸权，而是凭实力来掰手腕、角逐。如华为，化压力为创新动力，在信息通信众多领域突破重围，一举跃居该领域的世界鳌头，不但5G技术和装备占据世界大部分市场，在智能手机芯片、操作系统也与西方技术不分伯仲。在人工智能研究应用中，从芯片到算法、大模型和应用生态，中国与西方国家各有优势，而中国自主创新和发展的优势在不断增加。随着宽广领域应用的快速拓展和市场的扩大，应用生态系统驱动前端技术创新升级，中国有着更大的后发优势。在量子信息领域的创新方面，中国也处在国际前沿。在生命科学和生物医药技术领域，中国追赶的步伐正在加快。在光伏、风电、核电、新能源汽车等清洁技术领域，无论技术系统还是生产、出口能力，中国处在领跑位置。在核聚变、空间和宇宙科学、复杂系统科学等基础研究领域，中国与西方国家在前沿竞跑。强者永远不会被打压屈服，反而会在围困中日益成长壮大，以更大的创新实力转化成更强大的吸引力、感召大，赢得更多的国家及科技人才扩大交流合作。

"优"就是使国内创新生态更优。要吸引国外人才来中国工作或交流合作，首先要用好国内人才，让他们能专心致志搞学问，激情焕发搞创新。当前要下决心克服科技和人才管理"行政化"、各种官僚主义和形式主义干扰束缚的问题，赋予科研团队更多自主权，给科研人员更多的自主选择权和学术民主。要让他们感受到，中国不仅有先进的科研装备、有尊严的收入，还具备优良的学术生态环境，这种环境更有利于发挥其才智，创造更先进更丰硕的创新成果。美国几十年来成为全球人才向往、趋之若鹜的创新沃土，就因为它曾拥有公认的国际一流的创新生态和浓厚学术氛围。我们的硬件与美国不相上下，但优化创新生态还要取长补短。

聚天下英才而用之，还要从扩大来华留学生规模抓起。要转变观念，从现在的政策优惠，甚至校内享受待遇，转变为靠优化大学的学术生态环境吸引越来越多的国际学生。随着高等教育的快速发展，更多的国内大学进入世界一流大学行列，而且这些大学的教学、科研、设施世界一流，但办学理念、管理机制、学术生态环境仍是建设世界人才重要中心的短板。因此，我们要从战略高度着手布局，把优化大学学术创新生态作为提升吸引国际人才优势的重要切入点和突破口。

"活"是指政策要更有活力。一是要加大政策鼓励力度，支持更多人才走出去参与国际创新合作交流。要放松对科技人才出国学术访问和科技交流的不合理限制，清除将科技人才等同公务员或一般事业职员限制规定的残余问题。打破出访天数、国家数的限制，鼓励更多科技人才出境参加国际学术会议、开展学术访问和科技交流，发挥公共外交和民间交流的优势，打破外国政府的封锁，向世界展示中国扩大开放、科技造福人类的良好形象，展现友好和善的精神风貌。二是要吸引更多的海外华人科技人才回到祖国创新创业。在海外工作的华人科技人才多达几百万人，其中不少已成为国际知名的科技领军人才、顶尖科学家、学术带头人，他们大多数怀有心系祖国的情结。我们要通过优化创新和人才发展生态环境提升事业吸引凝聚力，通过多种渠道邀请他们回来参加学术活动、学术度假等，通过交流增进了解、增强感情和认同，回国工作、柔性合作、学术活动都应受到欢迎，要打造故乡的向心力和凝聚力。三是鼓励更多科技企业走出去创业和创办研发机构。虽面临种种阻碍，但受利益的驱动，国外企业家、市场对这些拥有国际先进技术且带动力较强的企业还是欢迎的。要审时度势，畅通合作交流渠道，提供往返便利条件，扶持打造更多信誉高的跨国高新技术企业。四是把鼓励国外高水平理工类大学来华合作办学政策落地见效。要优化创新和办学环境，提升配套服务水平，优先引进创新创业实力强的国外理工科大学来我国办学，注重发挥其特殊作用：首先是吸引凝聚海外科技人才特别是华人科学家回国工作的平台作用；其次是发挥其科教融汇、融合创新、先进运营管理的样板大学示范作用；最后是让世界更多了解新时代我国改革开放、推进中国式现代化的窗口作用。我们应以良性竞争和示范，加快创建世界一流大学的步伐。

四、以战略主动赢得国际创新新秩序

中国作为正向强国迈进的科技创新大国，有着强大的势能，可以推进国际创新合作交流新秩序的建立，以足够的实力引领凝聚众多国家的科技合作。因此，我们要善于把握战略主动，一手应对西方挑战，一手谋篇布局引导营造新的国际创新合作新秩序。这方面抓手很多，这里仅举几点。

一是扩大"一带一路"沿线国家政府和民间的科技合作交流。从地缘政治上讲，这是中国有影响力的"朋友圈"。众多发展中国家要重振新冠疫情后的经济，需要注入新技术、新产业的新发展动能，中国先进成熟的制造业技术、现代农业技术、医疗健康技术、新一代信息技术、绿色能源技术是众多国家亟须的宝贵资源。我们要在前期基本建设合作、产能合作的基础上，把科技合作交流作为重点，包括鼓励科技企业走出去从事技术转让和服务、建立合资独资企业、创办科技创新园区、建立研发机构等。我们要把培训当地科技人才作为合作的亮点，包括依托当地大学进行人才培训，请当地科技人员、技术工人来国内企业实习实训，加强教育合作，扩大资助和招收留学生特别是研究生的数量等。

二是加快建立以中国为主的国际科技组织。抓住新一轮科技革命新兴学科、交叉学科兴起的机遇，加大提供场所和运行经费等支持力度，使一批国际科技组织总部落户中国北京、上海、深圳等城市与地区，设立专门资金，资助在中国举办更多的国际学术会议、专业学会会议，使在中国的国际科技组织总部的数量达到美国、法国等科技强国水平。

三是由中国科学家发起国际科技研究合作计划，聚焦世界关注的气候变化、绿色发展、公共健康、人工智能应用及前沿科技一些重大问题。中国的基础研究领域的大型科学设备可作为国际合作的重要平台，支持更多外国科学家利用这些一流现代科技设施开展科研。

四是继续深入推进海外人才离岸创新创业计划实施。中国科协长期以来注重加强与海外以华人为主的科技社团联系，这些社团中也有不少外裔科技人才加入，已初步建立与欧美等国的联系网络。特别自2015年开展海外人才离岸创新创业计划后，国内不少重点高新技术开发区积极投资支持，海外人才热情参与，推进研究开发合作和众多先进科技成果转移国内产业化，以大家欢迎的柔性多元引进方式扩大了民间国际科技合作交流。虽然近年来西方国家采取对中国打压遏制政策，但中国与海外科技社团的联系一直未中断。在这里，笔者建议着手组建"国际创业科技组织联合会"，以在原有合作网络的基础上巩固扩大与海外科技人才合作交流的桥梁，提升与以华人科技人才为主导的海外人才的民间科技合作水平，畅通多元柔性与海外人才创新创业合作、聚天下英才而用之的渠道。这也是打破国际对中国科技和人才打压封锁的有效举措，对助力、加快建设世界重要人才中心和创新高地有积极意义。

案例

美国面向全球开放招揽人才

美国作为世界人才和科技中心，一直把吸引世界一流科技人才作为战略重点，采取了一系列政策。

美国世界人才中心的形成得益于其"引鸡下蛋"策略。 从20世纪20年代开始，由于欧洲极权主义和政治迫害，欧洲人才流失在第二次世界大战结束之后仍在延续。第二次世界大战结束后，北美洲的大学成为学习和研究欧洲过去与未来的中心。这些大学吸引了许多人前往美国，有许多欧洲人在这些大学的院系任职。他们有些人在美国永久定居。不仅知名科学家爱因斯坦受聘于普林斯顿大学，大多数流亡美国的作家、政治家和知识分子都与美国的大学或多或少有合作。即便当时大多数西欧国家的政治迫害已经结束，但所有欧洲国家已无经济实力与美国开展科学竞赛，欧洲人才大量移民到美国。在那里他们可以得到丰厚的报酬以及开展研究、发展知识所必需的条件。这些人才如鱼得水，决定留在那里发展自己的事业。美国则继续敞开大门，向欧洲移民提供他们在原籍国家缺乏的一切，包括经济激励和获得职业发展的机会，成为有才华和抱负的人最青睐的目的地。他们都在美国取得了不凡的职业成就。

第六章
开放的国际合作生态

美国政府的政策产生了较大的全球人才吸引力。 美国吸引全球人才尤其是高技能人才的独特能力是其重要的竞争优势。美国政府通过总统行政命令和国会立法等方式,确立了完备的人才吸引战略与政策体系,为美国吸引了大量的优秀人才。《1952 年移民法》是美国战后第一部强调技术移民的法律,它规定一半以上的移民限额用于引进美国急需的、受过高等教育的有突出才能的各类人才。该法在 1965 年、1990 年又进行了修订补充,对世界级水准的人才给予特惠政策。

美国的科研生态环境发挥了世界优秀人才的虹吸效应。 美国具有世界相对完善配套的学科布局,有着先进的科研平台、实验装备和大科学装备,大师云集,学术自由民主氛围浓厚,特别是张扬个性、宽容失败、激励探索的创新文化,都产生了巨大的人才吸引力、凝聚力。另外,物质利益、荣誉地位等在吸引人才中也产生了较大的诱惑作用。

美国引领世界科技前沿的人才和科技成就犹如磁石吸引着全球优秀人才。 科技人才有着很强的聚集效应。一个国家的高水平人才集聚的越多,其影响力、吸引力、凝聚力就越大,其吸引的全球的人才特别是青年才俊也就越多。人才聚集会引发学术思想的碰撞激荡、创造创新能量的增大、高水平科技成果产出的丰硕。因此，欧洲一流高水平人才迁移美国，加快了世界的学术和人才中心从欧洲转到北美洲。欧洲及其他区域大量人才的转移，使美国很快登上了科学和技术的顶峰，到1945年，德国的三项诺贝尔科学奖得主在世者只剩14位，而美国已经有25位。知识精英把德国学术体系中最先进的方法论和最严谨的学风带到了美国，奠定了美国在全世界科学教育上的领先地位。据有关统计，20世纪，美国的诺贝尔奖获得者近30%来自欧洲，美国的科学研究和文化总体上也因来自欧洲的流亡者而受益匪浅。

利用通畅便利的国际交流高地，美国大力吸引优秀留学生并为其提供就业岗位。 美国政府通过制定移民政策吸引急需的高端人才，比如针对高端人才的特殊移民政策。1965年美国颁布了具有开放性政策精神的"优惠制"新移民法。每年专门留出2.9万个移民名额给来自国外的高级专门人才。1990年在原有移民法的基础上美国又做出了重要修订，拓宽了技术类移民的范畴，为外国人才签发了为期6年的入境证件，允许有学士以上的外籍人才到美国从业，每年限额为6.5万张。1998年美国国会通过了修正案，将签证增至11.5万张。奥巴马推进全面的移民改革，实行更宽松的绿卡政策和H-1B签证计划，扭转"9·11"事件后过度限制人才进入美国的局面，以吸引全球更多的优秀人才。

美国持续加大对海外留学生的吸引力度,推出共同教育和文化交流国际教育法。美国政府和社会组织设立了多种资助外国留学生的资金,如富布赖特基金会。福特基金会、洛克菲勒基金会都为第三世界国家留学生提供了种类繁多的奖学金,每年对外国留学生的投资多达25亿美元。美国大学竞相提供优厚的奖学金、助学金和优惠贷款,以吸引全球最优秀的人才。在政府、大学及民间机构的推动下,留学美国的外国学生不断增加,而他们毕业后大多数会留在美国工作,成为美国经济科技发展所需的高端人才。2008年金融危机后,美国提出凡是持有自然科学、技术、工程学以及数学等四类的外国留学生实习工作期限由12个月延长至29个月。2021年美国政府仍然在积极推进在某些STEM(即科学、技术、工程、数学)领域获得高等学位的国际学生提供长期签证甚至绿卡,以利于美国留住优秀学生和研究人员,并与对手展开人才战略竞争。

美国通过建立各种学术交流平台吸引人才。美国充分利用其全球创新和人才高地优势,从政策上为优秀人才提供往来方便的机制,强化国际人才的交流和合作。美国通过承办国际学术会议推进国际合作研究,吸引国际科技人才在美国每年召开许多国际学术会议,在众多领域与其他国家形成了伙伴关系。这为科技创新人才的

创新生态：揭秘创新创业关键

合理流动提供了机遇和平台。美国政府通过设立各种基金援助计划，奖励高端人才；通过国际合作，利用别国高端人才。目前，美国与世界70多个国家和地区签署了800多个科技合作协议。由于美国在这些科技合作项目中拥有财力和科技人力上的优势，因而是开发和利用高端人才价值的最大受益者。

美国通过培训计划、访问学者等交流项目，吸引国际高端人才赴美工作。访问学者大多是拥有工作经验的教师、科研人员、医生及各领域小有所成的学者，其申请条件较为宽松，只要外方导师对其学术背景认可，其能通过导师面试或外方院校人事部门面试，即可获得外方邀请函。美国还实施一系列适度改革，以增加国际人才赴美工作、留美机会。美国国会提高了就业绿卡上限，尤其是针对高技能型人才的绿卡，缩短了某些职业或技能水平从临时工作转为永久居留权所需的时间，取消了对来自特定国家或地区移民的限制。美国国务院和教育部2021年发布联合声明，承诺将采取措施推动国际学生赴美学习以及鼓励全球学者去美国参与学术交流。

在科技领域，高技能移民长期以来一直是美国科学发现的重要推动者。截至2019年，位列《财富》杂志500强的美国企业中有20%是由移民创建的，另有24%

是由移民子女创建的。在创新领域,由移民引领的创新模式一直是美国经济的核心,其价值远远超过了经济衡量的尺度。报告认为,移民在 STEM 领域的工作和创业使他们成为美国历史上发明和创新的源泉。而在医疗领域,高技能移民也发挥着主导作用。

美国科技型企业成为吸引国际优秀人才的平台。美国以诸多高新技术企业研究开发业务为主体,高水平技术人才密集度高。这些企业通过高薪吸引了大批高技术领域的硕士、博士到公司工作,其中来自国外的人才占有很大比重。除此之外,美国通过其本土的跨国公司实施人才本土化战略,在中国、印度、以色列及欧洲国家建立企业研发中心,包括研究总部和网络机构,招募分支机构所在国的大量优秀人才。如美国的通用电气、IBM、微软等在我国设立多个研发机构。这些海外人才中的佼佼者经常会被调回美国总部从事研发工作。他们还通过海外兼并企业招聘科技、经营人才,多渠道聚集全球高级人才,为美国的科技实力和全球竞争力提升提供有力的人才支撑。

美国通过国际科技组织的增强其影响力、话语权。国际最权威的三大标准化机构,即国际标准化组织(ISO)、国际电工委员会(IEC)、国际电信联盟(ITU),美国对其曾有很强的掌控力。虽然近年来美国的霸权明显削弱，但仍有较大的话语权和影响力。

上百个国际学术组织的领导职务都由美国科学家担任。仅总部设在美国的国际科技组织就有908家，居全球之首。美国国内现有各类科技组织上千个，有的实际上已成长为颇有影响力的国际组织，如美国电气电子工程师协会（IEEE），已发展成一个国际性的电子技术与信息科学工程师的协会。该协会建于1963年，总部在美国纽约市。该协会在150多个国家中拥有300多个地方分会，拥有约50万名会员，拥有35个专业学会和两个联合会，拥有多种杂志、学报、书籍，每年组织300多次专业会议，是该领域学术论文的权威性平台。美国电器电子工程师协会定义的标准在工业界有极大的影响。它既是一个国际性非营利组织（ORG），也是一个专业技术组织，致力于电子电气技术相关的研究，是世界上最大的专业技术组织之一。

第七章

创新善治的政务生态

第七章
创新善治的政务生态

政府在国家创新体系中起着把方向、定战略、供给政策、协调服务、承上启下的重要作用。在创新生态系统建设中，政府虽不作为主体，但它是建设的设计师、引领者，更是协调促进者。政务环境在创新生态运行中发挥着至关重要的作用。开明善治的政府能提供促进建设的正能量、构建良好的法治环境，善于用法治政策手段调动各创新主体的积极性、高效协调创新资源配置，以有效保障创新生态的完善和健康运行，达到创新作为发展引领驱动的功效。政府的官僚制度和作风、肆意妄为和过多干预，会对创新生态造成伤害，把创新促进者的角色异化成创新的阻碍者、破坏者。涣散的行政管理，不可能赢得创新的优势。因此，政务生态关系到整个创新生态系统的优劣成败。

一、政治生态的关键影响

政治生态服务于创新生态，政治生态决定着创新体制和生态效能的优劣，是创新生态建设的有力保障。

从中国历史进程来分析，政治体制和政策决定着创新的兴衰。中华民族曾创造了几千年辉煌的古代科技，为人类文明进步作出了重大贡献,然而由于封建制度的腐朽,中国错失了两次世界科学革命和技术(工业)革命的机遇,落后于世界科技的发展。中华人民共和国成立前科技十分落后,广大领域几乎是一片空白。新中国成立后,党和政府在百废待兴中把科技发展摆在重要位置,吸引了大批留居海外的科学家回国,建立了中国科学院等科研机构。1955年,党中央发出了"向科学进军"的号召,于1956年制定了国家十二年科学技术发展规划,确立了以"两弹一星"为代表的一批重大科技项目,极大地调动了广大科技人才投身攻克科技难关、追赶西方先进科技发展的热情,带动了中国科技事业的突飞猛进,用几年的时间走完了西方国家几十年走过的路程,大幅缩短了与西方国家科技发展的差距,强有力地支撑了我国独立自主推进工业化并保障了国家安全。然而,这种良好的发展势头持续了仅仅十年,"文化大革命"发生了,政治生态被扭曲。科技事业遭受重大损失,中国又一次落伍第三次世界科技革命。1978年3月召开的全国科学大会是中国科技事业历史性转折。大会打碎了广大科技人才的枷锁,开启了科学的春天,科技生态从此生机复苏。科技体制改革作为整体改革的先行之一,以"放活科研机构,放活科技人才"为切入点,培育建立技术市场,鼓励科技人才服务经济建设。科技人才压抑已久的创新激情迸发,奋力攻克科技难关,国家顺应世界科技革命大势,展开了面向经济建设主战场的科技攻关、发展高技术及其产业、加强基础研究三个层次的战略部署，出台了一系列科技计划，加速科技成果转化，发展科技产业，中国在科技现代化征程上快速赶超。党中央相继组织实施科教兴国战略、人才强国战略、创新驱动发展战略。特别是在新时代，中国把创新摆在国家发展的核心地位。优良的政治生态，强大的内生功力，推动着中国科技创新全面繁荣、跨越发展，综合自主创新能力跃入世界前列，2020年跨入世界创新型国家行列，开启了建设世界科技强国、人才强国的新征程。

二、去"行政化"是优化政务生态的关键

"行政化"对创新生态的制约已上升为突出矛盾。在2021年中央人才工作会议上，国家领导人强调要遵循人才成长规律和科研规律，进一步破除"官本位"、行政化的传统思维，不能简单套用行政管理的办法对待科研工作，不能像管行政干部那样管科研人才。这些振聋发聩的论断，一针见血地直击问题要害，表达了亿万人才的心声，这是对人才工作的又一次大的思想解放。

"行政化"实质是传统封闭计划经济体制弊端的残余。其主要表现为政府管理部门管得太宽，揽权过多，对具体创新活动插手太长、管得过细、干预过度，按照管行政单位那样管理人才主体，实际上是侵犯剥夺了本属于人才的自主权，压制了人才主体的主动积极性。大学、科研机构、企业

等人才主体管理也存在"行政化"问题,这些组织像管理党政干部那样管人才,导致"官本位"风气盛行,削弱了创新团队和人才的自主权,挫伤了其创新能动积极性。"行政化""官本位"导致官僚主义、形式主义的泛滥,严重干扰了科研创新主业。科技人才将多半时间和精力用于应付形式、邀虚功,中央要求的保障六分之五时间搞科研创新无法兑现。其结果是大大降低了科研创新的效率和质量,冷落了人才的创新热情。

显而易见,政务生态环境在创新生态系统中举足轻重,它虽不像政治生态那样会带来致命性影响,但其作用至为关键。善治文明可为创新生态注入正能量,协调创新主体的合作互动,优化创新资源配置、提高创新效率。"行政化"等过度干预实质是对创新生态的破坏、对创新规律的违背、对人才创造能动积极性的挫伤。不革除这一束缚和干扰因素,创新生态系统将难以正常高效运行。因此,我们必须以壮士断腕、刮骨疗毒的勇气和魄力,在深化改革中破除"行政化"这顽瘴痼疾,以优化政务生态环境促进创新生态系统的优化。

三、当好引导支撑创新创业的角色

无疑,市场这只无形的手在创新创业中起着重要作用,企业及研究开发人员是创新创业的主体。在此系统中,政府这只有形的手对创新创业成败有着关键影响,既不能过分干涉市场机制，也不能越俎代庖干预创新主体的自主权，但它引导支撑创新创业的作用却不可缺失，直接关系到创新的效率和创业的成败。

1. 政策的引导

政府根据国家对科技创新的战略需求和科技发展趋势预测，组织科技、经济和社会专家编制科技创新指南、中长期规划、专项计算等，明确科技创新的战略方向、重点领域及重大项目、支持政策及改革举措等，以及发布技术政策、引导各创新主体申报政府科技计划以确定自己的研发重点、争取政府政策支持。

2. 资本投入的引导

对于风险较大的基础研究、前沿技术研究开发，政府发挥着主导作用。除了我们熟悉的科学基金、领域科技计划、税收优惠（间接投入引导企业创新），政府管理部门的聪明之举是创新招投标机制，善于抓住要害、通过"四两拨千斤"的杠杆作用，以小的投入引导社会大的投入，带动国家整体创新能力和科技竞争力的显著提升。

3. 对风险投资等支持产业的政策引导

政府应自上而下为科技创新搭建基础平台、营造创新创业生态，覆盖创业的各个环节。政府应扶持建立风险投资行业，重点发力支持风险高、回报很远很慢的行业。

政府在营造有吸引力、竞争力、高效率的创新创业环境、营商环境中发挥着不可取代的关键支撑作用，如创办科创园区、提供优惠的土地和营业场所使用权、税收的激励等。创新创业这个风险性高的领域需要完善有效的法治体系作保障。这是政府保证创新的有效手段。

案例

美国 DARPA 的创新管理

美国国防部高级研究计划局（DARPA），在1958年应运而生，由时任总统艾森豪威尔创立，主要意图是让 DARPA 将颠覆性军事技术创新发挥到极致。因此，该机构的主要职责是将其颠覆性军事技术运用于战争之中，进而引发了颠覆性军事技术变革的浪潮，使美国得以长期保持世界军事技术强国的地位。

60多年来，DARPA 专注于国防安全领域颠覆性、突破性技术的研发资助和项目管理，擅长运用创新思维推进科技管理创新。

DARPA 历史上相继培育出互联网技术、全球定位系统（GPS）、隐身战斗机等技术，在全球产生了巨大影响力。近期，更是制定了一系列颠覆性军事技术创新行动计划，如美国颁布的战略文件《保障国家安全的突破性技术》就指出战略投资的优先领域包括主宰信息爆炸、复杂军事系统、扩展技术前沿及利用生物技术。

同时，它也成功创造了创新管理 DARPA 模式，这

第七章
创新善治的政务生态

一模式源自和应用于重大的、具有颠覆性的科技和产业研发项目，在管理方式上形成了一系列具体的、具有普适性的制度化和程式化做法，对各行业创新管理具有重要借鉴作用，备受世界各国推崇。

一、扁平化的组织机构弹性构架，充分赋予科学家团队研究自主权

扁平化的管理模式是弹性组织架构的灵魂。DARPA是一个"小核心、大外围"的扁平化组织，具有规模小、扁平化、灵活性的特点，不仅减少了组织层级，也加速了体制运转。DARPA采用1个局长办公室和多个技术办公室组成的扁平化管理模式。2019年，机构雇员只有220多名，其中包括100名项目经理，平均任期4年。因此，DARPA大幅精简了高新技术创新发展决策的流程，也避免了官僚体系对技术方向和创新效率的影响。

DARPA在垂直管理上形成了由"局长办公室—技术办公室—项目办公室"组成的权责清晰明确的工作体系。局长负责与国防部沟通、寻找项目资金以及中长期战略规划的工作；技术办公室主管负责招聘项目经理、调拨资金、搜寻前沿高新技术项目以及连接不同领域的创新思想、资源和人才；项目经理人则是DARPA的创新核心，不仅需要了解美国目前与未来所面临的挑战，

还需要识别有助于应对挑战的高新技术，并确保高新技术通过迭代创新移交到有需求的部门。

DARPA局长可根据长期战略需要决定各办公室的工作性质和任务，也可以解散或建立新的办公室，以保持高新技术长期发展的灵活性。例如，1996年，为满足微机电系统集成的需求，DARPA撤销原有电子学技术办公室，并在此基础上成立了微系统技术办公室。2014年，DARPA预见到生物技术将成为未来国防科技发展的重点领域之一，成立了生物技术办公室。截至2020年6月，DARPA常规的6个技术办公室为国防科学办公室、战略技术办公室、战术技术办公室、微系统技术办公室、信息创新办公室以及生物技术办公室。

DARPA的弹性的组织架构还体现在应对短期战略要点的临时性特殊高新技术领域的管理上。为了保持对高新技术领域的敏感性，根据各个时期工作重点和技术机遇的不同，DARPA还会在常规的组织结构框架外成立临时的特殊项目办公室，致力于开发、部署对国家安全至关重要的高新技术领域，并加速其发展进度。截至2020年6月，DARPA运营着两个特殊项目办公室：航空项目办公室和适应能力办公室。2000年以来，临时性特殊项目办公室的数量保持在1—4个。

与他人建立牢固的合作伙伴关系是DARPA高新技

术创新生态中非常重要的弹性机制，也是DARPA高新技术高效率转化的重要保障。牢固的合作伙伴增强了组织弹性。DARPA长期与政府部门、国防公司、商业实体、初创企业以及盟国建立稳定的合作伙伴关系。这些利益相关者不仅增强了高新技术创新能力，更为迭代式创新和全周期成果转化提供了良好的高新技术生态。

从1958年创立至今，DARPA一直以对国家安全至关重要的突破性技术进行关键性投资为使命，明确要求围绕高新技术进行变革性研究，使技术改变游戏规则，而不是逐步取得进步。60多年来，DARPA攻克了多个高新技术难题，持续引领着美国以至全世界的高新技术创新，改变着世界科技产业的发展趋势。DARPA内部不设研究实验室，主要通过授予工业界、大学、非营利组织和联邦研发机构实验室一系列合同来执行其研发计划。也就是说，DARPA的主要作用，就是把分散的研究资源进行科学的调配和集成，而把科研的决定权、自主支配项目经费的权力充分赋予项目团队，使之着眼于具体的目标，产生合力，加快研究成果从潜在向现实的转化。

二、创新人才竞争管理制度，面向社会招揽和培养拔尖人才

现代颠覆性军事技术的创新实践早已不同于以往那

种简单意义上的技术创新实践，它更强调科学、技术与工程的相互关系，是一种集"科学—技术—工程"于一体的复杂系统性工程。因此，在对颠覆性军事技术创新人才的选拔上，DARPA也出现了与传统人才选拔上的明显不同。

DARPA注重对潜力人才的选拔与培养，这在推动颠覆性军事技术创新方面效果显著。此外，为了吸引更多的科研机构、高校及企业的创新人才加入，它还有针对性地创建了面向卓越青年专家和创新团队的专门项目。

DARPA创始人很清楚，如果要让将颠覆性军事技术创新发挥到极致，那就势必要彻底解决制约技术研发活动的"官僚主义"问题。由此，通过"DARPA型"混合组织、短期任职制及外向边界管理与沟通，DARPA建立起高效的人才组织沟通机制。这些理念奠定了其人才基础构架。DARPA实行的是项目经理责任制，约有100名项目经理，大多是政府雇员，聘期3—5年。在开展颠覆性军事技术创新的过程中，项目经理拥有很大的自主权：他们提出计划，寻求DARPA高级官员的批准和资助，拟定相关资金的征集书，并具体负责机构成员的聘用及实际问题等。短期任职制是DARPA创新人才管理的一个显著特点。在创新人才选拔和培养上的"不拘一格"与"面向需求",日益成为引领该机构创新发展的不竭动力。在人事管理上,DARPA成员大多采用短期合约的聘用方式。在此期间,DARPA成员将集中投入项目的研发中,并随着技术瓶颈的解决与新技术难点的出现而灵活调整,平均每年有25%的人员进行轮岗。对于DARPA成员而言,他们的离职日期被印在工作证件上,以提醒他们完成重要任务的时间非常有限。

外向边界管理与组织沟通机制可以说是DARPA颠覆性军事技术创新人才管理的基础。然而,在如今颠覆性军事技术创新集中式爆发的情况之下,创新人才的管理只依赖于内部组织沟通是无法实现的,应将其组织与外向边界的管理与沟通纳入考量。DARPA与工业部门进行技术交流的方式主要有五点:一是提炼出能够增强军事生产能力的新方式;二是改进生产技术以支持DARPA的项目研究计划;三是根据DARPA的技术研发要求提高独立研发的能力;四是针对未来战争的需求开展相关技术研发项目的规划工作;五是探索将技术研发项目运用到武器装备的方法。

DARPA在颠覆性军事技术创新人才的选拔上主要包括以下方式:通过科学的计量学分析发现人才,通过专门性项目招标发现人才,通过项目经理所掌握的人才资源发现人才。通过项目经理所掌握的人才资源发现人才可以说是DARPA在人才选拔上与众不同的表现。由于项目经理都曾在科研机构、大学或企业进行过专门领域的技术研发工作，他们非常熟悉某个领域的问题研究和人才资源。在这种情况下，项目经理可以通过所掌握的人才资源直接找到相关人才，甚至不必经过正式的评审程序。同时，DARPA对普通研究人员的聘用也极为简单，往往侧重考虑人员对极富颠覆性意义的研究问题有共同的兴趣。

DARPA型混合组织构建起的是一种以项目经理负责制为主导的人才选拔与培养体系，成为其颠覆性军事技术创新的关键所在。一方面，DARPA对项目项目经理十分信任，授予其充分的决策权，从而能够快速做出启动、继续或终止研究项目的决定。如果项目经理想要获得某个项目的支持，原则上仅需让两个人采纳意见：他所在技术局的业务处长和DARPA局长。由此可见，项目经理有很大的决定权去选择判别及申请资助他所负责的研究领域。另一方面，DARPA允许甚至鼓励所属人员对于现有组织结构的质疑，并认为在可能的情况下可将原组织结构"推倒重来"。例如，随着生物学的发展及其对军事领域的重要影响，DARPA敏锐地把握住了生物技术的未来发展趋势。2014年4月，DARPA将生物技术领域研究从国防科学局剥离,并创建生物技术局。同时,这种权力信任也要求项目经理既具备创意、富有远见,又要有追求技术交叉融合的精神,有整合、创新与接纳新技术思想的意愿。

创新人才管理还有十分关键一点,就是鼓励冒险和机制化纠错。DARPA 将容错纠错理念贯穿于项目管理的全过程。一方面,以"敢于冒险,允许失败"为重要准则,遴选项目和奖励相关人员;另一方面,建立项目分阶段投入、方案动态调整和及时中止等机制,分类投资与分散投资相结合,实现了容错和及时纠错,全面降低研发风险。

三、高效的项目管理模式,提高创新效率和经费使用效益

DARPA 对项目有着明确的战略目标,排除掉对现有技术提升和改进的项目,优先考虑对国家安全和经济发展至关重要的高新技术。比如,2019 年,DARPA 的高新技术项目有 250 个,财年预算是 34 亿美元,占美国联邦政府研发经费的 2%。其高新技术项目管理模式具有高度自主、项目遴选严格、鼓励非共识项目、良性项目竞争和全周期成果转化的特点。

DARPA 的高新技术项目可以划分为指令项目和自

主项目。来源于美国国会、联邦、国防部的指令项目比重并不大，自主项目才是DARPA的重点。DARPA实行高度自主的项目经理负责制，项目经理可自行发起项目和管理预算，具体研究方向可以通过自己研究提出，也可以通过广泛的调研或对社会公开征集获得。在整个项目管理过程中，项目经理人很强的自主性表现在，技术选择、项目组织、项目协调、项目执行、项目经费管理、技术产业化等多个方面都依赖于项目经理的判断与决策。此外，项目经理一般具有三个层面的创新刺激因素：一是项目经理基本上都对科技非常"痴迷"且"向往"；二是项目经理在美国科技界享有极高的荣誉和地位；三是DARPA通过科技创新绩效来灵活调整项目经理的收入，创新绩效越高收入越多。

对于相似的战略目标，DARPA并不会将责任聚焦在一个项目上，而是采取多团队、多技术路线的竞争性资助，促使项目之间产生良性的竞争机制，进一步降低了颠覆性技术研发的不确定性。

面对路径不确定、结果非共识的高新技术项目，DARPA推行围绕创新链的"全周期"成果转化机制。DARPA从项目筹划阶段就开始将每个环节的技术转化纳入进去，将转化要求贯穿始终。

四、倡导多元化的创新模式，因地制宜提高创新质量和效能

DARPA 多元化的高新技术创新模式成功调动了全社会开展技术创新的热情和积极性，并积累了一批成熟的创新方法。

竞争式创新： 挑战赛模式。DARPA 挑战赛通过公开竞争来动员全民参与，吸引了来自各个专业领域的多种类型机构（高校是主要参与力量）参赛，扩大了竞争规模，降低了研发风险。在挑战赛中，参赛方可以直观展示其创新技术和解决方案，让不同领域的解决方案碰撞出新的火花，加速技术相互融合，实现竞争式创新并不断完善。2009 年，奥巴马政府通过了《美国创新战略》，呼吁全社会通过奖励和挑战赛的形式激发创新活力，并在 2010 年通过表决将挑战赛机制列入《美国法典》。

系统式创新： 众包模式。DARPA 较早开展了众包创新尝试，并将众包模式作为重点研究领域之一加以系统运用，取得了显著成效。众包模式可以最大限度地调动全社会创新积极性，并将大量的工作任务分包出去，缩短创新时间，提高创新效率。

协同式创新： 平台模式。当解决方案存在时，众包可以发挥很好的创新作用，但如果解决方案并不存在，

众包就会失去作用。2019年，DARPA在其官网推出了多学科、多领域协同创新的Polyplexus平台。DARPA通过创建一个新型社交媒体平台，将社交网络的力量应用于高新技术研究和开发，从而缩短从科学思想到科研实践之间的时间。

综合集成式创新："创新会馆"模式。DARPA针对某些具有短期创新要求的技术研发任务，推行了一种全新的模式——"创新会馆"。DARPA将不同领域的研究人员集合起来，同吃同住、协同工作，在短期内针对面临的技术难题提出创新性的解决方案。

迭代式创新：项目融合模式。为遵循技术创新的规律，有效应对技术创新的不确定性，DARPA常常围绕一个共同的高新技术主题，采用"滚雪球"的迭代创新方式，在利用相关项目完成小颗粒度技术创新后，将多项小颗粒度技术汇聚、融合，形成更大的项目，继续进行大颗粒度技术创新，从而使该技术主题相关研发能够持续推进、深化拓展，最终获取领先世界的技术优势。

大众式创新：创意征集模式。大众向DARPA提交高新技术发展想法和概念的首选方法是响应公开征集，而不是主动提交建议。DARPA使用的征集类型包括广泛机构公告、小企业创新研究公告、小企业技术转让研究公告、研究公告、征求建议书或其他赞助邀请。①广泛机构公告模式是 DARPA 最主要的征集提案模式。每个技术办公室都维护着一个"办公室范围内"的广泛机构公告，该公告涵盖每个技术办公室感兴趣的技术领域和选择提案的标准，用以指导潜在的提案者。②研究公告模式是当 DARPA 打算对研究项目授予经费或签署合作协议时，用 RA 来公示研究信息，并广泛征求意见。③征求建议书模式是 DARPA 基于联邦采购法规的一种招标方法，使用频率低于 BAA 和 RA 模式，仅在超出简化采购门槛或存在共同合作申明的情况下，根据政府对供应和服务的要求征求建议。④小企业创新研究公告和小企业技术转让研究公告是 DARPA 的小企业计划办公室发布的小企业创新信息研究公告，以提高小型企业参与高新技术研发的创新能力，并拓展成果转化市场。⑤此外，DARPA 会在官网公布最近六个月新任职的项目经理联系方式及其负责的项目内容，并鼓励大众与新任项目经理分享对新技术方向的创新想法和研究建议。

五、构建创新文化机制环境，激发人才大胆创造、竞相创新激情

对于在 DARPA 工作的人而言，创造性思维是至关重要的。DARPA 局长托尼特瑟曾说："我们完全能够雇用很多人来实现想法，但前提是能够找到好的想

法。"为此，通过开放式、竞争式及宽容式创新文化，DARPA建立起别具一格的创新文化。

开放式创新文化。 由于DARPA对"高风险—高回报"式颠覆性军事技术创新的追求，它在项目执行过程中，逐渐形成一种开放式的创新文化。美国国会批准DARPA拥有两项特殊的计划，即"军种参谋长计划"和"工作联络员计划"。

其中，"军种参谋长计划"是一项围绕各军种、DARPA及国家地理空间情报局的一个长期性合作计划。该计划要求各军种参谋长和国家地理空间情报局局长定期将具有创新才能的年轻军官推荐到DARPA，进行有针对性的基本业务能力实习，时间为2—3个月。在这期间，实习人员还将参与到DARPA的实际创新活动之中，并为项目经理提供最新的军事技术发展态势与作战指挥进展。

"工作联络员计划"则是由各军种、国家地理空间情报局定期向DARPA派遣运行联络员的计划。运行联络员的具体职责表现在：分析当前颠覆性军事技术研发需求；与DARPA进行技术项目的联合研发；指派科学家、工程师等到DARPA、军方用户与DARPA的过渡部门协助工作；帮助支持应用转化的预算经费；等等。

此外，DARPA还重视对社会智慧创意的挖掘，通过向社会公开征集创新创意、组织各类竞赛及开展"众

第七章
创新善治的政务生态

包"活动等方式,广泛汇集社会力量推动创新。

竞争式创新文化。为加快推进重大项目的进行,DARPA致力于营造出一种富有竞争意识的创新文化氛围。一方面,这种竞争表现在DARPA内部的技术研发人员之间的相互竞争上。在某项具体颠覆性军事技术的开发过程中,项目经理的工作形式与市场营销有些相似。一旦头脑中对于某种颇具创造性的概念形成较为成熟的想法后,下一步的工作就是与业务处长和DARPA局长见面,提出希望探索和开发的特殊概念或技术方法,尽可能说服他们为项目进行推荐。当完成了前面所有环节后,DARPA就可以把这项具有颠覆性潜力的项目上报国防部的高层领导。在得到高层领导支持后,该项目就能最终进入采办与布局阶段。

另一方面,DARPA在项目决策上,采取的是一种全过程公开透明的竞争方式。据统计,每年DARPA都有近20%的项目采取竞争的方式进行更替。无论是技术研发到了哪个环节,只要是新的方案相比旧的方案更有效,DARPA就会及时更新技术方案。这种竞争性的创新形式可以最大程度为一切有能力的"竞争者"创造一个公平竞争的平台。与此同时,作为"裁判"的DARPA有着最大范围的选择权,并经常在一个计划中为多个项目提供资金。换言之,它能够在数量众多的"竞争者"中选择一个最"心仪"的项目,从而降低"把鸡蛋全放进一个篮子里"的风险。

宽容式创新文化。"允许试错、宽容失败、充分信任"的良性创新文化与不拘一格的创新模式成为DARPA创新能力的两大法宝。DARPA前任局长罗伯特·弗萨姆曾在一次访谈中回忆起他在国会听证会上被一位国会议员问到的:"请问在你们的颠覆性军事技术的研发过程中,究竟失败过多少次?在哪个环节失败的?又是因为什么而失败?"据统计,DARPA约有85%—90%的颠覆性军事技术项目未达到预期目标。也正是这个原因,DARPA不免引发了社会各领域相关人士的不同看法。一方面,支持方肯定DARPA的冒险精神,认为正是DARPA"允许失败"的文化氛围造就了其在颠覆性军事技术创新上的不朽成就;另一方面,反对方则将矛头指向DARPA在"屡次失败"中所损失的大量人力物力,认为这种在"不切实际"项目上的投资是一种对纳税人金钱的浪费。

对于颠覆性军事技术的创新发展而言,重视其研制结果是必要的。但是,如果过分聚焦于其成败,所取得的也只能是某一点上的成功,放眼历史长河,也只会是短暂而平庸的结果。与此同时,由于颠覆性军事技术创新本身固有的复杂性,DARPA的某些项目并非一结束就能进行技术转化,或者是在短期之内就能集成到现有系统之中。但是，当相关技术变得成熟或DARPA所支持的技术进步变得更加实用之后，这项技术才有可能迎来正名的机会。

因此，无论是在对资助项目进行选择，还是在对资助项目进行开发的过程中，DARPA始终以是否符合未来技术发展需要为其重要准则，而这也能够鼓励DARPA成员勇于尝试新鲜事物，并在这种"允许失败"的和谐氛围中不断优化前进。

进入21世纪后，美国面对国土与国家安全、全球能源危机和气候变化等新挑战，在借鉴DARPA模式的基础上扩张到其他领域，相继在国土安全、情报和能源等科技领域成立国土安全先进研究计划署、情报先进计划署和能源先进研究计划署等机构来巩固和扩大科技领先优势以维护国家安全，同时也形成了独特的科技创新体系。

DARPA是美国国家力量促进创新的主要标志和颠覆性创新活力的源泉。DARPA模式下的创新对美国整个国民经济产生了正向影响，在推动科技创新外溢到其他技术和商业领域起到了巨大作用。

---

① 资料来源：科技部科技创新战略研究专项"美国DARPA牵引高新技术创新发展的经验及启示"（《科技中国》2021年第二期）及百度相关文章。——编者注

创新生态：揭秘创新创业关键

案例

以色列政府推进创新创业的举措

以色列政府自上而下为科技创新搭建基础平台、营造创新创业生态，覆盖创业的各个环节，但不会进行过多具体干预。

以色列国土面积仅2万多平方千米，在自然资源匮乏的情况下却能跻身世界创新强国，形成了仅次于硅谷的第二大创新生态系统，以色列是全球人均初创企业数量最多的国家之一，并且在2023年最适合创业的国家中排名第三。以色列人口只有900多万人。然而，利用其有限的人口规模推动创新的非凡能力，在培育创新文化和突破性初创企业方面取得了巨大成功。以色列的创新生态系统是世界上最具活力的生态系统之一，拥有超过7300家科技初创公司，资本投资达155亿美元，是部分创新技术的全球领导者。即使在2022年金融形势变得严峻之后，以色列仍然是世界各地企业寻找创新解决方案的理想之地。因此，以色列被誉为"创业之国"。根据最新的数据，以色列每1400人中就有1个创业者，以色列的创业存活率高达60%，人均创业风险投资额世界最高，是美国的2.5倍。在纳斯达克上市的以色列公司数量多达147家，超过欧洲所有公司的总和。以色列

第七章
创新善治的政务生态

地处地中海沿岸的沙漠地带，国土面积有一半都被内盖夫沙漠覆盖。那么，以色列是如何从沙漠中崛起并成为创业热土的？

一、政府在营造创新生态系统的主导作用

与硅谷相似，以色列的创新创业活力也是政府、大学、企业、资本多方作用的结果。政府给学校的基础研究提供资源帮助，鼓励跨学科、跨校的合作，只要在政府的指导性大方向内，学校就拥有完全的自由。政府扶持建立风险投资行业，重点发力支持风险很高、回报很远很慢的行业。在2年内政府可为企业提供能覆盖85%运营成本的资金支持，为投资者提供安全保障，同时，专业风险投资机构、科技园区在政府的资金资助下自由运作，激发了风险投资在科技领域的热情。

以色列政府从1993年起实行Yozma风险计划，由政府直接出资设立政策性基金，主要投资于通信、信息技术和医疗技术等领域的企业。除了用作政府对初创企业的直接投资，作为母基金，Yozma将初始资金中的80%投入到与国际投资者共同设立的10个风险投资基金里。Yozma计划成功推动了以色列风险投资行业的发展，以色列的风险投资基金总额在10年内翻了60倍。

这样的客观环境促使他们积极与世界各国开展贸

易，多数公司从创立之初就着眼于国际化战略，发展全球市场。他们坚信唯一不受限于经济体量的就是"想法"，因此从政府到企业会着力在创新精神和创业想法的质量上保持高水平，进而世界各国才会争相找他们合作。看似资源短缺的短板反而驱使以色列人勇于创新、奋发图强，由此催生了第一波科技成果。

20世纪60年代，以色列政府就在14个部门中分别设立了首席科学家办公室（后更名为国家技术与创新总局），采用"科学家治国"。由各领域的领军人物——大学教授、企业负责人、政府领导、风险投资创始人等专业人员担任首席科学家，负责以色列的国家科技政策制定、科研经费分配、日常科技管理工作等工作，且以全职的方式负责到底，帮助政府建立生态系统。

政府系统化地打造生态系统，比如国家网络安全计划就从人才、行业和政府法规三方面配套推出。其中，为培养储备人才，他们决定从教育入手，并在军队里由网络安全专家开展一些军方教育计划，聘用之前在军队中有这方面专长知识的人来教书，逐渐在全国范围内开设课程。现在，以色列每所大学都设有网络安全研究中心，高中便开始教授编写代码、相关伦理问题等内容，进而一步步下移到小学，教孩子们如何生活于网络世界，什么应该和什么不应该在社交网络分享等。从行业

第七章
创新善治的政务生态

发展的角度来看，早在 2010 年，他们就已建立了高度发达的高科技生态系统，只是那时需要找到一种机制来鼓励想出新主意的年轻人进入网络安全领域。

为知识产品出口开方便之门。当时，国防工业产品的 30% 在以色列内部消费，70% 则是出口，如果想出口一些国防技术，则需要去国防部申请许可证。政府想出了激励办法，即如果要出售的知识产品具有攻击性，则需要许可证；如果是防御性的，则无须许可证。这个政策一颁布便收到较好的效果，以色列为防御性的民用网络安全提供全球 8% 的市场，而在 2018 年按行业划分的全球投资中有 18% 流向了以色列。以色列用同样的思路搭建了国家人工智能计划，开展生态系统的建设，包括教育制度、法规、军队、产业等，鼓励学院与产业之间的合作。

以色列的创新生态体系成为一个创新创业公司诞生和发迹的完美"兵工厂"。在创业公司从一个创业想法到技术研发成功的过程中，来自国家首席科学家办公室的投资会参与，直到当创意初见成效，项目的确定性风险极大降低。之后，孵化器就会变身风险投资机构领投，帮助这些初步成功的企业建立"商业化原型"，并与拥有客户和市场的大型跨国公司对接，成功实现商业转化。

最后，如果项目的商业转化取得成功，那么就会有股权投机构和投资银行进一步参与，或者卖给急需技术的跨国公司，或者独立上市，从而完成一个创业公司到大公司的质变。在这个创业公司的"生产流水线"上，投资机构（孵化器、风险投资机构、股权投资与投资银行）、跨国大型企业和国家首席科学家办公室各司其职，分工明确，并且各自都能形成"良性自循环"的体系。

对于参与确定性最低、风险最大的国家首席科学家办公室来说，虽然政府承担了初创企业失败的风险，但却极大地鼓励了风险投资机构的积极性。更重要的是，首席科学家办公室的政策不仅孵化了初创企业，同时也让孵化器在以色列遍地开花。随着这些孵化器不断涌现，经济的活跃，以色列政府则成为最终受益者。

作为这条产业链的最后一环，跨国公司也是最终受益者。大公司越来越意识到，从长远来看，如果不创新，他们就会死亡。

但是他们在内部创新又非常困难，但却有可能通过专利使用权和股权方式获得新的技术。所有大公司都是需要创新，而以色列的初创公司恰恰能满足他们这个要求。

在以色列这个创新载体中，生产创新公司的流程被分工细化了，从而使得不确定性和风险得以分解。参与分工的各个角色又形成了自己能够良性循环的自存活机制,从而保证了整个生态系统能够宽容失败,容忍错误,最终让初创企业家、科学家和投资者三方共享成功的果实。

二、教育与文化支撑打造创新创业者天堂

以色列的科技创新成功有赖于教育系统的培养、创业环境的营造、创新文化的孕育以及投资和研发的支持。教育系统是创新和科技发展的基石,而以色列的高等教育体系和科研机构在培养人才和技术驱动方面扮演着重要角色。以色列的大学及研究机构拥有世界一流的师资和设备。另外,该国对科学和技术的重视也体现在教育政策上,以色列高等教育投入相对较高,学生在校期间有许多机会参与实际项目和研究,培养了大量的科技人才。

与许多国家不同,在以色列,大学的建立先于民族国家的成立,这也使得大学的意义不仅仅在于教书育人,更被赋予了推动社会经济发展的责任。几千年来,以色列是一个把教育看得高于一切的民族,以色列教育预算甚至高于国防预算。创新的根本和动力源泉就是基础科学研究。

好奇心驱动是以色列教育的一大特点,提倡由问

题驱动的教学方式，而非由答案驱动。这个研究所以极高的自由度著称，无考核制度、无项目导向、无硬性指标，99%的项目都专注于更加基础的、长期的、不讲用途且受好奇心驱使的科学研究。该研究所直接资助科学家，而不是资助某个项目或部门，让转变课题、跨学科合作可以更容易开展。

为了促进产学研合作，以色列的顶级大学和研究所都设有自己的科研成果转化机构，且运行效率极高。例如，成立于半个世纪前的希伯来大学科研成果转化机构 Yissum 就是第一个为了将自己的想法商业化由大学创建的组织。很多技术转化公司的做法常常是试图把大学里面的创意卖给市场，但发现很多时候，其实这些创意或解决方案与企业的需求并不匹配。因此，Yissum 主动让行业告诉他们需求是什么，然后把这些资讯告诉教员，让他们基于行业反馈扩展其研究或者尝试找到解决方案。

以色列同样相信科技是通过人的流动来传播的，人才的流通对于整个生态系统来说非常重要。为此，他们做了很多努力，以使各类人员更容易在大学、业界和政府之间流转。

以色列的创新文化也是其科技创新的重要因素。以色列人凭借着锐利的思维和敢于冒险的精神，不断挑战现有的技术和商业模式。以色列人注重合作和资源共享，以达到更大的成就。这种开放的创新文化不仅有助于创新的发展，也促进了以色列与其他国家之间的合作交流。创业文化和愿意承担风险的精神在以色列社会中根深蒂固，与高水平教育和友好的创业环境有机融合，培育了一个充满活力的创业生态系统。

三、成为"创业之国"的几个其他要素

以色列在人工智能初创企业方面排名第三，在人均研发方面排名第二，还在快速发展。以色列城市特拉维夫是世界领先的高科技初创企业聚集地，因此被称为"Silicon Wadi"（阿拉伯语中的"硅谷"）。以色列的创新和高科技行业蓬勃发展，已成为抢手的就业行业，其工资是全国平均水平的两倍以上。是什么造就了以色列创业公司的成功？除了上述介绍的社会创新生态系统和教育、文化基础外，还得益于以下因素：

重视创新与研究。以色列将其国内生产总值的很大一部分用于研发，在全球名列前茅。以色列对研发和创新的重视促成了技术、生物技术和网络安全等各个领域的突破。以色列的创新生态系统以其活力和全球影响力而闻名。许多全球科技巨头，包括微软、英特尔和谷歌，都在以色列设有研发中心，促进合作和知识交流。

以色列拥有 400 多个跨国公司研发中心。

多元化的人才库。以色列拥有多所世界知名大学和研究机构，培养了受高等教育、技术精湛的人才。这些机构是尖端研究和创新的中心，追求学术卓越，培养了受过良好教育的人才库。以色列多元化的人口包括来自不同背景的人，促进了多元化的思维和解决问题的能力。技能和经验的多样性往往会带来更具创新性的解决方案。

营造良好创业环境。政府制定了一系列支持创业的政策和法规，鼓励企业家冒险创新。其中，技术转移机构起到了至关重要的作用，帮助企业将科研成果商业化。此外，政府还提供了创业补贴和税收优惠，吸引了大量国内外创业者前来以色列创业。

风险投资机制。以色列的风险投资环境成熟，在全球范围内有着良好的声誉。许多国际大型风险投资公司都在以色列设立了办事处，为创业公司提供资金和资源支持。以色列持续吸引大量风险投资，每年为其初创企业投资数十亿美元。风险投资和支持性的投资环境帮助初创企业获得增长所需的资金。

借助军事影响力。以色列的义务兵役通常涉及技术和网络安全，从而创造了一批技术熟练的人才，他们后来为创业生态系统作出了贡献。许多初创公司创始人都有军事背景。服兵役为以色列年轻人提供了宝贵的技术、技能和对安全相关技术的深刻理解。

张扬行业专长。 以色列在网络安全、人工智能、生物技术和清洁能源等几个关键领域表现出色。他们充分发挥这些领域的专业知识优势,催生了这些领域具有全球竞争力的初创企业。

注重全球视野。 鉴于以色列国内市场规模较小,很大一部分以色列初创企业从一开始就致力于服务国际市场,都倾向于全球化思考并出口其创新成果。他们的目标是服务国际市场,特别是美国和欧洲。从移动应用程序到医疗设备,以色列的创新应用于全球范围。以色列初创公司创造的产品和技术在全球范围内产生重大影响。正因为多个因素的相互作用,以色列成为全球科技创新的热点之一。从军事技术到生物科技、人工智能和物联网,以色列创业公司和科研机构在各个领域都有突出的成就。以色列不仅仅是一个技术孵化器,也是全球科技巨头如苹果、微软和谷歌的研发中心。以色列注重国际合作,以色列有着悠久的国际合作传统,吸引了全球公司、投资者和研究人员。与全球商业伙伴合作可以获得更多的机会和资源。初创公司创建的程序在全球范围内使用也会吸引外国投资。

这些因素共同形成了一个充满活力和创新的生态系

统,使以色列在创业和技术领域取得了巨大的成功。以色列在创业、创新和研发方面的优势使其在初创企业和技术领域保持全球领导者的地位。

四、以跨行业创新商业模式赢得优势

以色列以其跨行业的创新商业模式赢得比较优势而闻名,善于"剑走偏锋",局部突破,靠一招鲜占全球优势。以下是以色列的一些创新商业模式的例子:

软件即服务(SaaS)初创公司:以色列一直是SaaS公司的中心,提供基于订阅的软件解决方案。其中许多公司建立了创新的定价模式,包括即用即付、免费增值和分层订阅,比如,Wix.com和monday.com。

网络安全解决方案:以色列是网络安全领域的全球领导者。该领域的创新业务模式包括威胁情报服务、安全即服务(SECaaS)以及为关键基础设施保护提供解决方案。以色列的网络安全产业正在蓬勃发展。2021年,该国初创网络安全公司的融资破纪录达88亿美元,是2020年的3倍。收入10亿美元以上的网络安全公司中有1/3是来自以色列的公司。

健康科技平台:以色列健康科技领域的初创公司开发连接患者、医疗保健供应商和制药公司的平台。他们经常使用数据分析和远程医疗,创建创新的医疗保健服务模式。

生物技术和制药：以色列在生物技术方面表现出色。商业模式包括研发合作伙伴关系、专利许可以及突破性药物和医疗技术的开发。

农业技术：以色列的农业科技初创公司专注于精准农业、节水和可持续农业。商业模式可能包括销售智能农业设备、数据分析服务和远程监控解决方案。

清洁能源和可再生技术：以色列可再生能源领域的创新商业模式包括提供太阳能系统、先进的储能解决方案和智能电网技术。

金融科技和支付解决方案：以色列金融科技公司推出了数字支付解决方案、区块链技术、点对点借贷和投资平台，颠覆了传统的银行和金融模式。

电商平台：以色列的电商初创公司经常引入独特的功能或人工智能驱动的个性化服务，以增强在线购物体验。

食品科技：以色列食品科技公司为食品行业创新产品和工艺，例如植物性替代品、定制营养剂和减少食物浪费的解决方案。

在线教育和教育科技：以色列初创公司提供在线学习平台、个性化教育内容和虚拟教室，彻底改变了教育和技能发展。

> 法律科技：以色列的法律科技公司为法律专业人士提供创新解决方案，包括人工智能驱动的合同分析、法律研究平台和争议解决服务。
>
> 综上，在当今世界科技创新强国的激烈竞争中，作为一个人口、地理和资源小国，打造出自己科技创新相对优势以争得一席之地，足以表明以色列的创新思维、创新精神、创业能力非凡，值得重视借鉴。[1]

四、做各创新主体的高效协调者

各创新主体、市场主体之间，有着不同的职业特点、资源优势、利益追求，政府既要按照创新的内在规律促进其交流合作、优势集成，又要善于解决分歧、矛盾，减少利益冲突，取得系统效益最大化。政府必须站在全局立场，坚持公平、公正的立场，依法行政，通过周到高效的服务和深入的工作，找到各主体利益共同点和分歧，协同各方求同存异，促进各利益相关方在创新生态系统中找准定位，有序运行、协作，优势互补，发挥好创新创业的系统整体效应。

---

[1] 资料来源：百度百科相关资料与文章。——编者注

第七章
创新善治的政务生态

一是处理好与企业的关系。 在推动创新的过程中,政府应平衡好与企业的关系。前期的基础研究和应用研究风险高、回报不确定,政府作为科技创新的保护者、创新活动的服务者以及科技创新政策的规划者,应在引导创新的顶层设计、基础研究投资、后期知识产权保护等方面发挥主导作用。后期技术开发和产业化阶段,其市场价值明显,企业作为技术集成、科技成果专业化应用和市场开拓的平台,应在应用方面发挥主导作用。政府主导的各部门、大学和其他科研机构,在技术成熟度低、转化风险高时可充当主要角色,但在技术成熟度较高而风险相对低时应主要由企业完成再开发及成果转化工作。

二是引导促进产学研密切合作。 政府应加强政产学研密切合作,建立产学研合作的长效机制,加大对产学研合作的支持。为加快技术转化,大学和科研机构可以在内部成立专门的技术转移办公室。政府应鼓励企业加大产学研合作和转化投入。

三是推动人才、资金、技术等创新要素的有效互动。 国家创新生态体系需对人才、资金、技术等要素进行统一整合,形成联动机制。企业应作为技术创新决策、研发投入、科研组织和成果转化应用的主体。政府应着重鼓励大企业围绕市场需求,依靠内部人才、资金和资源建立研发机构,加大研发投入力度;健全企业内部的科技成果转化机制,支持企业推进重大科技成果的产业化;鼓励企业与高等院校、科研机构等开展合作研究，组织多方力量攻克难关；大力培育中小企业，组织设立中小企业发展专项资金等引导中小企业技术创新和改造升级；动员大企业、民间组织、非营利机构等社会力量提供金融服务、技术资源、人力资源、市场机会、咨询和培训等全面服务，以全面扶持中小企业发展。

五、做公正的创新裁判和推动者

评价体系恰如指挥棒，对创新和人才成长发挥着关键作用。政府指导推动评价体系改革责无旁贷，公平公正地当好这个规则制定者和裁判，将有益创新能力提升和优秀人才脱颖而出。

政府应以业务工作水平和价值贡献评价为重点，建立多元客观的人才评价体系；以职业属性和岗位要求为基础，健全科学的人才分类评价体系；根据科研、教育、经济和社会及各行业、各领域业务要求，制定评价原则和标准，加快新兴职业领域人才评价标准开发工作。

一要科学设置评价标准。 坚持凭能力、实绩、贡献评价人才，克服唯学历、唯资历、唯论文等倾向。注重考察各类人才的专业性、创新性和履责绩效、创新成果、实际贡献。坚持德、才、绩综合评价，注重品德评价，坚持德才兼备，把品德作为人才评价的重要内容。加强对人才科学精神、职业道德、从业操守等评价考核，倡导诚实守信，强化社会责任。

二要实行创新多元评价方式。建立以同行评价为基础的业内评价机制，注重引入市场评价和社会评价。基础研究人才以同行学术评价为主，健全并严格遵守诚信道德规范。应用研究和技术开发人才应突出市场评价。要丰富评价手段，科学灵活采用考试、评审、考评结合等多种方式。要畅通人才评价渠道，打破户籍、地域、所有制、身份、人事关系等限制。要畅通非公有制经济组织、社会组织和新兴职业等领域人才申报评价渠道，对引进的海外高层次人才和急需紧缺人才，建立评价绿色通道。

三要重点改革科技人才评价制度。促进人才评价和项目评审、机构评估有机衔接。在各类工程项目、科技计划、机构平台等评审评估中加强科技和人才评价结合。完善在重大科研、工程项目实施、急难险重工作中评价、识别人才机制。建立健全以科研诚信为基础，以创新能力、质量、贡献、绩效为导向的科技人才评价体系。实行代表性成果评价，突出评价研究成果质量、原创价值和对经济社会发展实际贡献。对承担国家重大攻关任务的人才，突出支撑国家重大战略需求导向，建立体现支撑国家安全、突破关键核心技术、解决经济社会发展重大问题的实际贡献和创新价值的评价指标，重点评价国家重大科研任务的完成情况。对基础研究类人才，实行以原创成果和高质量论文为标志的代表作评价，建立体现重大原创性贡献、国家战略需求以及学科特点、学术影响力和研究能力等的人才评价指标。破除"唯论文"数量倾向，不把论文数量、影响因子高低等相关指标作为量化考核评价指标，鼓励科研人员把高质量论文更多发表在国内科技期刊上。对应用研究和技术开发类人才，以技术突破和产业贡献为导向，重点评价技术标准、技术解决方案、高质量专利、成果转化产业化、产学研深度融合成效等代表性成果，建立体现产学研和团队合作、技术创新与集成能力、成果的市场价值和应用实效、对经济社会发展贡献的评价指标。不应以是否发表论文、取得专利多少和申请国家项目经费数量为主要评价指标。探索构建专家重点评价技术水平、市场评价产业价值相结合，市场、用户、第三方深度参与的评价方式。对社会公益研究类人才，突出行业特色和岗位特点，重点评价服务公共管理、应对突发事件、保障民生和社会安全等共性关键技术开发、服务的能力与效果，探索建立体现成果应用效益、科技服务满意度和社会效益的评价指标，引导科研人员把论文写在祖国大地上。不得设立硬性经济效益的评价指标。科学评价哲学社会科学和文化艺术人才，建立健全中国特色的哲学社会科学和文化艺术人才评价体系。根据不同学科领域和类型，实行分类评价，注重政治标准和学术标准相统一。按照产业行业规律和发展需求，进一步优化职称评价、评审和聘用机制模式，大力加强人才信誉信用体系建设，畅通改革"最后一公里"，营造有利于各类人才干事创业的制度环境。强化人才激励机制，坚持向用人主体授权、为人才松绑。建立以创新能力、质量、实效、贡献为导向的人才评价体系。打通高校、科研院所和企业人才交流通道。完善海外引进人才支持保障机制，形成具有国际竞争力的人才制度体系。按照学科特点和任务性质，科学确定评价周期，着力探索低频次、长周期的考核机制和建立同行评价的责任机制。

六、发挥新型举国体制的优势

创新是一个复杂的社会系统工程。在先进创新生态系统建设的基础上，充分发挥新型举国体制优势，是新时代我国社会主义制度下加速创新的最大优势。

坚定不移地坚持党的全面领导是根本保证。新型举国体制是建设科技强国的制度保障和核心抓手。我们要更好发挥、充分用好这一体制的巨大优势，要发挥好党统揽全局、协调各方、总体设计、协同推进的政治优势，强化党和国家对重大科技创新的组织领导和统筹协调，构建协同高效的决策指挥体系和组织实施体系，凝聚起推动科技创新的强大合力，集中力量办大事，提升国家创新体系功能，加快实现高水平科技自立自强。

将市场机制与政府作用相辅相成、相互促进、互为补充。善于把政府、市场、社会有机结合起来，科学统筹、集中力量、优化机制、协同攻关。要充分发挥市场在科技资源配置中的决定性作用，更好发挥政府各方面作用，调动产学研各环节的积极性，形成共促关键核心技术攻关的工作格局。

要发挥国家战略科技力量的骨干先锋作用，更好体现国家意志、服务国家需求，切实提升国家战略科技力量建设的质量，优化定位和布局，完善国家实验室体系，增强国家创新体系一体化能力。实现高水平科技自立自强，要坚持"以我为主"，把握当今科技发展的大方向，突出问题导向和需求导向；坚持有所为有所不为，突出国家战略需求，在若干重要领域实施科技战略部署，凝练实施一批新的重大科技项目，形成竞争优势，赢得战略主动。基础研究处于从研究到应用，再到生产的科研链条初始段，要打牢地基。在继续鼓励自由探索的同时，必须坚持使命导向，提高基础研究组织化程度，完善竞争性支持和稳定支持相结合的投入机制，强化面向重大科学问题的协同攻关，如复杂系统科学研究涉及面广、体系性强，新型举国体制组织将有利于提高效率。力争在原始创新上实现突破，提出原创基础理论、掌握底层技术原理，筑牢科技创新根基和底座。在可预见的未来中，科技将改变人类生产组织方式和社会组织模式。人工智能、生命科学、工业互联网、清洁绿色技术等前沿技术的发展进入竞争的快车道，要把新型举国体制和市场机制有机结合，在完善创新生态体系上取得显著进展，首先在新赛道实现超车。

发挥新型举国体制优势，要进一步推进政、产、学、研、资等多元主体全面参与的融合创新,建立多部门、多层级、多方协同的创新生态。促进科技与产业融合不断深化,构建有效的科技创新组织模式,把政府、高校、科研院所、企业、金融机构、平台等创新主体的力量整合起来,在制度与市场双轮驱动下全面激发各类创新主体的能动性,实施重大项目或工程跨学科、跨产业协同攻关。加快布局以关键核心技术攻关为牵引的全域创新,全面提升科技创新的体系化能力。围绕关键核心技术,抓重大、抓尖端、抓基本,通过关键领域、关键环节和关键产品的突围,带动产业链、创新链、人才链的全面升级,实现科技创新能力的整体提升。

提高创新资源配置效率。在全国范围内统一进行创新资源配置,是新型举国体制的优势所在。相较于将有限资源集中使用的传统举国体制,新型举国体制强调如何集中优势资源来提高资源的利用效率。要积极探索国家统筹能力和市场微观活力相协调的资源配置模式,推动有效市场和有为政府更好结合,充分发挥市场在资源配置中的决定性作用,通过市场需求引导创新资源有效配置,推动更多优质资源向战略性、关键性领域集聚。

实施新型举国体制需要完善创新组织模式。在组织管理方面,需要发挥有为政府的协同指导作用,确保企业的创新主体地位不动摇,同时充分发挥高等院校、科研院所科技攻关的独特作用,营造科技创新的良好生态。在党的领导下,一体化实施重大任务的系统布局、系统组织和跨界集成。要强调新型举国体制推动实现重大科技创新突破功能,加强多部门协同攻关,提高重要科技工程、大型装备备、核心技术、关键部件和工艺等的自主创新综合能力,以创新突破性成果带动一个国家的经济发展、国家安全、生态环境美化等发展竞争能力提升。

重大科技创新活动是一个长周期的复杂过程,不可能一蹴而就。在这个过程中,必须建立健全组织领导体制、组织管理机制、科研评价机制与奖励激励机制,进一步建立健全科研评价体制,抓好完善评价制度等基础改革,坚持质量、绩效、贡献为核心的评价导向。

中国有能力借鉴吸收世界先进经验,充分发挥制度优势,形成中国特色的创新生态系统,政府将进一步转变职能、强化服务、积极作为,引导推动创新的善治政务生态的优化。

后 记
优化创新生态关键在深化改革

从以上章节内容可见，创新生态体系建设是国家创新体系建设的重要组成部分。其主要目的是围绕提高创新创业整体效能、效率这一主线，将市场牵引与政府政策激励手段有效结合成新的利益机制，打通政府与企业、大学、研究机构各创新主体，以及投资机构等的有机联系，增强其互动协同，促进各种相关资源顺畅流动和优势集成，激发人才的创新创业热情和活力，实现科技强到产业强，提升国家整体创新实力和竞争力。这是一个庞大复杂的社会系统和艰巨任务，不但要求体制结构的优化，还要在能动生成互动协同机制上有突破，特别是激励各方面人才创新创业能动性和热情上有大幅提升。实现这些目标关键在于着力推动系统性、协同性改革，以发挥创新生态系统最优功能。要充分认识改革的艰巨性，着力破解各主体融合的边界障碍。

党的二十届三中全会通过的《中共中央关于进一步全面深化改革，推进中国式现代化的决定》特别强调，教育科技人才是中国式现代化的基础性、战略性支撑。要构建支持全面创新体制机制，统筹推进教育科技人才体制、机制一体改革。优化创新环境是统筹推进教育科技人才体制、机制一体改革的重要任务。深化改革关键在于把人才和创新主体主体放活。深化科技管理体制改革，要着力聚焦"松绑""放权""包容""激励"这些关键点，着力革除与破除体制的难点、堵点、痛点。"松绑"，就是要进一步减少对科研机构的行政干预，真正把人才从科研管理的各种形式主义、官僚主义的束缚中解放出来，确保让他们有六分之五以上的时间搞科研，以"安、专、迷"的精神潜心钻研。"放权"，就是要革除"行政化""官本位"等陈规旧习的束缚，进一步下放科研管理权限，扩大科研自主权，激发科研机构和科技人员创新活力。改革经费拨付方式，加快从竞争性项目支持为主向科研基地预算稳定支持为主转变，打造一批具有国际影响的顶尖科研机构。"包容"，就是要营造更加宽松的环境，包容科技工作者的个性，鼓励其张扬特长，宽容其探索创新中的失误失败，宽容不同的学术观点，让其放胆探索、创造。"激励"，就是要体现知识价值的分配原则，让科技工作者名利双收。要在改革中形成以国家重点科研基地为骨干、企业为技术创新主体、探索性研究为生力军、竞争协同机制为纽带的科研开发体系。完善符合创新规律和市场经济规律、财政资金与社会资本交融支持、稳定投入与竞争支持互补、绩效挂钩的科技投入和政策体系。健全上下游通畅、产学研结合的创新和转化体系，加强知识产权保护力度。健全完善知识价值为导向的分配政策等创新机制。

在深化改革中建立健全教育科技人才一体统筹发展的新体制、机制。统筹实施科教兴国战略、人才强国战略、创新驱动发展战略，加快营造创新和人才发展良好生态系统，一体推进教育发展、科技创新、人才培养，推动教育科技人才良性循环。在推进策略上，要善于抓住人才培养、使用和管理改革这个主要矛盾，带动教育科技的协调改革。在策略上统筹一体改革，需要建设一批统筹融合改革发展的平台。一是利用好深化教育综合改革这个平台。加快建设高质量教育体系，统筹推进育人方式、办学模式、管理体制、保障机制改革，强化用才与育才、引才的有机结合。着眼科技教育的融合，优化高等教育布局，加快建设中国特色、世界一流的大学和优势学科。分类推进高校改革，建设以世界一流大学为龙头、高素质现代职业人才为主体的高等教育格局。打牢教育科技人才统筹一体的基础，建立科技发展、国家战略需求牵引的学科设置调整机制和人才培养模式，超常布局急需学科专业，加强基础学科、新兴学科、交叉学科建设和拔尖人才培养，着力加强创新能力培养。完善高校科技创新机制，提高成果转化效能。强化科技教育和人文教育协同。二是完善企业为主导的"产学研"结合新机制平台。鼓励并支持企业牵头国家重大科技计划实验，支持建立国有企业科研基金或准备金制度，着眼前沿技术、应用基础科技、共性技术的研发力度，面向大学、科研机构和各类科技企业公开招标，围绕企业的战略需求强化合作研发。注重发挥民营科技企业特别是专精特新企业在前沿技术、专有技术、关键技术创新中的生力军作用。加快构建职普融通、产教融合的职业教育体系,加大卓越工程师培养力度,加强企业所需高素质职业技术人才的供给能力。三是完善国家实验室等科研平台。打造高端科技教育人才融合发展特区,全面提升自主培养高水平科研人才的质量,着力造就拔尖创新人才,健全新型举国体制,强化国家战略科技力量;优化配置创新资源,优化国家科研机构、高水平研究型大学、科技领军企业定位和布局。四是构建社会创新生态系统平台。提升国家高新技术产业开发区创新创业的资源聚集功能,使大学和科研机构等创新资源、企业等技术创新主体、投资机构及公共服务机构的互动结合,科研开发、创新创业人才的汇聚,形成精英竞相创新创业的热潮。健全科技社团管理制度,发挥其在引导教育科技人才结合中的重要作用。重视进一步强化素质教育主导的基础教育改革转型,推进教育数字化、智能化,落实立德树人的根本任务,培养德智体美劳全面发展的高素质人才。

坚持面向世界科技前沿、面向经济主战场、面向国家重大需求、面向人民生命健康的目标方向,坚持创新在我国现代化建设全局中的核心地位,通过一体改革,进一步发挥新型举国体制优势,提升国家创新体系的整体效能。坚持为党育人、为国育才,办好人民满意的教育,落实立德树人根本任务。深化教育领域综合改革,加快建设高质量教育体系,发展素质教育,促进教育公平。坚持人才引领发展的战略地位，培养造就大批德才兼备的高素质人才。以改革科技计划管理为抓手，进一步夯实高水平科技自立自强的基础。强化基础研究领域、交叉前沿领域、重点领域前瞻性、引领性布局。加强有组织的基础研究，提高科技支出用于基础研究的比重，完善竞争性支持和稳定支持相结合的基础研究投入机制，鼓励有条件的地方、企业、社会组织、个人支持基础研究，支持基础研究选题多样化，鼓励开展高风险、高价值基础研究。强化企业科技创新主体地位，建立培育壮大科技领军企业机制，鼓励科技型中小企业加大研发投入，提高研发费用加计扣除比例。鼓励和引导高校、科研院所支持中小企业技术创新，开展多种形式的科技和人才合作，按照先使用后付费的方式把科技成果许可给中小微企业使用。深化人才发展体制机制改革，加快形成有利于人才成长的培养机制、有利于人尽其才的使用机制、有利于人才各展其能的激励机制、有利于人才脱颖而出的竞争机制。进一步扩大对外开放，聚天下英才而用之，加快建设世界重要人才中心和创新高地。要借贯彻落实党的二十届三中全会精神的东风，以统筹推进教育科技人才体制机制一体改革为新动力，把党中央关于教育科技和人才工作的全面部署落地见效。

改革中进一步强化科技人才与经济发展有机融合。担当创新在现代化全局中核心地位的重大使命，力求与深化经济体制改革这一牵引协同配合，为健全推动经济高质量发展体制机制提供科技人才支撑，为高质量发展全面建设社会主义现代化国家的首要任务提供更大的驱动力。要把统筹推进教育科技人才体制机制一体改革与全面深化其他领域的改革有机结合,强化教育科技人才改革对各领域改革的基础性、战略性支撑功能。新的体制要有利于围绕发展新质生产力强化源头创新能力,提升原始性、颠覆性创新成果供给能力;推进科技创新与产业创新的深度融合,积极培育新业态、新产业、新动能,发展以高技术、高效能、高质量为特征的生产力。加强关键共性技术、前沿引领技术、现代工程技术、颠覆性技术创新,加强新领域新赛道制度供给。要在一体改革中建立未来产业投入增长机制和高水平人才供给机制,完善推动新一代信息技术、人工智能、航空航天、新能源、新材料、高端装备、生物医药、量子科技等战略性产业发展政策和治理体系,建强高水平的人才支撑力量,引导新兴产业健康有序发展。发展以高技术、高效能、高质量为特征的生产力。加强关键共性技术、前沿引领技术、现代工程技术、颠覆性技术研发队伍和创新质量,建立未来产业投入增长机制。支持企业加强前沿产业技术力量,加快运用数智技术、抓紧打造自主可控的产业链供应链,健全强化集成电路、工业母机、医疗装备、仪器仪表、基础软件、工业软件、先进材料等重点产业链发展体制机制,全链条推进技术攻关、成果应用。改造提升传统产业,以先进技术和标准提升引领传统产业优化升级,引领支撑企业用数智技术、绿色技术改造提升传统产业。发展新动能,开辟新赛道,引领支撑现代产业体系建设。健全促进实体经济和数字经济深度融合制度，应用数字化、智能化技术加快传统产业转型升级，积极培育具有国际先进水平和竞争力的战略性新兴产业。加快推进我国绿色技术体系化自主创新，完善生态文明制度体系，协同推进降碳、减污、扩绿、增长，积极应对气候变化，引领驱动人与自然和谐共生的现代化。这要求要优化企业人才结构，补上企业亟须的数字、智能技术人才的短板，强化产教融合、科教融汇机制，为统筹新型工业化、新型城镇化和乡村全面振兴提供科技和人才支撑。

强化企业主导的"产学研"融合体系，提升战略前沿的融合创新。现代产业突显了前沿科技成果快速转化、升级换代的特征，企业创新主体和市场开拓主体地位增强。建立现代化产业体系关键是放活做强现代企业，强化以企业为主体的创新体系建设。着力破除科技、教育和产业融合的体制机制障碍，围绕发展新质生产力布局产业链，加强创新链和人才链，着力提升企业瞄准科技前沿的原始性、颠覆性创新能力。强化科教深度融合，进一步发挥大学在科技创新全链条中的重要作用，强化大学创业孵化器作用，进一步实施放活、激励科技人才转化成果、创业的政策，探索在确保完成教学科研任务的条件下，允许在岗兼职创业的新举措，支撑建设重点大学带动的创新创业新区。鼓励设立企业科技研发基金，重点支持攻克前沿高端的基础性、公共性重点科技难题，面向包括大学、科研机构在内的全社会公开竞标，带动企业增加研发投入,真正形成以企业为主导的产学研结合机制,聚集科技人力资源强化体系化创新能力。要下气力优化民营企业的营商和创新创业环境,增强广大中小科技企业创新创业、发展壮大的信心和预期,建立他们与大学、科研机构开展合作研究开发、承接先进技术专业的通道。加大政府创业资金引导下、风险投资等社会投资支持创业的资本投入力度,为初创企业成长注入更强能量和动力。积极为广大科技中小企业排忧解难,扶持激励更多"独角兽""小巨人"创新企业竞相成长,发展更多华为式的国际一流巨人创新集团。

建设优化创新生态系统是现代化强国建设的基础工程,它涉及政府、经济、社会多个领域,也是一项体制改革和机制创新的系统工程,是发展新质生产力、向高质量发展转轨必须依存的社会生态。各类企业是创新生态建设的主体,但各利益相关方互动、协同、融合是关键。我们还有不少能力和政策上的短板,但我们的比较优势、后发优势明显,市场拉动力、科技人才资源的驱动力、发展潜力巨大。我们要以时不我待的紧迫感,增强攻坚克难的勇气和开拓进取的毅力,久久为功,跻身世界创新的前列。

致　谢

　　本书在编写过程中，得到了北京、安徽、重庆和深圳等地方政府有关部门提供的十分有价值的素材和资料，西湖大学、上海新纪元教育集团等应邀提供了第一手资料，不少朋友也提供了各种帮助。感谢相关网络登载的公开参考资料，使我在学习研究的同时，得到了编写本书的许多便利。

　　我要特别感谢中国科学技术出版社给予本书的出版协助，编辑同志与我一起完善、遴选案例，他们精益求精、追求卓越的精神令我无比敬佩！

　　本书所引用的部分案例及素材未能联系到作者，恳请谅解。书中一些错误、偏差之处，敬请大家批评指正！